学习与思维

实践案例

丛书主编 ◎ 肖韵竹　汤丰林

本卷主编 ◎ 白永潇

XUEXIYUSIWEI

shijiananli

北京师范大学出版集团

BEIJING NORMAL UNIVERSITY PUBLISHING GROUP

北京师范大学出版社

"学习与思维"教学指导丛书

编委会名单

名誉主编：温寒江

总 主 编：肖韵竹　汤丰林

委　　员：（按姓氏笔画）

王延梅	王振先	王晓微	白永然
白永潇	吕俐敏	汤丰林	孙　丽
孙美红	李　军	李　玮	李万峰
李小川	杨　红	杨建伟	肖韵竹
何　冲	沈彩霞	张　敏	张锋周
陈　崴	庞孝瑾	郑蔚青	孟　彦
赵伯静	郝玉伟	钟亚妮	倪　芳
徐　骏	崔莹莹	韩　冰	温寒江
谢海明	滕利君		

本卷主编：白永潇

本卷编者：（按姓氏笔画）

王晓微	白永潇	孙　丽	张锋周
郑蔚青	赵伯静	倪　芳	

 总 序
Preface

追寻教育的理想

如果把遥看世界的镜头推到人类进化史的长河中，我们会看到，这既是"物竞天择、适者生存"的生物进化史，也是人类智能的演化史。在人类智能的发展中，具有强大推动力的无疑是学习与思维能力。因为学习，人类有了继承与发展；因为思维，人类有了规范与创新。这正如美国物理学家伦纳德·蒙洛迪诺在《思维简史》中所说的那样："为了理解科学之根源，我们必须回过头去审视人类物种之根源。人类的独特之处在于我们被赋予了理解自身以及世界的能力与渴望。"其实，这里"独特之处"的根源便是人类的学习与思维能力。我们认为教育从根本上讲，应该重在学生学习与思维能力的培养，因为只有具备了强大的学习与思维能力，他们才能真正成长为德、智、体、美、劳全面发展的优秀的社会主义事业的建设者。

因为找到了这个逻辑起点，所以我们更加深切地理解了教育家温寒江先生三十年如一日矢志不渝研究"学习与思维"问题并付诸实践的初衷。也正是基于这样一种认识，我们成立了学习与思维教育研究中心，并启动了首期高级研修班，就是想站在前人的肩上放眼未来，走出一条以学习与思维研究为专业追求的教育求索之路。研修班由来自高校和县(市、区)

教师培训机构的专业工作者及中小学校长、教师组成。大家既是学员，又是教师；既是研究者，又是培训者。研修班实现了自主学习、自主研讨、自主管理，不仅探索出了教师培训的新模式，也开展了学习与思维问题的实质性研究。这套丛书是研修班的重要成果。研修班打破了惯常培训项目每人一个选题、每人一篇论文、汇编一本论文集的成果集结套路，采用系统学习与重点研究相结合的方式，在深入研讨的基础上集体攻关，合作完成了这样一套既体现继承又突出发展，既强调理论又重视实践，既注重个人专业优势又凸显集体创作智慧的"学习与思维"教学指导丛书。这是一套统一体系下的结构化成果。我们在写作中试图体现如下价值追求。

一是传承。任何研究都有其出发点。我们的出发点便是温寒江先生的学习与思维研究成果。这项成果的典型代表是获得过"北京市哲学社会科学优秀成果奖一等奖"的《学习学》（上、下卷）。这是温寒江先生离休后深入反思我国中小学教育教学实践，萃取其教育人生中的宝贵经验，带领上千名中小学校长、幼儿园园长及教师不懈探索，最终形成的具有重大现实意义的研究成果。这项历经国家六个"五年规划"①（从"八五"开始）的成果重点回答了这样一些问题：我们的课堂为什么单调乏味？学生学习效率为什么不高？学生为什么缺乏创新性？等等。温寒江先生及其团队在三十余年的历程中，对上述问题进行思考与研究，在理论上取得了许多成果。例如，他最早开展的右脑开发与形象思维培养的研究，早在二十年前就对我国教育改革产生了影响。其代表性著作《开发右脑——发展形象思维的理论和实践》为当时我国教育从"应试教育"转型为"素质教育"提供了重要的理论基础。再如，他的另一部代表性著作《学习学》（上、下卷），充分吸收现代脑科学研究的最新成果，形象思维与抽象思维并重，构建了完整的学习学体系。同时，其研究也取得了许多实践成果，主要体现在将学习与思维研究成果充分运用到中

———————————

① "十一五"之前，"五年规划"称为"五年计划"。

小学和幼儿园的具体实践之中，对许多学科的教学改革产生了积极影响，形成了多种有效的教学策略与方法。这样一份宝贵的财富，是本套丛书必须传承的重要内容。因此，本套丛书回顾了96岁高龄的温寒江先生所走过的科研之路，对一些重要研究成果也在相关内容中做了阐述。同时，我们还将其《学习学》的学习原理部分用英文版的方式呈现，期望能够在国际学术平台上进行深入交流。总之，我们希望能很好地传承温寒江先生一生躬耕教育的献身精神，也能传承好其立足中国大地潜心创立的这套具有中国特色的教育理论与实践体系。

二是发展。学习与思维问题不仅是人类发展史上的重要命题，也是教育发展史上的重大命题。温寒江先生的学习与思维研究只是滚滚江河中的一朵浪花，而这朵浪花能否在教育发展进程中产生更加长久的影响，则重在我们这些后来者是否能用长远的眼光去发展它。换言之，我们在传承的同时必须要发展，以赋予这些研究成果更加强大的生命力。我们在举办研修班之初确定的总基调就是继承与发展，并且明确了继承不是盲目照搬，而是用新时代教育改革的新要求、新标准去衡量。因此，继承既是充分汲取营养，更是批判性地接受。而这也正是温寒江先生所倡导的马克思主义唯物辩证法的立场。从这个意义上讲，继承与发展的辩证关系便是，继承是起点，发展是目标，二者相辅相成。那么，我们在发展中应该把握什么呢？第一，必须把脉时代。习近平在新时代的教育和教师层面提出了许多重要论述，如"四有"好老师、"四个引路人"，以及劳动教育，等等。我们必须在学习与思维研究中积极回应这些重大的时代命题。第二，必须把脉改革。基础教育改革与发展的前沿议题很多，如"核心素养""高阶思维能力与创新能力""批判性思维""问题解决能力""合作学习"等。而如何运用学习与思维研究的最新成果去诠释这些问题，又如何在对这些问题的有效回应中进一步发展学习与思维理论，这是我们必须把握的基本路向。第三，必须把脉前沿。脑科学、心理学、教育学、技术学等各个科学领域都有了突飞猛进的发展，学习科学、思维科学等领域的新思想、新成果也不断涌现，它们正在深刻影响着社会变革与教育综合改革。而我们如何更好地吸收这些新成果，同样是我们在深入研究学习与思维问题时必须面对的课题。第四，必须把脉需求。教育作为重大民生问题，其发展的时代要求是办出"人民满意的教育"。面对这样的目标，一系列重要议题，如育人方式的转变、中高考改革、新课程改革等，同样需要我们在学习与思维研究中做出积极的回应。应该说，"发展"既是本套丛书努力体现的意图，也是我们未来推动研究时需要把握的方向。

三是创新。温寒江先生的学习与思维课题本身就是一项具有创新性的研究。就我们的认识而言，其创新性体现在四个方面。其一，它充分运用了脑科学研究的成果，特别是将研究建立在认知神经科学的基础之上，是脑科学与基础教育发展紧密结合的典范性研究。其二，它立足中国基础教育的实际，深刻反思了运用于教育实践的心理学原理，对诸如表象、思维等概念提出了自己的认识，做出了力图更好体现教育要求的解释。其三，它重新审视了学科教学中存在的低效、沉闷等问题，在实践中创新了学科教学方法，提高了课堂教学的效率。其四，它为解决教师专业发展面临的问题提出了新的解决路径。他明确倡导并践行"向教师学习，总结教师经验"的促进教师专业发展之路，为一线教师的成长发展指明了方向。正因为这项研究本身所具有的这种创新活力，所以我们在本套丛书的撰写过程中同样积极主张创新。我们的创新主要体现在三个方面。第一是结构创新。本套丛书共五册，既自成体系、独立成书，又具有内在的逻辑联系，是一个整体。我们希望给阅读本套丛书的教师和研究者一种结构性的整体观，让他们从书名即可直观地把握我们对教育的理解与追求。第二是内容创新。我们没有沿袭传统的学科内容逻辑，而是点面结合，积极追求以面为逻辑线索，尽量简写；以点为写作重点，既突出传承性，又突出前沿成果，更突出与中小学和幼儿园实际的结合。第三是应用创新。本套丛书只是研修班的第一阶段成果，我们还将在此基础上积极推动成果转化，开发面向中小学和幼儿园教师的系列培训课程，以加强学习与思维研究成果的实践应用，让研究成果真正落地于课堂，服务于每一位学生的学习。

四是实用。为基础教育教学实践服务，是温寒江先生学习与思维研究始终不渝的追求，也是我们在未来发展中要坚定追求的目标。因此，我们在本套丛书的撰写中，也特别重视实用问题。实用，简单地讲，就是"务实"与"有用"。所谓"务实"，就是研究不求眼球效应，而是既要尊重学术规范，准确理解和把握已有研究成果，又要结合作者自己的研究基础，并充分吸收前沿研究成果，努力形成符合教育规律和学术规范的内容体系。所谓"有用"，则是指对中小学和幼儿园教师的教育教学工作有用，呈现给他们的内容是易于理解、便于运用的理论与策略。因此，本套丛书被定位为教师教学指导用书，其意蕴便是我们努力追求的"有用"目标。实用的价值取向，我们从书名到内容都给予了充分的体现。第一卷《学习与思维：学习学原理》，是《学习学》的修订版，重在体现以学生为中心，重在揭示学生学习的规律与特点，以便为教师更好地研究学生、把握学生提供理论指导，同时也是温寒江先生学习与思维理论体系中学习原理部分的集中呈现。第二卷《学习与思维：温寒江的探索》，其意主要为呈现温寒江先生的教育科研精神，同样也是丛书的灵魂，希望能够为广大教师提供一幅教育实践研究的全景图，让大家感受到研究与实践应是教师一生的追求，是一个艰苦的过程，也是一个幸福的过程。第三卷《学习与思维：基础理论》，希望为教师提供其在教育教学设计与实施中可运用的思维及相关理论，主要围绕学习与思维的脑机制、思维与创造性思维、学习动机等核心问题及学习科学前沿等方面的内容展开，力争把最有用的理论和原理呈现给大家。第四卷《学习与思维：教学策略》，重在围绕教学设计与实施，为广大教师提供课程开发及教学各环节的原理、工具与方法，以提高其教学的科学性与高效性，促进学生有效学习。第五卷《学习与思维：实践案例》，主要为广大教师提供了学习与思维研究中的典型案例，并做了必要的理论分析与点评指导，目的是为教师开展学习与思维研究成果指导下的教育教学实践提供有益的借鉴。

　　最后，丛书付梓之际，我们既为研修班通过一年刻苦学习与认真研讨取得的成果而感到高兴，也为学习与思维研究依然任重道远而倍感压力。但我们坚信，因为有各方仁人志士的支持与参与，这项充满活力与希望的研究必将会继续绽放绚烂的光彩，不辜负温寒江先生和他的团队三十余年的辛勤奉献，也不辜负承载这项使命的研修班每一位成员的智慧与汗水！借此机会，我们还特别感谢北京师范大学出版社郭翔编辑为丛书的出版付出的心血！同时要感谢教育部教师工作司、北京市委教育工委、北京市教委各级领导及北京教育学院全体教职工、北京市相关中小学和幼儿园教师对学习与思维研究的关心和支持！

让我们为教育的理想而努力！

肖韵竹(北京教育学院党委书记)

汤丰林(北京教育学院副院长)

2020 年 5 月 18 日

本卷序言

Preface

　　日益复杂和专业化的社会中，人们面临着各种各样的问题，问题解决能力成为一种必备能力。只有善于思考的人，才能将知识灵活地运用于实际问题的解决，才能实现知识向智慧的转化。因此，"教会学生学习，教会学生思考"已成为世界范围内教育改革的重要目标，也是当前学习科学和心理学关注的热点。课程改革的关键在于教师，如何基于学生的思维发展进行有效教学是教师需要重点思考的问题。多年来，教育家温寒江先生坚持理论与实践相结合的原则，持续开展了脑科学在教育应用中的研究，在北京市几十所实验校进行了实践。随之成长起来一批中小学优秀校长和学科教师，他们在北京市的教育教学研究中发挥着越来越大的作用。

　　2019年5月，北京教育学院成立了学习与思维教育研究中心，首期学习与思维高级研修班也开始了相应研究、培训和推广活动。30名学员中，有北京市各区优秀教师培训者，也有中小学一线教师和校长，大家在共同学习、分享和交流的基础上，尝试形成系列研究成果。本书的编写过程正是该研修班学习成果形成和转化的过程，且大多数作者正是温先生"学习与思维"课题组中小学实践基地的骨干教师和校长。他们之前受过温先生学习学理论的浸润，更带有本次研修班系统理论学习后的新思考。

　　本卷的书名为《学习与思维：实践案例》，首先分析了当前中小学教学存在的问题，并梳理了"学习与思维"理论指导实践的教育价值，在此基础上精选了"学习与思维"理论指导下的学科教学实践案例，具体以案例导读、案例呈现和案例评述的方式展开。其次，为使读者更加完整地了解优秀实践案例的形成过程，本书在最后一章呈现了基于学习与思维理论进行教学改进的案例。

整体上看，本书的内容可以分为三个板块：第一章为理论板块，第二章至第五章是基于学习理论的各学科教学实践案例，第六章是基于学习理论的实践改进案例研究。

第一章"学习理论如何影响课堂教学"由北京教育学院张锋周博士撰写，以课堂教学中的无效现象为出发点，论述其与学习理论缺失之间的关系，提出学习理论与课堂教学有效融合的主张，并对温先生学习学的核心理论进行概述，同时辅以学科教学实践案例进行说明。第二章至第五章是"基于形象思维与抽象思维培养的实践案例""基于技能和能力培养的实践案例""促进学习迁移的实践案例""促进高阶思维发展的实践案例"，分别在简介各章相关理论的基础上，选择若干学科教学实践案例进行了阐释，说明理论含义及相应的教学策略。其中，第二章由北京育才学校孙丽老师和北京市昌平区回龙观中心小学赵伯静老师共同撰写；第三章由北京小学广内分校王晓微老师和北京市朝阳区实验小学倪芳老师共同撰写；第四章由北京工业大学附属中学特级教师郑蔚青老师撰写；第五章由北京教育学院数学与科学教育学院白永潇副教授撰写。第六章"基于学习理论的实践改进案例"由本卷作者中的一线教学工作者共同撰写，从案例导读、案例呈现、案例分析几方面进行呈现，涵盖了小学数学、小学语文、小学英语、小学美术、小学体育和高中物理6个学科。本书中的实践案例呈现及分析，一方面可供一线教师参考借鉴，另一方面也意在引导教师在对案例研究过程进行深入思考的基础上，开发新的学习理论指导教学的案例。

用一线教师自己的话讲，"温先生的理论在实践中是管用的"。因为其具有重要的价值，所以我们需要继续"用中国的故事讲中国的教育"；因为时代在不断发展，所以我们更需要在继承的基础上创新。希望更多的教育同行参与进来，在思考为什么要这样设计或者这样改进的同时，通过深入了解、理性思考，不断创造生成更多的精品案例。

　　本书的写作经历了一次次线上研讨和修改完善的过程。在本书即将出版之际，由衷地感谢温寒江先生及其研究团队给予本书编者的指导和支持，感谢北京教育学院学习与思维教育研究中心提供的学习平台，感谢出版社编辑老师的细致工作和辛苦付出！因能力水平所限，书中难免有疏漏之处，恳请广大读者批评指正！

白永潇

2020 年 6 月 1 日

目　录
Contents

第一章　学习理论如何影响课堂教学　　001

　　第一节　课堂教学中的无效现象与学习理论的缺失　003

　　第二节　学习理论引导下的有效课堂教学　　015

第二章　基于形象思维与抽象思维培养的实践案例　037

　　第一节　理论基础　　039

　　第二节　实践案例　　042

　　第三节　案例评述　　081

第三章　基于技能和能力培养的实践案例　　085

　　第一节　理论基础　　087

　　第二节　实践案例　　090

　　第三节　案例评述　　121

第四章　促进学习迁移的实践案例　　125

　　第一节　理论基础　　127

第二节 实践案例   128

第三节 案例评述   170

第五章 促进高阶思维发展的实践案例   173

第一节 理论基础   175

第二节 实践案例   177

第三节 案例评述   213

第六章 基于学习理论的实践改进案例   217

第一节 发展形象思维 培养空间观念

——小学数学"探索图形"   219

第二节 以观察促想象 培养学生说话、写话能力

——小学语文"吹泡泡"   227

第三节 在形象思维与抽象思维的过渡中学习语言

——小学语文"大禹治水"   239

第四节 运用表象研究和教学策略 为英语学习打开

一扇窗——小学英语"Food and Drink"   252

第五节 学源于思，在美术教学中培养学生的思维

能力——小学美术"绘画中的透视现象"   262

第六节 引导学生多感官参与，促使技能形成

——小学体育"前滚翻"   274

第七节 运用迁移理论 发展科学探究能力

——高中物理"自感"   284

主要参考文献   303

第一章
学习理论如何影响
课堂教学

本章概述

　　学习理论属于教育学的一个分支，它是描述或说明人和动物学习的性质、过程和影响学习的各种因素的学说。学习理论阐明有效获得知识与技能的方法规则，而有效教学理论关心的是促进学习而不是描述学习。具体来说，有效教学理论主要研究"怎样教"的问题，学习理论主要是描述和说明"学习是怎样发生的"以及"学习开始后会发生一些什么情况"的问题。根据"以学定教"原则，研究有效教学问题首先要对学习理论进行梳理。

第一节　课堂教学中的无效现象与学习理论的缺失

一、课堂教学中的无效现象

无效课堂教学是指在课堂教学中耗费了教师和学生的大量时间和精力，却没有起到预期的教学效果。如教学目标没有达成，教学的重难点没有克服，学生没有得到良好发展等。有效课堂教学就是要在单位时间完成教学任务，达到教学结构的最优化、教学效益的最大化。

相对于有效课堂教学，无效课堂教学可以从教学目标、教学流程、学生发展等方面体现出来。

（一）学科内容泛化，学科本质属性不清

当前，网络时代的教育教学资源唾手可得，很多教师把开发一定的课程资源作为自己课堂教学的一个亮点。但由于对课程资源的开发和利用缺乏有效的、可把握的经验，在实施时容易出现教学内容泛化的问题，不能突出本学科的本质属性，亦不能充分发掘本学科特有的育人价值。如某些语文课，由于增加了相关教学资源，有的变成了历史课、道德与法治课，更有甚者变成物理课、生物课。还有一些语文课忽视语言文字的学习，过分偏重人物形象、主题思想、写作技巧的分析，脱离了学科本质属性，泛化了教学内容；有些教师急于向课外延伸、拓展，造成学生独立阅读、感悟课文的时间得不到基本保证。有些数学课上，数学内容被机械地套上了情境，牵强附会地联系实际，过多地强调生活来源。其结果是既浪费了宝贵时间，又妨碍了学生对数学知识的真正理解。

比如，某教师在一年级数学"0 的认识"中是这样组织课堂教学的。教师在黑板上画了一个大大的圆圈之后，开始提问学生：你们知道老师画的是什么吗？学生积极发言。有的说是苹果，有的说是太阳，有的说是轮胎、西瓜、圆圈，也有学生说

是 0。学生用了很多时间来猜这个圆圈是什么，思维很活跃。教师没有及时收住学生发散的思维，导致主要教学内容缺失、教学内容泛化。事实上，这不是教师有意为之，而是没有把握住学生的特点，也没有深入研读教学内容，盲目添加不必要内容，客观上造成了课堂教学中的无效现象。虽然这节课上学生"讨论"的气氛很热闹，但并没有实现本课的教学目标，导致了学科本质属性不够凸显。

（二）学情研究不足，不能满足学生的最近发展需求

关于苏联心理学家维果茨基所提出的"最近发展区"理论，有些教师学习过，也知道其中的含义，但在实际课堂教学中很少用得上。究其原因，主要是对学生的原有知识和能力认识不足。也就是我们所说的学情研究不足。一般而言，我们把教学分为两个层次：针对最近发展区的教学是高层次的教学，针对现有发展区的教学是低层次的教学。显然，只有高层次的教学才能促进学生的发展。当前课堂教学存在的突出问题就是，教学滞后于学生的发展水平和学习能力，教学不能让学生"踮起脚尖"或"跳一跳"，而是在学生"站立"的情况下还显得绰绰有余，即总让学生处于现有的发展区中。从具体一节课来说，我们首先要弄清楚哪些教学内容属于现有发展区的问题，即学生可以通过独立学习掌握的；哪些教学内容属于最近发展区的问题，即需要同伴互助和教师帮助才能掌握的。有的课堂教学经常出现层次不分明的情况，教师常常花很多时间解决学生能够独立解决的问题，这不仅导致教学水平和效益低下，更为严重的是阻碍学生学习能力的发展以及学生学习责任感的形成。一位文学教授曾经指出中学语文无效教学的重要原因，就是语文教师解读的思维活动与学生在同一个层次上，他想讲的不用讲学生就已经明白了。即便这个时候教师明智地采用提问式，让学生自己讲，但仍然是在浪费教学资源，因为对于学生来说，并没有增加新的信息。教师讲授往往只是对文本信息的重复性归结，是学生已经懂得的"真理"，学生不能从教师那里摄取较多有效的并有助于生成思维能力的养分。

（三）教学中的冗余内容太多，模糊了教学目标

有些课堂教学为了追求所谓的生动新颖，使用了一些冗余的教学方式和教学手段。这些方法和手段不但没有起到良好的作用，反而淡化了教学目标，造成课堂教

学目标主次颠倒，从而影响了教学效果。

例如，在指导小学生认识人民币时，教师的导入从平时喜欢什么活动开始，似乎显得很活泼。但是这节课从一开始就把学生引到漫无边际的"遐想"中，有些学生说喜欢看书，有些说喜欢睡觉，有些说喜欢看动画片。学生的思路已经"溜"出课堂了，很难再收回来。随后教师接着问：你们知道老师喜欢什么吗？学生的思路又被引导到猜测教师的喜好上。猜了一会儿之后，教师才说："老师也喜欢看动画片，你们知道我最喜欢看什么动画片吗？"大家又是一顿七嘴八舌、乱猜，课堂上的气氛非常热烈。接下来教师播放动画片，却是关于小兔当家的故事：妈妈不在家，小兔子充当妈妈的角色，买菜，购物，最后把零钱存到储蓄罐中。最后，教师才引出让学生来认识人民币这个主题。

这一系列的教学手段和方法的运用，对于让学生认识人民币这个教学目标来说过于冗余，既耽误了时间，又把学生的思路带偏了。这些充分说明了教师由于对有效课堂教学的概念认识不清，对学习相关理论的理解不够深入，导致课堂教学中出现无效现象。

（四）形式大于内容，课堂教学缺少深度

当前，随着教学资源和教学手段的多样化，课堂教学出现了一定的活跃度。从某种程度上说，活跃的课堂确实起到了激发学生参与热情的作用。但有些问题也值得我们警醒：一些理论功底差，对学科本质属性、教学内容、教学方法等理解不到位的教师，在组织实施课堂教学中往往重形式、轻内容，或者更确切地说，是重形式而忽略内容。主要体现在盲从某些所谓的"专家"，缺少自己的思考；课堂上"雷声大，雨点小"，即学生表面上参与课堂，但实际上收获很少；体现学生"自主学习"，却往往导致"放任自流"。有些教师在课堂上没有有针对性的指导、点拨和帮助。学生之间的合作也仅仅停留在低层次的"说话"上，缺乏"讨论"的氛围，没有深层次的沟通和交流。也有一些教师在教学中采用探究式教学，但往往探讨的是"假问题"或者非实际的问题。又或者课堂上并非是学生自主探究，而是学生按照教师预设的步骤进行"探究"，探究式教学并未引发学生的好奇心和提升学生的质疑精神。这类课堂教学也属于无效课堂教学。

（五）课堂预设和课堂生成的冲突较大

课堂教学中，预设和生成是相互矛盾却又相互统一的整体。课堂教学需要预设，也需要生成，预设与生成是课堂教学的两只翅膀，缺一不可。没有预设的课堂是不负责任的课堂，而没有生成的课堂则是不精彩的课堂。但是，当前课堂教学却出现了两者冲突的现象，表现之一就是预设过度，挤占生成的时空。表面上看，课堂教学有条不紊、井然有序，实质上这是传统的以教为中心、以知识为本位教学观的体现。这种教学由于缺乏学生的独立思考、积极互动和个性化解读，学生只能获得表层甚至虚假的知识。这种知识缺乏活力，不能转化、内化为学生的智慧和品质。从根本上讲，这就是低效的教学。另外则是生成过多，生成过多必然影响预设目标的实现，扰乱教学计划，导致教学随意和低效化。此外生成过多也会导致教学失去中心、迷失方向，导致教学内容泛化、浅尝辄止，最终也背离了生成的目的。

如小学语文"漓江的水"一课上，教师请学生说说漓江的水有多清。有的学生说，清得可以看到水底的石头；有的学生说，清得可以看到水草；还有学生说，清得可以看到水底的小鱼。教师对学生的回答很满意（因为这些都是书上描写的内容）。关于漓江的水很清澈，根据教材预设，一般有以上这几类描述清澈的说法，但课堂上的生成不足。课堂上教师可以让学生借助其他感觉通道描写漓江水清的情况。比如，漓江的水清得都想喝一口，从视觉转移到味觉。然而，这类情况并没有发生。

（六）生搬硬套情感、态度、价值观教育

一位教师在进行"妈妈，不要送伞来"这节课的教学时，首先让学生读这篇课文。学生对文字都是认识的，对这篇文章想表达的含义也基本能够理解。读完后，教师问学生读完这篇文章的感受。学生七嘴八舌地发表意见，有的说可以打水仗，有的说可以跳泥坑。学生的回答并不是教师想要的，教师有点着急，于是提醒学生从这篇文章中还能想到什么。学生又说了很多，都不是教师想要的答案。于是教师说：孩子们，你们知道自立自强吗？于是学生又顺着教师自立自强的思路开始七嘴八舌地说起来。自己洗袜子、帮忙做家务、扫地、进行垃圾分类等，学生都说了出

来。这时教师才感觉完成了这节课情感、态度、价值观的教育目标。最后，教师总结说：自己的事情自己做，不能总是依靠父母，要自立自强。

这类课就属于生搬硬套，忽略了学生的童趣和童心。在下雨天，学生都很欣喜，如果能引导他们认真观察下雨、观察大自然，并享受这个雨天、热爱生活，会比说自立自强更自然。

二、学习理论与课堂教学的有效融合

（一）有效课堂教学的发展脉络

课堂教学是我国中小学教育活动的重要组成部分。[1] 它作为一种教学方式在我国已经有百余年的时间。19世纪60年代，洋务运动的兴起，出现了中国最早的近代学校，也诞生了近代的课堂教学。课堂教学在20世纪前半叶主要受到日本式的赫尔巴特学说影响。[2] 从20世纪50年代到"文化大革命"前，以苏联教育家凯洛夫的教学理论为指导。改革开放以后，陆续引入很多新的教学组织形式，但大多数课堂教学在深层次上并没有发生实质性变化。[3] 因为，延续下来的很多教学组织形式从教师的教出发，容易被教师接受，且有明确、可操作的程序。

目前大家已经形成一个普遍共识："在教学中，学生不是独立地，而是在教师指导下进行学习的；学习的内容不是随意、自发产生的，而是经过选择和教育学加工的人类已经创造出来的、最基本的文化知识；教学过程是有目的、有计划、有组织的活动过程，不是日常生活中随机进行的认识过程。"[4]

国外关于有效课堂教学的研究始于20世纪60年代，前期主要关注教师的教学行为、教师的教学技巧、教学内容等，后来才开始关注学生的学习，并认为每位学生都参与教学活动是有效课堂教学的前提条件。[5] 心理学家就学生的学习展开研

---

① 叶澜：《让课堂焕发出生命活力——论中小学教学改革的深化》，载《教育研究》，1997(9)。
② 同上。
③ 同上。
④ 同上。
⑤ 孙亚玲：《课堂教学有效性标准研究》，博士学位论文，华东师范大学，2004。

究，找出了学习本身和促进学生学习的相关概念和规律。加涅（Gagne）在 1965 年出版《学习的条件》一书，综合运用了信息加工心理学和建构主义的思想，形成了能解释大部分课堂学习的理论体系。后来，该书不断再版，逐步阐明了五类学习的形式、有效学习的条件以及它们的教育含义；还提出了以学习条件分析为基础的教学论新体系，从教学目标、教学过程、教学方法和教学结果四个方面对课堂教学有效性进行测量与评价。

布鲁纳（Bruner）提出，学生的心智发展部分受到环境的影响，但主要是独自遵循学生特有的认识程序。有效性教学就是要帮助学生发展认知能力并形成学生的智慧。教师的主要任务就是要把知识转换成一种适应正在发展着的学生的形式，而表征系统发展的顺序可作为教学设计的模式。由此，他提倡使用发现学习的方法。这种形式的学习可以激发学生的智慧潜能，使学生获得发现的经验和方法。而且这种发现的经验和方法对将来从事科学发现和技术发明是十分重要的。

奥苏伯尔（Ausubel）认为，许多情感因素和社会因素都对课堂学习有影响，如动机、个性、群体、社会和教师的特征等，都会影响学生的学习。奥苏伯尔的有意义言语学习理论不仅用认知结构同化论的观点解释知识的获得、保持和遗忘，而且用认知结构的观点来解释知识学习的迁移。奥苏伯尔有意义言语学习理论的核心思想是，有意义学习必须以学习者原有的认知结构为基础。也就是说，新知识的学习必须以学习者头脑中原有的知识为基础，没有一定知识基础的意义学习是不存在的。因此，有意义学习中必然存在着原有知识对当前知识学习的影响，即知识学习中的迁移是必然存在的。

有效课堂教学的研究已经从教师身上转移到学生身上，但是关注学生并不意味着忽视教师的存在，而是对教师的课堂教学提出了更高的要求。加涅的教学设计、布鲁纳的发现学习、奥苏伯尔的有意义学习都对教师的课堂教学提出了更高要求。

有效课堂教学是指整个课堂教学流程的有效性。从教师的角度来说，它包括备课、上课、评价等环节，在这些环节使用有效的教学策略能够提高课堂教学的效果。从学生的角度来说，学生学习的基本技能，如听说读写算技能、高级技能、解决问题的技能、元认知的能力、合作学习的能力等，可以有效提高学生课堂学习的有效性。

坎贝尔（Campell）总结了 101 条成功提高课堂教学有效性的策略，这些策略既有教师教的策略，也有针对学生学习的策略，如图 1-1 所示。

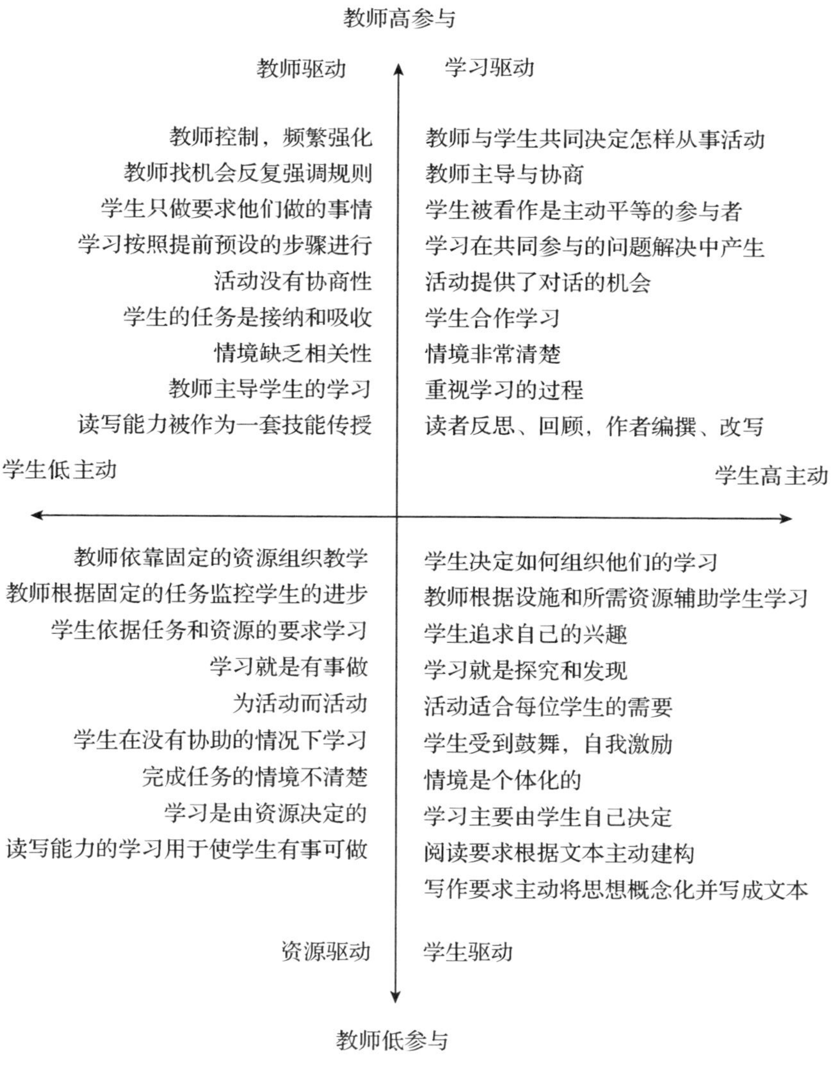

教师高参与

教师驱动　　　　学习驱动

教师控制，频繁强化　　　　　　教师与学生共同决定怎样从事活动
教师找机会反复强调规则　　　　教师主导与协商
学生只做要求他们做的事情　　　学生被看作是主动平等的参与者
学习按照提前预设的步骤进行　　学习在共同参与的问题解决中产生
活动没有协商性　　　　　　　　活动提供了对话的机会
学生的任务是接纳和吸收　　　　学生合作学习
情境缺乏相关性　　　　　　　　情境非常清楚
教师主导学生的学习　　　　　　重视学习的过程
读写能力被作为一套技能传授　　读者反思、回顾，作者编撰、改写

学生低主动　　　　　　　　　　　　　　　　　　　　学生高主动

教师依靠固定的资源组织教学　　学生决定如何组织他们的学习
教师根据固定的任务监控学生的进步　教师根据设施和所需资源辅助学生学习
学生依据任务和资源的要求学习　学生追求自己的兴趣
学习就是有事做　　　　　　　　学习就是探究和发现
为活动而活动　　　　　　　　　活动适合每位学生的需要
学生在没有协助的情况下学习　　学生受到鼓舞，自我激励
完成任务的情境不清楚　　　　　情境是个体化的
学习是由资源决定的　　　　　　学习主要由学生自己决定
读写能力的学习用于使学生有事可做　阅读要求根据文本主动建构
　　　　　　　　　　　　　　　写作要求主动将思想概念化并写成文本

资源驱动　　学生驱动

教师低参与

图 1-1　课堂教学策略①

国内关于有效课堂的研究起源于 20 世纪 70 年代。到 20 世纪 80 年代，这类研究逐渐多起来，其原因主要在于大家对当时的教学质量不满意。中小学教学中存在

———————————

① 孙亚玲：《课堂教学有效性标准研究》，博士学位论文，华东师范大学，2004。

枯燥乏味、抽象难懂、死记硬背、高分低能这些现象。①

针对这些问题，国内很多学者开展了相关研究。陈厚德从学习和教学的关系出发研究有效教学，提出了有效教学的三个标准：有效教学可以促进学生的学习和发展；有效教学能够激发和调动学生学习的积极性；有效教学可以为学生提供和创设适宜的教学条件。崔允漷注重提高教师的工作效益，从教学准备策略、教学实施策略、教学评价策略等方面入手。程红指出，教学有效性就是教学要有效果、有效益、有效率。我们可以通过情知互补、培养新人、实施多种变量组合、因材施教、适应需求多样化、加强教师培训等策略提高课堂教学的有效性。袁振国指出，有效性教学是看学生真正发生了哪些变化。

温寒江先生指出，由于重视教育理论的学习，马芯兰进行的小学教学改革试验，获得显著的效果：六年制的学生 4 年可以学完 6 年全部的教学内容，知识得到巩固，思维灵活，学习负担不重。她的主要经验就是加强理论学习，并用以指导实践。1985 年，她的获奖文章《改进知识结构，加强能力培养》，就是用布鲁纳的知识结构理论和苏联心理学家鲁切茨基教学能力心理学的理论做指导写成的。在此基础上，她又完成了专著《小学数学应用题教学中能力的培养》。周月霞在培智班的语文课教学中，用心理学和智力落后学生心理学的理论做指导进行教学改革，也取得很好的成绩。培智学校(班)语文教学大纲规定，用九年时间达到普通学校的四年级水平。而她的实验班仅用四年半就完成了教学任务。

(二)学习理论融入有效课堂教学的途径

1. 学习理论与课堂教学的有效融合要先从学生分析开始

了解学情，即研究学生的起点，包括了解学生以往的知识经验和如何保持从儿童的视角看到教学内容。如果我们承认教师的职责是更有效地去帮助学生学会学习，而不只是关注教学技巧，那么"认识学生"与"认识学生的学习"就成为教师首先要完成的任务。认识学生不仅仅知道学生是谁，更重要的是认识学生的学习。这不仅需要教师有足够的爱心，还需要教师有足够的理性，因为认识学生比研读教材要困难得多。

---

① 温寒江、陈爱苾：《学习学》上卷，3 页，北京，教育科学出版社，2016。

　　任何有效的教学都始于对学生已有经验的充分挖掘和利用。学生的经验包括认知经验和生活经验。奥苏伯尔有一段经典的论述：假如让我把全部教育心理学仅仅归纳为一条原理的话，那么，我将一言以蔽之：影响学习的惟一最重要的因素就是学生已经知道了什么，要探明这一点，并应据此进行教学。这段话其实道出了"学生原有的知识和经验是教学活动的起点"这样一个教学理念。因此有效的课堂教学，其起点应该是研究学生，研究学生原有的知识和经验。因此，我们研究学生要遵循以下步骤：①学生的学习动机如何？他们的兴趣点、兴奋点在哪里？②学生原来学过的内容是否已经学会？掌握到什么程度？原来他们学的内容和要新学的内容之间的关联点在哪里？③学生是否进行了预习？有多少学生进行了预习？预习到什么程度？④对于学生来说，哪些内容可能是他们学习的难点？这些难点与我们上课的重点是重合的还是分离的？如何点拨引导学生？

　　如在语文学习中，对于一篇课文来说，教师首先要从学生的角度来思考设计整个教学流程；预设学生可能会形成的"第一印象"和学生可能提出的问题。教师通过预设问题的提问，试探学生旧有知识的掌握情况，也试探学生预习的情况。这就需要教师在教授中始终牢记"像外行一样思考，像专家一样实践"。学生、教师、课文三者之间，学生相对是外行，教师是专家，课文则是媒介。教师需要的是像学生一样思考，在实际教学中通过提问等教学手段的运用，小心地求证自己的预设。

　　即便是课堂教学结束后，我们依然要返回来思考学生：①是否已经把学生作为教学的出发点？②是否激发了学生的学习动机、兴趣？学生是否真实地参与到教学中？③是否为学生的思考留下充分的空间？是否给学生课下练习提供了契机？④是否让学生在活动中学习，而不是为了学习而学习？⑤学生在这节课上有哪些收获？这些收获是否有助于促进学生的进步与发展？

　　曾经有教师这样为学生讲授儿童诗。教师直接出示了儿童诗的案例，并对儿童诗的特点进行概括，由此再举例进一步说明儿童诗的特点。教师能够声情并茂地读诗，并且引导学生想象诗中的意境。看着学生逐渐进入状态，教师则抛出一个问题，用问题来引导学生想象，引导学生描写自己的儿童诗。整堂课隐含的逻辑是举例—概括—说明—再举例—拓展，这样的逻辑顺序就是深入研究学生的结果。从学生对儿童诗没有认识，到看到、读到儿童诗（觉得也不难），教师进一步概括儿童诗的特点(有些抽象)，再举例说明这些特点(逐渐清晰，逐渐感兴趣)。教师带领学生声情并茂地朗读并体会诗中的意境(激发了学生的形象思维)，再抛出问题，引导学生写自己的儿童诗(儿童的形象思维具体化为文字)，这个过程从始至终一直围绕着学生。

2. 学习理论与课堂教学的有效融合要深度研究教学目标

课堂教学目标就是课堂教学过程中的教与学的互动目标。我们对教学目标的思考可以包括以下内容：①本课的教学目标是什么？是否可检测？②知识技能的目标是否清晰？程度上的要求是什么？是否发展了学生的高阶思维？③情感、态度、价值观的目标是否突出重点？是否是自然的而非生搬硬套？④上课的过程中是否体现了预定的教学目标？是否有生成性目标？⑤上课过程中有没有对教学目标进行调整？如何调整？

长期以来，人们已经形成一种课堂评价的习惯，认为每一节课都应该有完善的教学目标。所以，每位教师在备课时总要制定几个方面的教学目标，如知识技能方面的目标、方法过程方面的目标，以及情感、态度、价值观方面的目标。如果少了某一方面的目标，往往会被认定为是有缺憾的，在公开观摩课与各类教学比赛课上这一要求更为严格。同时，还要追求过程的完美性。不论是课的导入阶段，还是课的结束阶段，都需要做到尽善尽美。

一些听课教师有着这样的感受：如果完全按公开课的过程照搬教学目标，我们没有两三节课的时间根本不可能消化这一"教学过程"。当然，对于一节课而言，也不排除有些优秀教师通过巧妙设计使教学过程能够比较好地体现教学目标。但对于一般教师而言，日常每一节课都达到此要求应该说是存在困难的。特别是当前提倡的生成性教学过程中，有时学生提出的一两个问题，都需要花费不少时间来解决。因此，对于每一节具体的课来说，我们不应要求十全十美，而应根据课堂教学内容、学生的认知水平以及教师教学的特点，突出教学目标中某一方面目标的实现情况来评判一节课的优劣。

3. 学习理论与课堂教学的有效融合要精选教学内容

精选教学内容包括两个方面：一是深度研究教材，用教材教，而不是教教材；二是有目的地拓展教学资源。

研究教材，首先看教师能否恰当地处理教材，确定适当的教学内容。例如，在体育教学中，对于常见的肩肘倒立的教学，有些教师对教材的研究不深，让学生举腿后直接到最高点，完成动作。但教材中关于肩肘倒立的说法是这样的：由直角坐开始，向后倒肩、举腿、翻臀，当向后滚动至小腿超过头部时，向上伸腿、展髋、挺直身体，同时两手撑腰后侧，夹肘，成肘、颈、肩支撑的倒立姿势。口诀：上体后倒腿上举，两臂夹肘紧压垫；屈肘内收手撑腰，伸髋挺腹腿蹬直。有些教师忽略了伸髋挺腹，为什么有伸髋这个环节？因为有屈髋这个环节。由于屈髋环节不是重点内容，容易被大家忽略，导致教学中出现错误。这就属于对教学内容研究不够造成的。

某节体育课上教授"竹杠舞"的内容时，教师自开始上课至教学任务完成，始终以"竹杠舞"的节奏为主线。教授主教材前，教师让学生先听"竹杠舞"的音乐，并提示学生注意节奏；进入主教材教学时，并不急于让学生进行实际练习——击打竹杠、跳跃竹杠，而让学生在固定的竹杠间，按节奏进行跳跃竹杠练习；在熟练掌握跳跃竹杠的节奏后，再让学生进行击打竹杠的节奏练习；最后，让学生进行击打竹杠、跳跃竹杠的实际综合练习。根据本节课的教学效果发现，只有两位学生(全班47人)没有达到熟练的程度，即大约96%的学生熟练掌握"竹杠舞"的跳跃技能和方法。在这个案例中，教师深入地研究了教材，确定以"竹杠舞的节奏"为主要教学内容，使整节课都围绕"竹杠舞的节奏"进行设计，突破了重点和难点，取得很好的教学效果。

在恰当使用教材的基础上，我们还要创造性地使用教材，能用审视的目光来对待教材，在质疑中探究，在探究中进行认同或标新立异，给学生提供一个富有挑战性的教学情境。

4. 学习理论与课堂教学的有效融合要注重教学方法的运用

一般而言，教学方法是指教师的教法和学生的学法两个方面。课堂教学中教法和学法是相互统一的。教法必须依据学法而定，否则便会因缺乏针对性和可行性而不能有效地达到预期目标。当然，不同的教法对培养学生认知能力的作用是不同的。小学生的形象思维占优势，教师要注重处理学生认识过程中的形象与抽象、实际与理论、感性与理性以及旧知与新知的关系和矛盾，据此确定自己的教法。捷克教育家夸美纽斯曾说：一切知识都是从感官开始的；在可能的范围内，一切事物应尽量地放在感官的跟前，一切看得见的东西应尽量地放在视官的跟前，一切听得见的东西应尽量地放到听官的跟前……假如有一个东西能够同时在几个感官上面留下印象，它便应当用几个感官去接触。虽然这种论述未免过于绝对，但的确也反映了教学过程中学生认识规律的一个重要方面：直观可以使抽象的知识具体化、形象化，有助于学生感性认识的形成，并促进学生理性认识的发展。这也就是前面讲到的关于如何描述漓江的水很清，可以是视觉，也可以是味觉，当然也可以是触觉等。只有这样才符合小学生心理发展的特征。

在教学中，我们可以借助实物、图像、操作、表演、活动、语言来创设教学情境。为了使教学内容形象化，有些体育教师在教授双杠上肩肘倒立动作时，喜欢自制教具，通过这些直观的教具，让学生清楚地了解到手、脚的位置。因为有些学生在倒立后，感觉不到自己的手和脚的位置。在理科的教学中，教师通过让学生操作学具、进行实验可以使许多抽象知识变得形象直观。

在某次语文教学中，教师在讲授"守株待兔"这篇文章时，很快就教完了，可是学生并不理解其寓意。这时教师灵机一动，扮成守株待兔者，坐在讲台桌的侧面，闭目打坐，让学生"劝"自己。学生兴致倍增，纷纷劝说教师："老师，你等不到兔子啦！""老师，再等下去你会饿死的！"……教师还模仿守株待兔者的口气和学生争辩。学生越劝说，兴致越高，就越深刻地理解到这篇寓言的含义。

教学中除教师表演外，还可以让学生表演。学生表演有独特的教学意义。正如苏霍姆林斯基所说：从本质上，儿童个个都是天生的艺术家。实际上，儿童不仅具有潜在的表演天赋，而且还有爱表演的个性特征。表演能够有效地调动并发挥儿童的积极性和创造性。语文教材中有些内容的戏剧因素浓厚，语言的动作性强，教师要善于把它们改编成小品或课本剧，让学生走进课文，扮演课文中的人物，在"动"与"乐"中把握课文的内蕴，理解人物的性格、语言、动作、神态及内心世界。关于教学情境，有一个精辟的比喻：将15克盐放在我们的面前，无论如何我们都难以下咽。但当将15克盐放入一碗美味可口的汤中，我们早就在享用佳肴时，将15克盐全部吸收了。情境之于知识，犹如汤之于盐。盐需溶入汤中，才能被吸收；知识需要溶入情境，才能显示出活力和美感。积极创设适当的教学情境，是一种有效的教学方法。

5. 学习理论与课堂教学的有效融合要注重教学反思的及时和长效性

一位资深的特级教师常对新教师说："要做好教学反思，记好笔记，并时不时地翻出来看看。你教十年书未必能成名师，但如果能坚持写十年的教学反思，那肯定能成名师，我就是这么走过来的。"因此，作为教师，不管是新教师还是老教师，想从教师这个工作中获得幸福和满足，就必须把我们的日常教学变成反思性教学。第一，为什么要反思？"温故而知新，可以为师矣。""学而时习之，不亦乐乎？"这就告诉我们，不能不对自己学到的知识、自己经历过的事情进行反思。只要不断地回看自己的教学经历，一定能找出问题，总结有益经验，从而促使自己不断向实践型、反思型、专家型教师迈进。第二，什么时候开始反思？反思不是事后的反思，反思是一种教育教学习惯，是一种意识。因此，反思是时时刻刻都会发生的。教学前、教学中、教学后都可以反思。第三，反思什么？很多教师都会问，总说反思，我们要反思什么呢？反思的内容主要包括自己的教学目标、内容、教学方法手段、教学评价等，甚至可以对反思本身进行反思。第四，进入反思的信号有哪些？怎么知道自己是不是在反思？只要能做到谨慎进行教学决策，充分关注教学反馈信息，及时发现问题，及时分析总结，积极寻求解决问题的办法，就已经在进行反思性教学了。第五，反思的结果是什么？反思的结果就是教育教学效果的优化、教师专业能力的提升。

第二节　学习理论引导下的有效课堂教学

一、思维发展与有效课堂教学

思维是智力与能力的核心①，不管是语文课程标准还是数学课程标准，培养学生的思维能力都成为极为重要的目标。《普通高中数学课程标准(2017 年版 2020 年修订)》就明确地提出要引发学生的数学思考；《普通高中语文课程标准(2017 年版2020 年修订)》也提出语言建构与运用、思维发展与提升、审美鉴赏与创造、文化

---

① 林崇德：《培养思维品质是发展智能的突破口》，载《国家教育行政学院学报》，2005(9)。

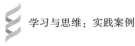

传承与理解这四个学科核心素养。可见，思维能力的培养在各个学科中都占有极为重要的位置。如何发展学生的思维能力是各个学科都关注的问题。

（一）整合教学内容，渗透思维发展

第一，准确把握教材内容，用教材教而非教教材。教材是开展好教学的出发点，因此发展学生的思维，首先是用好教材，对教材进行深度研读。例如，在《曹冲称象》的教学中，学生在初读课文时，基本能够知道曹冲称象的过程。但如果要求学生直接复述故事，这相当于要求学生读完课文直接背诵，很多时候他们是做不到的，因为他们还没有将称象的过程梳理清楚，也没有理解其中的原理。因此教师在深度研读教材的基础上，设计出 2 个教学环节：①了解曹冲称象的过程，分清称象的步骤，对课文内容进行提炼、精简。②复述曹冲称象的过程和步骤，把握课文的重点和难点内容。由此可见，教师处理教材都是为了发展学生的思维。

第二，重视学生语言表达能力的培养，发展学生的形象思维和逻辑思维。例如，某位教师在教《田忌赛马》这篇课文时，就先设计了阅读理解环节，即第一个环节。学生先阅读理解课文，教师进行指导，保证大家对课文的理解不至于出现方向性的错误。第二个环节是学生分小组谈心得环节。在学生理解了课文内容后，教师组织学生谈学后心得，先让学生同桌两人交流，再用两三句话来概括自己的体会。第三个环节是学生小组间分享环节。学生在小组内讨论结束后，每个小组选代表站起来用完整准确的语言恰如其分地进行学后小结。通过这三个环节，学生不但能进一步理解孙膑的聪明机智、处事镇定，以及齐威王自大的人物形象，而且还从中受到启发和教育，懂得了只要稍动脑筋调换一下马的顺序，就可以反败为胜的道理，从而学会灵活处理事情的方法。

第三，开发教学资源，促进学生发散思维的发展。苏霍姆林斯基曾说：教师必须懂得什么该讲，什么留着不讲完。不讲完的东西，就好比是学生思维的"引爆管"。苏霍姆林斯基提到的这个"引爆管"就是要发展思维中很重要的一个方面"发散思维"。发散思维又称"辐射思维""放射思维""多向思维""扩散思维"或"求异思维"，是指从一个目标出发，沿着各种不同的途径去思考，探求多种答案的思维。在课堂教学中，教师要充分开发利用好教学资源，促进学生发散思维的发展。例如，某位教师在教授《皇帝的新装》时，临近课程结束，布置了思考题："皇帝在游

行大典完毕之后，回到宫里，他会怎么办呢？是处死那个说真话的小孩，还是会厚待骗子，或是从此悔过自新，把精力放到管理朝政上去呢？请同学们下课后说一说，写一写，下次课可以交流讨论。"这种方式，既延伸了课堂教学，也发展了学生的发散思维。

（二）优化教学方法，促进思维发展

第一，通过问题引领学生思维的发展。课堂教学中，教师应尽可能为学生创设自主探索、自主发现和自主思考的机会，让学生变得能思维、会思维、善于思维。例如，在教学"估测"内容时，某位教师提出："今天我们上课的地方有点特别，不是在我们原来的教室，而是一个录播教室。录播教室中的课桌与我们教室中的课桌不太一样。大家不用自己的尺子，而用自己的眼睛和手边的东西，估计一下录播教室中的课桌有多长？"然后，学生开始用自己的胳膊、书本等测量。有的学生说有10个课本的高度。有位学生趴在桌子上说这个桌子的长度是他的两个胳膊加一个身体、再加一个胳膊的长度。有的学生用铅笔估测，说有15根铅笔的长度。

就这样，在学生对录播教室的课桌长度进行了一番猜测，用自己的方式"测量"之后，教师让学生体会了统一测量单位的重要性，再让学生拿出尺子，认识尺子和刻度。两位学生一组，一位学生量桌子，另一位学生记录数据。之后两人调换过来，原来量桌子的学生记录，原来记录的学生量桌子。最后，他们把各自记录的数据相加求平均数，得出桌子的长度。

借助这种教学方法，教师利用导入部分的预估，用桌子的长度吸引了学生的注意力，教会学生看尺子、用尺子，进行分组和实际操练，将认识和实践紧密结合。教师再通过课下思考延伸课堂：为什么有的组两位学生测量桌子的长度，得出的数据不一样？是算错了？还是哪里出了问题？是尺子的问题？还是测量方法的问题？这样引出测量方法的规范性，同时也渗透测量误差的相关概念。教师给了学生自主发现和自主思考的机会，为学生发散思维的发展提供了足够的时间和空间。

第二，通过情境促进学生思维的发展。例如，体育课中的耐久跑是较为枯燥的内容。一位教师通过创造一定的情境，成功地激发了学生的发散思维。教师在课堂导入环节就提出"本节课的学习内容是耐久跑"，有些学生一听觉得没意思。之后，教师拿出一些白纸和小胶带，让学生把这些白纸贴在自己身上，并提出问题："不

用手去揭胶条，如何让贴在自己身上的白纸掉下去?"学生回答："可以在树上蹭，同学之间也可以蹭。"教师反馈蹭掉的不算，不能接触这张纸和这个胶条。有位学生说，可以跑，让风把纸吹走，于是很多学生开始奔跑。有的学生身上的纸掉了，有的学生没有掉，学生之间开始"支招"：你再跑快一些，你拐着弯儿跑。很多学生找到了乐趣，操场上都是学生奔跑的身影，很多学生乐此不疲。跑了一会儿之后，教师又拿出没有胶条的白纸，问："如何让没有胶条的白纸'粘在'自己身上?"部分学生开始尝试，发现快速跑动的时候，纸可以"粘在"身上，一旦停下来纸就掉落了。接着更多学生开始尝试通过奔跑让纸不掉的方法。这节课通过用一张纸创设了一个"掉"与"不掉"的情境，成功地让学生进入耐久跑环节。

第三，通过合作学习实现学生思维能力的主动发展。例如，在教授"圆柱的体积"这部分内容时，在讲解了基本公式 $V=sh$ 之后，某位教师出了一道题：一个圆柱体的侧面积是 31.4 平方厘米，底面半径是 10 厘米，求它的体积。学生开始思考，一些学生用刚学的公式费很大的劲才算出来，个别学生甚至无从下手。于是教师让学生进行小组合作探讨，看哪一个小组的学生解决得又快、又巧妙，并且写下来。这时学生的参与热情很高，利用学具进行讨论和合作，基本都能正确地解答："$3.14 \times 10 \times 10 \times [31.4 \div (2 \times 3.14 \times 10)] = 157$（平方厘米）"。并且他们能较好地理解这种方法，感受到了各种成功的喜悦。

（三）注意多元评价，引领思维发展

第一，评价过程中注意宽严结合，把控尺度，引导学生思维能力发展的方向性和合理性。例如，在美术教学中，有些教师为了简单明了，往往用一些"像不像""技法"等标准评价学生，导致学生害怕上美术课。也有的教师注重了评价中的宽严结合、把控了评价的尺度，通过评价指引了学生的思维发展方向。严在审美尺度，宽在技法、想象方面。教师先带领学生看一段关于茶道的视频，引导学生注意观察茶具，尤其是观察茶壶。然后，教师对于茶壶的构造、器型等内容进行讲解。之后，让学生设计自己的茶壶，先分组描述自己的茶壶，再进行绘画来描述茶壶。很多学生充分发挥了想象力，设计出很多茶壶的样式。教师一一点评，从茶壶的实用性、审美性上严格要求，在器型、材料方面则很宽泛，学生都乐在其中。

第二，注重学生思维能力发展的针对性。在课堂教学的提问环节，很多教师对

于学生的回答都有回应，不仅仅是具有对错性质的回应，更是具有指引性、针对性的回应。如"说得多好啊！既准确又严密。如果你再能从……方面考虑一下会更好。""你的想法太好了，真是个聪明的孩子！希望你能下课后与其他同学交流一下，看看其他同学是如何理解的。"在褒扬中，学生不自觉焕发出自信的神采。当然，有时学生的回答是不合适的，此时更需保护他们思维的积极性："你大胆说出了自己的想法，不过再读读书，课下与家长、同学探讨一下，老师相信你还会有不同的感受。"这样的评价更易于学生接受，从而让他们获得继续探究的动力。

第三，倡导多元主体评价，注重学生思维能力发展的主体性。还是上面关于茶壶的案例。这节课还有一个环节，就是教师给大家每人一张"订货单"，将全班设计的茶壶的图片都摆出来，由学生去采购。喜欢这个茶壶的哪些方面？为什么？通过这种活动，学生成为课堂上评价的主体和客体。

二、学习迁移与有效课堂教学

利用知识迁移的规律来指导学生的学习是心理学家认可的一条学习原则。众所周知，在学习活动中迁移是普遍存在的。孔子很早就认识到这个问题，所以提出"举一反三"。迁移也是人的认知活动和创造活动的基础。因此，好的教学过程是在迁移中展开的。

（一）学习迁移的内容

学习迁移是指一种学习对另一种学习的影响。在课堂教学中，学生学习的知识之间可以发生迁移；学生学习的技能之间可以发生迁移；学生学习的思维方式、情感、自信心，甚至是学生的兴趣，也可以发生迁移。

温寒江先生就深刻地指出教育中"死记硬背"这一问题就是教师没有教会学生"迁移"的能力。经常看到有的学生过于重视孤立知识的记忆，且是机械性记忆和理解，就事论事，忽略甚至割裂知识点间的联系，当然更不能融合各个知识点来恰当地解决问题。

现代学习理论十分重视学习的迁移问题，认为学习的目标是学生形成举一反三、灵活运用所学知识解决类似问题的能力。现在的各级考试尤其是高考特别重视对学生学习素质的考查。运用所学知识解决实际问题的能力即迁移能力，又是学习素质的核心。

技能学习领域也存在迁移，尤其是在运动技能学习过程中，动作结构相似度大则迁移量大；动作结构相似度小，迁移量就少。但运动技能迁移与知识迁移不同：在知识迁移中，知识相似度高，迁移比较容易发生，且迁移的量会较大；在动作技能学习中，尤其是在运动技能学习中，动作结构的相似度并非是决定能否迁移，以及迁移量大小的唯一要素。我们还要考虑身体素质是否相似，身体素质相似是运动技能迁移的前提条件之一。

学生在学习时的态度、情感、兴趣等非智力因素既可以影响知识、技能学习的迁移，这些非智力因素本身也可以在学习过程中发生迁移。关于这些问题会在第四章中有详尽的介绍。

（二）学习迁移的类型

迁移在学习中有不同的表现形式。一般来说，我们根据迁移的性质可以将迁移分成正迁移和负迁移两种。学习者在学习完某项内容后，对后续学习内容产生积极促进作用的迁移就是正迁移。例如，学生在学习过等差数列之后，会帮助学生在学习等比数列时产生想法，这就是正迁移。如果学习者在学习完某一内容后，对学习另一内容产生消极阻碍作用，这就是负迁移。例如，学生在学习了加法分配律以后，会简单地误以为三角函数 $\sin(a+b)=\sin a+\sin b$。同样在运动技能领域，典型的负迁移就是学习骑自行车的技能对学习骑三轮车的技能具有负迁移的影响。

根据迁移的时间可以将迁移分成顺向迁移和逆向迁移两种。顺向迁移是指先前的学习能够对后续的学习产生积极的影响。例如，在学习了函数的单调性后，利用探究函数的单调性的方法来学习函数的奇偶性，这对学生的后续学习产生了积极影响。逆向迁移是指后续的学习对先前学习的影响，这可能是为了促进学生学习，抑或抑制学生学习。主要看学生先前学习的掌握情况，一般学生掌握好的话，逆向迁移会帮助学生巩固前面所学的知识。反之，如果学生对于前面所学知识掌握不好的话，后续学的内容会不利于巩固前面所学内容。

根据迁移的内容可以将迁移分成特殊迁移和一般迁移两种。特殊迁移是指具体的知识技能迁移，是学生在学习了某些具体知识后直接对另一个领域的学习产生影响的迁移。例如，在解决圆锥曲线题时，只要涉及直线与曲线方程，学生都会习惯地将直线方程与曲线方程进行联立，消除一个量，留下另一个量，列出韦达定理。有些学生也许不明白为什么要这样做，但是这样做往往能让他们在考试中得到一些分数。一般迁移（也叫非特殊迁移）是指原理和态度的迁移，是在学习新的领域的知识时，会受到已有解决问题的原理或者态度的影响的迁移。

根据迁移的产生机制可以将迁移分成低路迁移和高路迁移两种。低路迁移是指在新的学习领域中包含了大量与原来学习相似的内容，即新旧知识内容上存在大量重叠，新学习的内容情境与原来的情境相似程度很高，个体自主地按照已经习得的思维方式来思考解决问题的迁移，属于自发迁移。例如，学生在养成阅读的习惯后，那么他们在阅读小说、散文或者其他书籍方面就会更熟练。但是，对于解决数学或者英语问题就不那么熟练，那是因为小说、散文或者其他书籍的表达形式都是汉字，与之前大量学习的内容极其相似。高路迁移是指新的学习领域中的内容不必包含大量的与原来学习相似的内容，即新旧知识内容上不存在大量重叠，个体不会自发地运用已学过的东西解决目前的问题，会有意识地将解决问题所需要的知识、技能等因素抽象出来，在自己的认知结构中寻找能够解决该问题所需要的内容的迁移，属于非自动迁移。这种迁移要求学习的人要付出大量的努力，平时要学会认真分析、思考问题，学会概括，锻炼自己解决问题的意识。

根据迁移的难度水平可以将迁移分成水平迁移（横向迁移）和垂直迁移（纵向迁移）两种。水平迁移是指学习内容的难度和复杂程度与原来学习的内容相同的迁移。垂直迁移是指学习内容的难度和复杂性与原来的学习内容不一致的迁移。

（三）课堂教学帮助学生掌握学习迁移的策略

学习迁移是影响学生学习效果的重要因素。为此，教学活动中教师要"善教"，提高课堂教学的有效性，重视学生学习迁移能力的培养。学生要"善学"，探索科学的学法，学习时自觉进行学习迁移，克服干扰，从而提高学业成绩，真正做到"学会学习"。

1. 帮助学生建立属于他们自己的知识和技能架构

世界上万事万物都是有联系的。因此，非常有必要建立科学稳固的知识结构，就是将相关的知识通过一定的方式（图表、图解）有机地组织起来。例如，物理学知识就是以有机的联系来揭示物质的结构及其运动规律的。帮助学生建立物理学知识结构的程序是，确定知识点及其认知层次，确立点、线、面、体的知识体系，使知识形成网络。在物理教学中，教师要认真钻研新课程标准和教材，明确学年计划、学期计划、单元计划、课时计划的目标，并按照物理学知识体系的逻辑性，依照学生认知层次设计合适的教学主线索，同时要注意引导学生自主合作探究课程知识。在学生学习力学的知识时，教师应抓住这样的教学主线索：先介绍力的基本知识，再介绍运动的基本概念、基本规律，最后介绍力和运动的关系（牛顿三大运动定律）以及分析力学问题的一般思路。这时再安排一个阶段性复习来对知识做一个归纳梳理，以帮助学生由点及线到面、体来构建力学的基本知识体系。学生牢固建立这一知识体系后，再研究自由落体、抛体运动、圆周运动、卫星运动时便容易产生迁移，而且从中又可以培养其学习迁移能力。

2. 合理安排教学内容，加强新旧知识之间的联系

教师在教授新内容时，要特别关注学生原来的知识体系，精心设计有利于学生的原有知识体系发生迁移的教学程序。一般在上新课时，教师让学生先复习相关知识，以便学生能从知识结构上了解新学知识在已有知识结构中的衍生点。这样有利于学生把新概念纳入已有的知识体系，使知识发生顺向迁移。在对难点进行教学时，教师要能依照一定的层次组织教学过程，寻找最优化的教学程序。比如，教师可以先提出和已有的物理认知相同或相近的生活观念，确立相关科学观念——建立先行组织者，这对于化解难点、成功地发生学习迁移是关键。在教授新知识点时，教师若能对学生先前所学的知识、概念进行联系，也能帮助学生建构有系统、有组织的概念体系。例如，在讲线速度这一概念时，教师将其与学生先前学过的瞬时速度的概念相联系，使学生知道线速度就是物体做匀速圆周运动的瞬时速度，使它们在本质上相统一，使新旧知识之间发生双向迁移。这对于学生建立线速度这一概念非常重要。

3. 充分运用"类比"和"对比"的方法

类比是指"源问题"各因素之间的关系（结构）被提取并被用于解决"靶问题"。

结构映射是类比迁移产生的前提。例如，教师在物理概念、规律的教学中要特别注意渗透物理学科的思想方法，重视问题的结构。这样，学生对这些概念、规律就能掌握得更加牢固，从而增强其类比迁移的有效性。又如，在电场一章中，电场强度、电势等概念对学生来说很抽象，他们难以真正理解其物理意义和实质。教师在教学中可以通过静电场和重力场的类比来突破难点：重力场和电场一样都是看不见、摸不着的；物体在重力场中要受到重力 G 的作用；重力场的强度可以用物体所在位置的重力加速度 $g = G/m$ 的大小来量度。经分析可知：重力场的强度实质上是由场引起的对物体的作用（G）和物体的相关属性——质量（m）的比值来量度的，但这种场的强度是由场本身决定的，与所放入物体的质量 m、其所受重力 G 均无关。类似地，电荷在电场中要受到电场力 F 的作用。电场对电荷的作用是电场力（F），电荷与这一作用的相关属性是电荷量（q），电场的强度可以怎样来量度呢？教师先通过类比启发，再引导学生用试探电荷探索电场的性质，寻找电场强度、电势的定义方法。最后在电场内容的复习总结中，教师又可以从力和力的性质，功、能及能的性质的形象描述等诸方面就重力场和电场进行比较，让学生找出共性，深刻地理解电场的性质。

4. 创设问题解决情境，引发学生的学习迁移

例如，在讲电场的概念时，学生需要明确：为了确定某点电场的强弱，可以放入一个检验电荷，某一点电场的强弱与检验电荷电量的大小无关。这一点学生很难理解。在讲到此问题时，教师可以创设这样一个形象类比的问题情境，问："同学们，外边有没有风？"大家急切地向外看，齐声回答："有。"教师再问："你们看到的是风吗？"学生开始思考这个问题，很快回答说："不是，是树叶在摆动。"教师接着说："对，树叶是用来检验有无风及风向的物体。风的大小与有无树叶及树叶的大小无关。"这样使学生尽快明确了电荷是用来检场的，电场的强弱是由电场本身决定的，与电荷的电量无关。教师应在备课中备好类比事例，做到类比通俗易懂，形象逼真，且切合实际，这样才能真正突破教学难点。

三、学习过程理论与有效课堂教学

当前，有些人仍然把教学过程视为"特殊认识过程"。这种认识从客观上来讲

增强了教师的权威性，忽视了学生的差异性、主体性和潜在发展性，忽视了课堂上动态非线性的生成性，也忽视了课堂教学中主体—客体—主体结构中的主体多样性。21 世纪是知识经济时代，可以说人的发展是第一位的。2018 年，习近平总书记在全国教育大会的重要讲话中再次强调坚持把立德树人作为根本任务。"树人"的含义就是要从学生出发，从学习理论出发来进行教育教学。学习是一种高级的思维活动，教师要有目的、有意识地调整自己的教学行为，知道怎么做，还要知道为什么这么做。课前预习、课堂学习、课后及时巩固是重复刺激学习的重要手段，这对学生掌握知识具有十分重要的作用。

（一）学习过程的结构及其意义

学习过程的结构就是指学习过程的组成因素及各因素之间的关系。中外学者对学习过程的结构都有非常翔实的论述。

我国古代学者提出学习过程的七个结构，即立志、博学、审问、慎思、明辨、时习、笃行。立志强调人对获取知识的动机、态度和目的。博学主要是指阅读与获得信息。审问、慎思、明辨主要是将获得的感性材料，通过思维、想象进行分析、综合与抽象、概括，以求理解，提高到理性认识，使知识系统化和概括化的过程。时习是指在学习过程中不断巩固的作用。笃行主要强调将知识应用于实际，并在实践和应用中加深对已有知识的理解和进一步学习。

美国教育心理学家加涅以信息加工的观点对学习过程进行分析，提出信息加工学习论，关注学生如何以认知模式选择和处理信息并做出适当反应。加涅认为学习过程就是一个信息加工的过程，即学习者对来自环境刺激的信息进行内在认知加工的过程。加涅提出了学习过程的八阶段论，分别是动机阶段、了解阶段、获得阶段、保持阶段、回忆阶段、概括阶段、作业阶段、反馈阶段。动机阶段主要是激发学生学习的动机、兴趣，对学习有良好的态度。了解阶段是学生具有了学习动机，还必须把心理活动指向和集中于应该接受的某种刺激上，即学生必须注意接受与学习目标有关的整个刺激作用的基本元素，有选择地去知觉外部刺激，对来自感觉登记器的信息进行选择，并将有关信息输送到短时记忆里。获得阶段是学生对经过注意和选择性知觉而输送到短时记忆的信息进行加工编码的阶段。保持阶段是学生把获得的信息经过复述、强化，转化为一种持久状态，以表象或概念的形式贮存于长时记忆之中。回忆阶段是学生对信息进行加工处理的寻找过程，称为检索，也就是使所学到的知识恢复、再现出来的过程。概括阶段是概念和法则构成的必要手段。作业阶段是学生用习得的知识去实践作业。反馈阶段是学生在完成新的作业后，就会意识到自己已经达到了一定的预期目标，从而使学习动机得到强化。所以反馈阶段既能证实学习开始时动机阶段所确定的预期目标，又能强化学习动机。

（二）有效课堂教学中学习过程理论的运用

1. 体现学生的主体地位，激发学习动机

叶圣陶说过，他并不称赞某老师讲课时有怎样的高超艺术，最要紧的是看学生，而不是光看老师讲课。一堂数学课究竟怎么上？传统数学教学中教师是课堂的主宰，教师领着学生去学。长此以往，学生习惯了被动地学习，成为思维上的懒惰者。显然，这种以教师"讲"为中心的数学教学，没有充分发挥学生学习的主观性和能动性，不利于学生的潜能开发和身心发展。例如，在小学数学"比的基本性质"教学中，有的教师过多讲解、分析和说明比的基本性质，而不是让学生根据"商不变的性质"和"分数的基本性质"去探索并推导出"比的基本性质"的由来。这样反而会适得其反，学生有可能不会掌握"比的基本性质"。

2. 重视学生的学习过程，发展思维能力

当前课堂教学中存在只重视知识的结论正确与否，不重视学生学习全过程的深度发掘现象，导致学生思考问题的方法的匮乏，同时有意或无意地压缩了学生对新知识学习的思维过程，而让学生去重点背诵"标准答案"。这种只注重结果的做法导致学生学习知识的一知半解，降低了学生学习的质量。例如，有的教师喜欢直接告诉学生结论，并要求学生马上应用这种结论，再去解答各种变式题。这样会加重学生的学习负担。

教师要重视学生的学习过程。例如，教师在数学教学中应该把重点放在揭示知识形成的过程，展示学生学习新知识的思维过程，让学生通过感知—概括—应用的思维过程去发现真理，掌握规律。这样可以在教育教学过程中发展学生的多种思维，让学生既增长了知识，又增强了思维能力。

3. 尊重学生的个性差异，改革教学评价

学生的全面发展，并不是让每位学生及其每个方面都要按统一规格平均发展。

教师要尊重学生在课堂学习过程中的个性差异。有些教师按照全班的平均水平来备课，结果既照顾不了学习效率高的学生，也照顾不到学习效率低的学生。正如世界上寻不见完全雷同的一对树叶一样，我们也找不到两位完全相似的学生。因此，班级授课制中的平均水平是不存在的。这就需要教师去关注、去研究学生的差异，以便找到个性化教学的科学依据。这就要求我们教师在教学中尊重每一位学生的个性差异，允许不同的学生从不同的角度认识问题，采用不同的知识与方法解决问题。在传统教育教学中，教师以学生的学业成绩为评价的唯一尺度，且具有甄别和选拔的功能。这实际上压抑了大部分学生的个性和创造潜能。因此，教师应该在课堂教学中关注每一位学生，特别是关注学习有困难的学生；通过评价帮助学生认识自我，建立学习的自信心。

4. 鼓励学生质疑问难，培养创新意识

学起于思，思源于疑，疑是点燃学生思维的火种。学生发现问题，大胆怀疑，探果索因，追根问底，是他们创新的开端。提出一个问题往往比解决一个问题更为重要，有疑问才能促进学生去探索、去创新。心理学研究表明：疑，最易引起思维的不断深入。因此，在课堂教学过程中，教师要注重学生的思考过程，启发学生从多方面寻求正确结论，引导学生对信息进行自主的加工。教师不但应善于设疑答疑，更应善于鼓励学生质疑问难，激发他们主动创新的精神，这是提高学生创新意识的有效手段。教师应尊重和保护学生的好奇心，使学生产生成功感和自我满足感，从而引发学生在轻松愉快的氛围中敢于大胆提问。

人生的积极态度"贵在参与"，学习也不例外。因此，我们每一位教师在教学中，在研究中，都应该切实记住六个字：一是"学生"，即心里有学生；二是"发展"，即学生的发展，也包括教师自身的发展；三是"过程"，即学生的学习过程。教师要把课堂当作学生获取知识的海洋、培养学生能力的圣地、促进学生生动活泼发展的晴空，努力调动全体学生主动参与，增强学生学习的自信心，全面发展学生的能力。

四、多层次能力发展与有效课堂教学

学习能力是指学生运用科学的学习方法独立地获取信息、加工和利用信息、分析和解决实际问题的一种个性心理特征。学习能力是一种综合能力，包括注意力、观察力、思考力、应用力、自觉力、记忆力、想象力、创造力等。学习能力是在环境和教育两个因素共同作用下形成的。学习能力是人的能力的重要组成部分，它会对人的思维方式、生活方式、工作方式等产生很大影响。

由于遗传、环境、家庭、教育存在差异，个体思维和学习能力也会存在较大差异。如何培养学生的学习能力，提高不同层次学生的学习能力，是教育工作者必须探讨的问题。

（一）能力的层次与发展规律

人的能力是多种多样的，不同行业也需要有不同的专业能力，如农民的耕种能力、工人的制造能力、商人的经营能力、医生的诊治能力、教师的教学能力等。这些专业能力还可再进一步划分为更具体的专业子能力。按照能力发展的规律来说，人的能力可以分成基本能力、基础能力、专业能力和创造能力4类。基本能力主要是指人的生理方面的能力，如看、听、说、读、写、体力等；基础能力则包括了日常生活、自我调节、终身学习等方面的能力；专业能力就是指进入工作岗位后的具体工作能力；创造能力则是指科学发现、技术发明的能力。

能力不是在消极被动中形成的，而是在积极主动中形成的。正如马克思所说的：每个人的自由发展是一切人的自由发展的条件。自主活动是形成能力的基本前提和必要条件之一，也是人的能力形成与发展的基本规律。人的能力是在实践中形成的。学习也属于人的一种实践活动，随着年龄的增加，学习内容不一样，也就是我们认识加工的对象不一样，造就了我们的学习能力的不断发展。人的能力发展的最高阶段是创造能力，包括发现能力、学习方法革新的能力、发明应用的能力。人的能力发展是逐层递进的，就如同盖一座大厦，先要挖掘地基，之后进行钢架结构的搭建。不同的能力之间是相互联系的。知识掌握与能力发展并非一定是同步的。因为任何学科知识本身都是由一定的概念、原理、法则（公式）依照客观事物发展变化的逻辑联系而构成的，只有顺应科学知识本身的内在逻辑关系，学习逻辑严密、系统条理的科学知识，才有利于促进能力的形成与发展；否则，不仅难以掌握所学知识，还会加重学习者的学习负担，甚至阻碍能力的形成与发展。此外，自主活动尤其是变革客体的自主活动是发展能力的必经途径。但在盲目自发的活动中，人的能力是很难形成和发展的。任何有效的活动，都离不开科学理论的指导。恩格斯曾经指出：社会一旦有技术上的需要，则这种需要会比十所大学更能把科学推向前进。同样，社会一旦对人才有能力方面的需要，则这种需要会比任何教育都更能推进人的能力发展。社会对人的能力的需求程度是人的能力发展的重要制约因素。无数事实充分证明，在一个不大重视能力的社会中，人的能力发展必然会受到制约。

（二）课堂教学提高不同层次学生学习能力的方法与策略

学习能力主要由基础知识、基本技能、智力技能和学习方法四个要素构成，它不仅要求个体具有广博的知识，还要求个体学会学习的方法，树立终身学习的理念。一个人的学习能力的高低往往决定了其竞争力的高低。学习也是一种生存能力的表现，通过不断学习，专业能力不断提升，技能不断拓展，学习能力得到提高。

1. 培养学习兴趣是提升学习能力的前提

爱因斯坦说：兴趣是最好的老师。也就是说一个人一旦对某事物有了浓厚的兴趣，就会主动去求知、去探索、去实践，并在求知、探索、实践中产生愉快的情绪和体验。所以古今中外的教育家无不重视兴趣在智力开发中的作用。心理学研究表明，当人对某一事物感兴趣时，认识就快；而毫无兴趣时，认识就慢，或者不予接受。因此提高学生的学习能力，就必须首先激发学生的学习兴趣；只有对学习有兴趣，学生才会投入学习。培养学生的学习兴趣，就要在教学中突破传统的教学模式，将传统的知识传授变为任务驱动，将一个个的知识点变成一个个的任务，让学生不断地完成任务来消化知识，提高学生学习知识的兴趣，从而引导学生主动学习、积极探索，提高学生的学习能力。

2. 优化教学环节，实施分层教学

在课堂教学中，教师既要注重学生的共性，也要注意学生的个性，做到共性与个性相结合。教师要把集体教学、分组讨论与个别指导有机结合起来，最大限度地调动每位学生学习的积极主动性。因此，实施分层教学能使每位学生的知识水平、能力得到不断提高，从而大面积地提高教育教学质量。

（1）课堂教学目标的分层

根据教学内容和学情分析，教师要针对不同程度的学生制定不同的教学目标。

以数学学科为例，A 层学生只要掌握课本上的基础知识，学会基本方法；B 层学生在熟悉掌握基础知识的基础上，能灵活运用知识，解决实际问题；C 层学生在 B 层的基础上，培养创新意识，形成一定的数学思想，有良好的数学素质。教师要让每位学生有一个自己的"最近发展区"，经过努力，"跳一跳，摘到桃"，以成功来激励自己，发挥求知的内驱力，实现自己的小目标。如在教学"5 的乘法口诀"时，教师将教学目标分为三个层次：A 层学生能背出口诀，并能应用口诀进行简单计算；B 层学生能理解、掌握 5 的乘法口诀，并能熟练地加以应用；C 层学生能理解掌握 5 的乘法口诀的推理过程，培养从特殊到一般的发现问题能力，培养逆向思维的能力，能灵活运用性质。当不同层次的学生达到既定目标时，后进生有了学习信心，中间学生的潜能被挖掘，优等生能朝更广阔的知识领域迈进。

（2）提问环节的分层

好的提问，是课堂成功的一半。把问题设在知识的重点处和每位学生的疑惑处，就能充分调动学生的思维。设计问题的原则是确保各类学生在课堂上都有回答的机会。因此，教师要善于将既定的学习任务转化成学生感兴趣的具体问题，并设计出一定的问题情境，让优等生在关键时刻发挥他们的带头作用，激发他们的学习积极性；让后进生回答一些计算题等最基础的问题，鼓励他们学习的热情。例如，在"田园风光"一课上，教师要提出一些普遍性的问题，这些问题所有的学生都可以回答：①从这幅主题图上你能得到哪些数学信息？②根据这些数学信息，你能提出哪些数学问题？在该课结束之前，教师向学生提问："这节课上你学会了什么？""你觉得在观察事物的时候要注意什么？"这些问题无论是哪类学生都能回答，只是在获取信息的数量及提出问题的独创性方面有些差异。这样的提问体现了"下保底，上不封顶"的原则。此外，教师还需要设计针对不同层次学生的问题：针对中等生和后进生，可以问一些陈述性和程序性的问题，引导他们回忆、理解和感知，学习陈述性、程序性的知识，同时让学生有足够的展示机会，体验成功的快乐。针对优等生，要设计满足他们认知需求的、较深层次的问题。如"你能说出不同场景的位置关系吗？"学生可以说出多种不同的答案。

（3）练习环节的分层

在设计、布置作业时，教师对不同层次的学生要有不同的要求和标准。课堂作业设计有梯度，基本原则是由易到难，采取多形式、多层次的训练模式，满足不同层次学生的训练要求，改学生机械地练为学生能动地练，挖掘学生的潜能让学生自己学，创造表现的机会让学生自己说，强化学生的主体意识让学生自己问，把握训练的兴奋点让学生自己练，拓宽思维的空间让学生自己想。因人定标，充分发挥了作业的实际作用。具体做法为：①基本性练习的训练。要紧扣教材，使每一位学生达到教材的一般性要求。②综合性练习的训练。要紧扣知识的综合运用，使 B 层和 C 层学生达到要求，鼓励 A 层学生争取达到要求。③扩展提高性练习的训练。要紧扣思维训练，培养能力，使 C 层学生达到要求，使部分 B 层学生争取达到要求。

（4）学生评价的分层

对后进生采用表扬性评价，寻找其闪光点，及时肯定他们的点滴进步；对中等生采用激励性评价，既指明不足，又指出努力方向，促使他们积极向上；对优等生采用竞争性评价，坚持高标准、严要求，促使他们更加严谨谦虚，不断超越自我。

五、可持续发展学习与有效课堂教学

教育对人类发展的作用是显而易见的。联合国大会宣布在 2005 年至 2014 年这 10 年的时间中实施联合国可持续发展 10 年教育，要求世界各国政府在这 10 年中将可持续发展教育融入他们国家各个相关层次的教育战略和行动计划。大家形成的一个普遍的共识就是，教育要培养以下能力：①认识挑战；②集体责任和建设性合作；③果断行动；④人类尊严的不可分性；⑤学习了解；⑥学习共同生活；⑦学习去做。从中可以看出，学习的可持续发展占据了教育可持续发展的重要比例。

（一）可持续发展学习的教育价值

1. 可持续发展学习促进个体的全面发展

现代教育的价值取向是追求人的发展，追求人的全面发展。人的教育与发展不仅仅是要求知识的积累、观念的更新，更要求人的综合素质的培养和提高。人是可持续发展问题的核心，可持续发展教育强调与终身教育相结合，强调在不同阶段关注发展人的意识、能力、态度与价值观，强调学会生存、学会生活和学会发展，使其能够有效地参与地方、国家的可持续发展行动，以建立更具有公平性及可持续性的未来；使其具有整合环境、经济与社会问题的决策能力。由此可见，可持续发展教育将人的全面发展作为教育的主要任务，这是使可持续发展教育具有人与自然、社会相和谐的人文价值。

2. 可持续发展学习促进教育本身的发展

有专家指出，如果教育具备变革社会的能力，那么教育自身也要进行变革。可持续发展学习是使教育范式具备变革能力的前提。可持续发展的学习者集中关注生活中的重要问题，例如生存而不损害环境的途径；与周围的人和平相处的方式；解决不平等问题的办法；如何做一个积极的、有见识的和推动可持续发展未来的公民等。这些重要问题的解决使得教育实现可持续发展。

3. 可持续发展学习促进社会整体的进步

人类的观念、态度、价值观支配着人类的行为方式，决定社会发展的走向。如果没有积极的、参与的、知情的、负责的、有能力的公民，我们将很难看到建设一个可持续发展社会的前景。也就是说，这种积极的、参与的、知情的、负责的、有能力的公民是社会可持续发展的关键。

（二）可持续发展学习的课堂教学策略

1. 课堂教学中要牢固树立终身学习的意识

进入 21 世纪，由于生产力的快速发展、科技的日新月异、信息技术的全面应用、知识门类的激增，大量的边缘学科涌现（如生物物理学、生态经济学），知识革新的周期不断缩短，信息化特征明显。这是一个终身学习的时代，一个更加注重开发人类自身资源、潜力与价值的时代。联合国教科文组织指出：未来社会的文盲不再是不识字的人，而是不会学习的人；随着知识经济时代的到来，可能有人在某种程度上会成为新文盲。不会外语、计算机的人不能与人很好相处，不能与环境协调一致，有可能会成为一个情感缺失的人。因此现代社会提倡终身学习，就是为了使人更好地与环境协调一致，更好地理解生活的真正意义，提高个人的尊严，掌握美好生活所需要的实际知识与技能。

2. 课堂教学中要培养学生自主学习的意识、习惯和能力

第一，课堂教学中要注意创设情境，激发学生的学习动机。课堂教学中，教师要注意摒弃传统的师道尊严，重新定位学生的角色——实验者、主体者以及教师的

角色——观察者、帮助者和辅导者，在此基础上注重沟通师生情感，及时进行角色转换，建立民主和谐的师生关系，从而为学生的课堂学习创设一个宽松的人文环境。学生在初学知识时都会感到新奇，希望了解它，有时会缺乏意志和毅力，兴趣容易因困难和乏味而转移和中断。只有不断地激发学生学习的兴趣，才能维持他们学习的动机。第斯多惠说：教学艺术的本质不在于传授本领，而在于激励、唤醒、鼓舞。所以教师要有一双善于发现学生美的眼睛，去激活学生学习的热情，变"要我学习"为"我要学习"，变学习的兴趣为学习的需求。

第二，课堂教学中要注意传授科学的学习方法，指导学生学会学习。未来社会的"文盲"，并不是指目不识丁的人，而是指那些不善于掌握学习方法、不会自主学习的人。所以，教师应有意识地渗透学法指导。授之以鱼，不若授之以渔。教师告诉学生"是什么"，学生照单全收，但不知其"为什么"；告诉学生"为什么"，学生可以有所领悟，但最重要的是从"是什么"到"为什么"的思维过程。即便学生自得自悟的能力还不够全面、深刻，但对提高其解决问题的能力仍有着不可估量的意义。教师只有在课堂教学中渗透学习方法的指导，教给学生一些学习的思路，学生才会独立解决学习中产生的问题。课堂教学中需要重视学生良好学习习惯的养成。教师应设法从多方面去积极引导学生，从点点滴滴严格要求学生，严格训练学生。

第三，课堂教学中要强化学生的意志力和自信心，确保学生坚持不懈地学习。具备良好意志品质的学生，在学习的过程中，能自觉地控制和调节自己的行为，不畏艰难，坚持不懈地努力去实现自己的目标。而意志品质欠佳的学生，一旦遇到困难或考试不理想，则丧失信心，半途而废。因此，在教学活动中，教师要不断有意识地强化学生的意志力与自信心。一方面，要让他们明白，任何学习过程都不可能是一帆风顺的。另一方面，要让他们明白"世上无难事，只怕有心人"。教师还应充分重视学生的个体差异，尽可能地满足不同学生发展的学习需求。对学习上一时存在困难的学生，教师要给予格外关怀和呵护，真正确立"偏爱后进生"的教育观念，尽最大的努力去扶助与感化他们，使其逐步踏上自主学习的阶梯，与其他同学一道分享求知的乐趣与成功的喜悦。教师只有适时创造机会鼓励学生勇敢战胜困难，持之以恒，学生的学习毅力才会得以形成。

第四，课堂教学中要向生活延伸，实现学生可持续学习的生活化。例如，某位化学教师在讲授溶液与胶体的区别时，提前布置任务，要求学生带牛奶到课堂。课堂上除了让学生动手进行实验探究外，教师还让学生用自带的牛奶做丁达尔现象的实验。学生明显表现出比观察氢氧化铁胶体的丁达尔现象有更大的热情，每个人都瞪大眼睛看牛奶里有没有一条光亮的通路。由此可以看出，学生对身边的事物更感兴趣。为了进一步激发学生的学习兴趣，推进课堂教学，教师还列举了很多相关的实例，如浴室的空气、泥水的悬浮液、豆浆等。同时提出 3 个问题：①豆浆怎么变成豆腐？②为什么同一支钢笔不宜用两种或多种不同品牌的墨水？③为什么会在河流入海口处形成三角洲？类似这样的例子还有很多，教师可以发展学生的想象力，让其尽情地畅所欲言，展示自我。当学生通过自己的努力学习，真正懂得了"为什么"后，一定会有一种发自内心的满足感，进而也就激发了进一步学习化学的兴趣，提高了化学课堂的教学效率，实现了化学课堂教学的可持续发展，为今后的课堂教学打下了良好的基础。又如，在讲授化学反应速率这部分内容时，教师可以联系一些热点事件，在讲到这些事件的时候，学生滔滔不绝地说着自己所知道的最新消息。在讲解蛋白质的有关性质时，教师同样也可以让学生自己动手，观察蛋清有无丁达尔现象、看熟鸡蛋能否再溶于水、向蛋清中加食盐等，真正理解蛋白质的有关性质。在理解了蛋白质的性质后，教师可以不失时机地提出一些生活习惯请学生解释：①为什么我们盖的被子经常要晒太阳？②为什么冬天要给树的下半截刷石灰粉？③鸡蛋生吃好还是熟吃好？通过对蛋白质性质的主动探索学习，学生可以顺利解释这些我们生活中经常见到的现象。这不仅是学习知识的过程，更是一个很好的培养学习兴趣的过程，有助于今后化学课堂教学的可持续发展。

六、学习的主体性与有效课堂教学

主体性教学的理论始于 20 世纪 70 年代的认知主义学习理论和 90 年代的建构主义学习理论。认知主义学习理论强调学习者的内部心理过程，强调学习者的心理特征与认知规律；把学习看作学习者根据自己的态度、需要、兴趣、爱好，利用自己的原有认知结构，对当前外部刺激所提供的信息主动做出的、有选择的信息加工过程。建构主义学习理论认为，知识不是通过教师传授得到的，而是学习者在一定的情境即社会文化背景下，借助其他人（包括教师和学习伙伴）的帮助，利用必要的学习资料，通过建构意义的方式而获得的。在这两种理论的引领下，学习主体性的相关问题成为热点话题。

（一）学习主体性的内涵

主体性是人的本质的属性，发展人就是要发展人的本质的属性，教育的基本功能就是促进人的全面发展。从这个层面上说，教育的根本目的就是发展和培养学生的主体性。主体性在构成上包括三个层次，即自主性、能动性和创造性。自主性是学生对自我认识和自我实现的不断完善。在一定条件下，学生个体对自己的活动有支配和控制的权力和能力。能动性是指主体在对象关系中自觉地、积极地、主动地认识和改造客体，而不是消极地、被动地接受外界影响。它是学生主体对现实的积极反应和对外界环境的主动适应。创造性是对现实发展的超越，是主体性发展的最高层次，集中表现为创新意识、创新思维能力和实践操作能力。它包括对外界事物的超越和对自身的超越。所以，学生的主体性是自主性、能动性和创造性的和谐统一；自主性是核心，能动性是基础，创造性是灵魂。

学生学习的主体性就是学生对学习内容和方式的选择应该是自愿的，接受或不接受都是学生的一种选择，教师应当顺应和尊重学生的选择。

学生学习的主体性表现在学生的学习态度应该是积极主动的。这与活跃课堂气氛是有本质区别的。现在有些课堂上，教师让学生说了，也让学生做了，甚至用上了现代化教学手段，调动了学生学习的积极性。但这可能仅仅是形式上的热闹，学生学习的主体性并没有得到真正的体现。

学生学习的主体性在学习方式上体现为学生在学习中通过自主探究、与人合作、竞争，在提高认知能力的同时增进创新意识和完善个性品质。

（二）课堂教学中发展学生主体性的策略与方法

1. 树立强调学生主体性的教育观念

教师要转变教育观念，改革课堂教学方法，充分相信每位学生的能力，保护每位学生的自尊心和自信心。教师要倾听学生的见解。课堂教学中要注重情感的培养。在教学过程中，教师可以用商量的口气与学生进行交谈，如"谁想说说？""谁愿意说说？"等。当听完学生的不同意见后，教师可常说："我很荣幸，我和某某同学的意见相同。"话虽简单，但足以证明教师已经把自己视为学生中的一员。这样的师生交流过程中，彼此都会忘了自己是谁，都会乐于发表自己的见解，敢于创新。

教师还要有耐心，主要是体现在等待上。如在"可能与一定"一课上，教师组织学生做"石头、剪子、布"的游戏时，出示图片让学生说说它们三者之间的关系，没想到一位二年级学生竟说出了它们像食物链。在一节体育课上，教师讲投掷沙包的动作技能，很多学生都在模仿教师所教的动作，但偏偏有一个高个子男生不按照教师的要求去做，坚持按照自己的方式去做。教师并没有生气，也没有特别纠正这位学生。随着动作技术的要求越来越精细，按照教师所教的动作，很多学生也能投得很远，个别学生投出去的沙包超过了那位男生。而这位男生用去了100%的努力，却没有多少进步。这时，这位男生主动找教师纠正自己的动作。可见，教师要有耐心，要等待，不要强硬地把自己作为课堂上的主体。

2. 设计基于学生主体性的课堂教学

课堂教学要突出学生的主体性，首先是教学设计要突出学生的主体性。例如，某位教师构建了这样的一个教学环节，突出学生的主体性。首先，提出问题，布置课前预习。教师根据教学内容的特点和学生原有知识的掌握情况，有针对性地提出了一些关键性问题，通过问题指引学生的预习，并对预习的内容、预习到什么程度、预习的方法、预习的结果呈现等有了较为详细的规定。其次，注重课堂讨论和分享。教师要根据课堂上学生的实际进程做及时的调适。在这个过程中，教师除了尽到"编导"的职能外，也应该以普通"演员"的身份进入角色，从而激活课堂的民主气氛，让学生真正在信息的海洋中徜徉；同时对于在问题讨论过程中学生的创造性意见，教师要及时给予鼓励和表扬，提倡学生"另辟蹊径"，从而真正达到注重个性的要求，塑造学生健康向上、适应时代要求、善于探索和创新的人格。有效的归纳总结，可以起到画龙点睛的作用。讨论问题的目的是要解决问题，形成结论。对待问题，虽提倡学生讨论乃至争论，但也不能"喋喋不休"。在这里，教师应根据学生的讨论情况，结合教材内容，把"谜"底揭给学生——形成一个正确的知识结论。对于学生围绕问题发生的争论，教师既要当好"裁判"，也要杜绝完全以教师的身份"居高临下""一锤定音"；对因争议而暂时不能解决的问题，教师要鼓励学生在课后做进一步的探究。有效的课堂信息反馈，可以让教师对课堂练习中学生暴露出来的问题进行评析并当堂解决，了解学生的掌握情况，布置任务延伸课堂学习。下课前，教师根据本节课的反馈情况，布置学生课后完成的作业及下节课要预习的内容。

3. 凸显强调学生主体性的教学行为

在课堂教学中，教师要多一些民主，少一点包办代替；多一些指点，少一点指指点点；多一些引导、点拨，少一点讲解、分析，充分发挥学生的能动性。教师要引导学生动口、动手又动脑，特别强调学生的学习体验。例如，讲"9加几"时，教师指导学生先在盒里放几个皮球，在盒外放几个皮球，并提出：一共有多少皮球？应该从哪里去拿皮球？拿几个皮球放到哪里去？这样使学生初步感受到9个皮球加上2个皮球，是从盒外2个皮球中，拿出1个皮球放到盒里，凑成10个皮球，再加上1个皮球的初步印象。学生既看到了"凑十法"的演示过程，又理解了"凑十法"的方法，在脑海中唤起并形成表象。当学生会用"凑十法"摆出9+2，也能口述出9+2的操作过程后，教师应继续提出：如果没有实物该怎样想呢？启发学生说出："先想9加几得10，9加1得10，就把2分成1和1，9加1凑成10，10再加上1得11"，从而概括出9加2的口算方法。

4. 形成促进学生主体性发展的评价方式

课堂教学中要真正地把学生看成是"发展中的人"和"不完善的人"，让他们能在教师和他们自己设计的问题情境中，充分发挥自己的主体性，学会创造，学会生存，学会发展。这才是我们每一位教师的使命和责任所在。在充满生命活力与和谐气氛的教学环境中师生共同参与，相互作用，就能够激发学生的创造欲，摩擦出智慧的火花，结出创造之果。我们要改变过去以学生学习成绩为评价学生的唯一标准的传统观念和做法，提倡建立评价目标多元化、评价方法多样化的评价体系。

第二章
基于形象思维与抽象
思维培养的实践案例

 **本章概述**

　　苏霍姆林斯基曾说过：一个人到学校上学不仅是为了获得一些知识，更主要的是为了让自己变得更聪明。因此，他的努力就不应当用在记忆上，而应当用到思考上去。他还说，教会学生善于思考是学校的首要任务。可见培养学生的思维是学校教育的核心任务。思维如此重要，那么什么是思维？如何对思维进行分类？形象思维和抽象思维各自有什么特点？各自的基本方式又有哪些不同？日常教学中该如何去培养学生的思维？……温寒江先生经过多年的深入研究，在理论研究成果《学习学》中给出了很好的答案，值得大家学习借鉴。这些年不少教师跟随温先生参与了实践研究，并取得了很好的教学效果。本章提供了13篇实践案例，着重体现如何将理论运用到课堂教学中，指引我们的教学行为，使每一位学生的思维都得到最佳发展。

第一节　理论基础

一、思维的分类①

思维是人脑对客观事物的表征，即对语言(概念)和表象进行加工的一个认识过程。它既能反映、揭示事物的本质特征和事物间的规律性联系，又能预测、计划事物的未来。

思维的定义需要明确三点：思维材料是什么；加工方法是什么；思维的指向性是什么。同时具备这三点的思维包括两种，即以表象为思维材料进行思维加工的，称为形象思维；以语言(概念、符号)为思维材料进行思维加工的，称为抽象思维(逻辑思维)。

二、形象思维的特点和基本方式②

(一)形象思维的特点

1. 形象性

人们的形象思维的形成利用了形象材料、典型(表象)。在形象思维活动中，人的头脑中不断涌现出形象，整个思维过程是具有形象性的。

2. 可感性

人在形象思维活动中，通过感官的作用，把从客体获得的信息同头脑中已有相关信息结合起来，进行思维加工，达到对事物的认识。

---

① 温寒江、陈爱苾：《学习学》上卷，27~30页，北京，教育科学出版社，2016。
② 温寒江、陈爱苾：《学习学》上卷，58~65页，北京，教育科学出版社，2016。

3. 整体性

形象思维是将一个完整的表象作为一个单位的思维的，它具有对已经有了改变的形象或背景的再认能力。

4. 概括性

在形象思维活动过程中，人们通过多次对表象的比较（类比），去粗取精，去伪存真，可以抓住事物的基本特征或本质。

5. 跳跃性

逻辑思维是按一步一步的顺序推理下去，是线性的；而形象思维没有一定的顺序，是跳跃的、发散的。

6. 直觉性

直觉性是指人对事物的识别和判断，不是以规定的程序、步骤一步一步地做出的，而是瞬间做出的。

（二）形象思维的基本方式

形象思维的基本方式有分解与组合、类比与概括、联想、想象等。

1. 分解与组合

表象的分解与组合是认识事物、揭示事物内在联系和规律的一种基本思维方法。

2. 类比与概括

在思维活动过程中，通过多次对表象的比较，抓住事物的基本特征和本质，这就是形象思维的类比和概括。类比的方法和概括的方法是联系在一起的。

3. 联想

联想是一种思维方法，它是事物普遍联系在人的头脑中的一种反映。它一般分为接近联想、类比联想、对比联想，还有功能联想、自由联想等。

4. 想象

想象是人们在头脑中把原有表象加工改造成新的表象的思维方法。想象主要分为创造想象和再造想象。

三、抽象思维的特点和基本方式①

（一）抽象思维的特点

1. 抽象性

抽象性就是剥去那些偶然的、表面的、非本质的东西，抽取那些普遍的、必然的、本质的属性和带规律性的东西。

2. 逻辑性

逻辑性要求人们表达思想时，做到概念明确，判断恰当、准确，推理严密、有据。

3. 语言性

思维和语言是同步的，语言是思维的重要基础，语言是思维的媒介。

（二）抽象思维的基本方式

抽象思维的基本方式有分析与综合、比较与分类、归纳与演绎等。

1. 分析与综合

人的思维活动的目的在于认识客观事物，掌握客观事物的本质。要认识客观事物，就要对客观事物进行多方面的考察，区分事物的现象和本质，这种思维方法就是分析的方法。思维的活动还要进一步将事物的各个部分要素和特征联系起来，使其作为一个整体，在思维中再现出来，这种思维方法就是综合的方法。分析与综合是一对矛盾的统一体，分析与综合是相互渗透、相互依赖的。分析与综合的思维过程在一定条件下又是相互转化的：人们对事物的分析达到一定程度时，分析转化为综合；综合达到一定成果时，又开始深一层次的分析；每一次分析、综合都能得到对事物一定质的认识；人类的认识就在分析、综合的相互转化中不断得到深化。

2. 比较与分类

比较的思维方法是依据事物间的相似性和普遍联系的原则，通过分析弄清事物

---

① 温寒江、陈爱苾：《学习学》上卷，100～105 页，北京，教育科学出版社，2016。

的异同，既可以在事物的诸要素特征之间进行比较，也可以在事物之间进行比较。比较是同分类联系着的，在众多事物中，人们总是按照比较的结果将事物加以分门别类。同一类事物具有相同的属性和特征，成为不同学科建立的依据。

3. 归纳与演绎

归纳法是指人们在实践中遇到大量的具体事物，从中发现某类事物具有特定的性质，从而断定所有这一类事物都具有这一种特定性质，概括出一般的结论；演绎法是从一般的概念、原理出发，推导出个别性的结论。归纳和演绎是辩证统一的，没有归纳，演绎的前提则无从产生；而没有演绎，归纳则得不到加深和拓展。所以归纳与演绎，如同分析与综合一样，是相互交替、相互补充、相互转化的。

四、形象思维与抽象思维之间的关系①

形象思维与抽象思维是人类理性认识中的两种不同方式。它们都是在感性认识的基础上开始的，只是以不同的途径实现了从感性认识向理性认识的飞跃。形象思维和抽象思维是相辅相成的，抽象思维建立在形象思维的基础上，脱离抽象思维的形象思维是不存在的，脱离形象思维的抽象思维也是不存在的。形象思维为抽象思维提供科学的知觉表象；抽象思维使得形象思维明确方向，加快问题解决的进程，深入事物本质中去。

第二节 实践案例

一、案例导读

（一）关于形象思维在教学中的实际运用

《学习学》上卷讲到，思维分为抽象思维和形象思维。它有两种属性，即思维

---

① 温寒江、陈爱苾：《学习学》上卷，100~105 页，北京，教育科学出版社，2016。

材料和思维方法。进行思维活动时，既要有思维材料，又要有思维方法，二者相互依存，协调发展，缺一不可。

1. 形象思维的观察与表象

人们进行形象思维活动时，是借助了形象材料、典型（表象）。例如，在语文教学中，教师要重视发展学生的思维，特别是发展学生的形象思维，促进学生语言与思维的统一发展。观察是一种思维活动。在观察中，人们通过视觉、听觉、触觉、味觉、嗅觉等形成多种表象，在大脑中对这些表象进行比较、修正，最后抓住了事物的基本特征。深入的观察会常常伴随着丰富的想象。表象是想象的材料，有了丰富的表象积累，才能产生想象。北京育才学校马莹老师在"学习与思维——观察·说话·写话"校本课程开发与实践中，把生活中的真实、鲜明、生动的实物带到课堂上，调动学生的视觉、触觉和嗅觉等多种感觉，让他们直接感知要观察的实物，积累丰富的表象。表象素材越丰富，越有利于学生展开想象。详见本章的案例一。

作家写作十分重视观察生活、体验生活，因为现实生活就是写作的源泉。儿童习作要写的内容必然也是生活中所熟悉的东西，这就要求学生学会观察，教师需要引导他们观察了解周围的事物。由于不善于观察，有些学生对周边生活的认识是肤浅的、模糊的，因此作文时就出现无东西可写的窘境。

观察技能是外界事物的信息经过人的各个感官输送到大脑、转化为思维的通道。通过观察把外界信息内化为思维的过程，也是写作构思的过程。"说话"可以把构思和观察中的所见所闻说出来，把内部语言变为外部语言，把看不见的构思变为听得见的话语。观察有顺序，说话才能有条理；观察有主次，说话才能有详有略；观察越深入，描述才能越细致。小学生处在语言学习的关键期，只要有丰富的语言环境，他们的语言就能得到迅速发展。先说后写，会使学生表达时用词更加准确、更加连贯流畅，语文素养得到有效提升。《搭船的鸟》是统编版小学语文三年级上册第五单元的首篇课文，本单元的主题为"留心观察"，语文要素是体会作者是怎样留心观察周围事物的。北京育才学校孙丽老师运用多媒体帮助学生丰富表象积累和观察体验，在课堂上关注学生关键能力的培养。详见本章的案例二。

体育运动有千变万化、灵活多样、变化迅速等特征，是人的思维活动的一个重要体现。由于体育动作具有动感强、速度快、体位变化复杂的特点，体育运动中形象思维发挥十分重要的作用，因此我们训练学生的形象思维，用运动表象的加工来研究体育技能形成的问题。其实在体育运动技能形成以后，技能成为一种内隐记忆。这时运动员不需要有意识的回忆，就可把运动技术的动作准确地做出来。例如，田径运动会 4×100 米接力跑这项比赛中，运动员与同伴能够很顺利地进行交接棒。经过长时间的练习，在交接棒的一瞬间，运动员的头脑里已经形成了正确的技术动作表象与默契配合。这说明在平时训练中，运动员通过语言、视觉、听觉、触觉反复练习交接棒，对大脑的思维刺激并记忆，使技术动作已定型，在比赛中就可以运用自如。可见运用形象思维进行教学是促进学生形成动作表象、建立正确动作概念、改进动作技术、提高学生思维能力的一种行之有效的方法。北京育才学校张旭老师的教学内容是小学中年级的学习内容：30 米迎面穿梭接力跑。这一课通过视觉、听觉、触觉等方面一些有效的教学手段，使学生在头脑里形成正确的动作表象。详见本章的案例三。

2. 形象思维的类比与概括

类比就是运用事物间的相似性，通过形象思维比较其同异，抓住事物的特征和本质属性的思维方法，是一种最为常用的方法。我们要认识某一事物，就要把它同其他事物进行比较，对头脑中积累的表象进行多角度、多方面的比较。一方面找出它们的共同点，指向某一类模式；另一方面找出它的不同点。前者我们称为类比，后者我们称为个性个别化。

美术教学中如何帮助学生抓住事物之间的本质，又能让学生清晰分辨出各自的特点、发展形象思维呢？北京市昌平区回龙观中心小学刘炳晨老师做了有效的尝试，详见本章的案例四。

我们都知道数学学习的本质，是数学思维活动的过程。对于小学生来说，思维是从具体形象思维逐步向抽象逻辑思维过渡的。学生的良好思维能力是他们获取新知识、进行创造性学习和发展智力的核心。因此，培养学生的形象思维，既是学生学习本身的需要，又是学习抽象数学知识的需要。那么，如何在小学数学课堂中运用类比的方法抓住事物的本质？北京市昌平区回龙观中心小学陈晨老师和陈雪梅老师开展了教学研究，详见本章的案例五和案例六。

3. 形象思维的联想与想象

联想是一种思维方法，一般分为接近联想、类比联想、对比联想、功能联想、自由联想等。类比联想是发散的，文学上的比喻、象征、拟人等手法，就是运用类比联想，它可以加深对事物的认识或揭示事物的本质。自由联想是使联想者不受任何外界因素的限制，完全自由地按照自己的思维方式、思维习惯、思维经验进行随意联想，从中找到解决问题的方法。例如，在低年级的语文教学中，教师应重视发展学生的智力、培养学生的想象力。《青蛙写诗》是统编版一年级上册中的一篇课文，这首诗共有五小节。作者用丰富而合理的想象，把池塘里的"蝌蚪、水泡泡、水珠"拟人化，并把它们生动形象地想象成逗号、句号、省略号，组合成了一首生动有趣的小诗。小诗读起来让人浮想联翩。教材图文并茂，富于童趣，富于想象，富于创造，十分适于天性活泼、充满好奇的一年级学生学习语言、认识事物，并给学生大胆想象留下了广阔的空间。北京市昌平区回龙观中心小学徐娇老师在教学中十分注重发展低年级学生的联想和想象力，进而更好地帮助学生理解文本、读好诗歌。详见本章的案例七。

想象是人们在头脑中把原有表象加工改造成新的表象的思维方法，人们在日常生活、学习和工作中经常运用想象的方法来认识问题和解决问题。想象主要分创造想象和再造想象。

叶圣陶先生说过：文章是无形的东西，只是白纸上的黑字，我们读了这白纸上的黑字，所以会感到悲欢，觉得人物如画者，全是想象的结果。可见，通过想象，我们可以深入理解文本，体会人物的思想感情。同时，《义务教育语文课程标准（2011年版）》也提到要注重培养学生的想象力。想象是形象思维中十分重要的基本方法之一，因此培养学生的想象力就是培养学生的形象思维能力。对于低年级学生的阅读学习，学习难点往往在于如何让学生将文本和自己的生活相关联，进而了解词语、感悟品质。而对于儿童思维，往往是先有形象思维，后有抽象思维。北京育才学校孙硕老师为我们呈现的"雪孩子"一课的教学片段，重点介绍了教学中如何借助想象帮助学生突破难点，从而顺应学生的思维发展，满足学生的发展需要。详见本章的案例八。

以上两个案例都是结合教材内的课文开展形象思维训练的案例，而我们的语言学习是由课内到课外的延伸，阅读更是如此。学生积累的语言材料就是思维材料，这些形象的材料储存于大脑中。小学阶段积极开展课外阅读活动，帮助学生积累更多的语言材料，对于丰富语言材料的积累起到了助推的作用。因为语文的学习就是一个长期积累的过程，只有"厚积"才能"薄发"。北京市昌平区回龙观中心小学薛云菲老师，在图画书教学中大胆尝试，着力培养学生的形象思维能力，助力学生良好思维习惯的养成。详见本章的案例九。

（二）关于抽象思维在教学中的实际运用

分析与综合是抽象思维的一般方法。人的思维活动，目的在于认识客观事物，掌握客观事物的本质。然而事物的本质是同现象联系在一起的，是一个混沌的整体。因此，要认识客观事物，就要对客观事物进行多方面的考察及了解，这种思维方法就是分析的方法。认识过程的思维活动到此只是认识事物的一个要素、一个特征或一种联系，如果思维停在这个阶段，那么事物留在脑子里是零碎的、静止的。因此，思维活动还要进一步将事物的各个部分、要素或特征联系起来，使其作为一个整体在思维中再现出来，这种思维方法就是综合的方法。分析是综合的基础，没有对事物的各个部分、要素、特征进行深入的、具体的分析，也就无所谓综合；而综合是分析的完成，没有综合，事物仍停留在零碎状态。

例如，在语文学习中，学生的学习内容也许是识记生字，也许是读懂一篇课文，这也同样需要分析和综合这一抽象思维过程。《曹冲称象》是统编版小学语文教材二年级下册的一篇课文，曹冲是怎么称出大象重量的？北京育才学校高沛老师借助板图及课后练习，帮助学生理解了曹冲称象的步骤和过程。学生能够当堂完成故事内容的复述，对分析与综合这一抽象思维能力的培养做了很好的尝试。详见本章的案例十。

在数学学习中，教师需要遵循学生的认知发展规律，突破乘法分配律这一教学难题。有些教师在教学乘法分配律的内容时忽视了对分配律意义上的理解，只关注了乘法分配律外在的表面现象，借助几个等式轻松地把乘法分配律的结论总结出来，造成学生在解答变式的问题时遇到困难。北京市昌平区回龙观中心小学赵伯静老师做了比较深入的研究。详见本章的案例十一。

（三）关于两种思维相结合在教学中的实际运用

形象思维是本元思维，是反映和认识世界的重要思维形式，是培养人、教育人的有力工具。抽象思维是在学习、实践、锻炼过程中发展出来的一种工具性的思维。例如，数学学科更注重抽象思维，但形象思维对比抽象思维更切合小学生的年龄特点，其生动、直观，并具有整体性的优点。所以形象思维与抽象思维相结合才是教学中努力的方向。学生利用形象思维能够迅速判定研究对象的基本属性，在此基础上利用抽象思维精准总结出数量关系（公式、性质等）。在教学中，教师应把二者协调贯通、合理搭配，培养学生科学的思维方式。

教师在学生利用形象思维获得认知的基础上，根据学生已经储备的知识、技能和方法等因素，变换问题的情境，将问题与知识结构、新知与旧知、未知与已知相互迁移、联系，让学生利用旧有习得的经验正向影响新的学习，转化进入抽象思维的理想状态，从而获取新知识、新方法和新技能。

六年级"圆的认识"是小学平面几何知识收尾单元的起始课。学生前期已基本确立了对平面图形的认知结构。北京育才学校李鹏老师在教学中重在新旧知识之间搭建联系，充分利用形象思维建立几何直观，并在此基础上引导学生展开抽象思维活动，突破直线图形与曲线图形的界限，有效完成知识的迁移，更新认知结构。详见本章的案例十二。

学生的学习是由近及远、由浅入深的过程。学生掌握概念，由一般概念入手，进而掌握基本概念。学生的一切学习活动，包括知识运用、知识迁移，都是同知识的概括分不开的。概括性越高，知识的系统性越强，知识的迁移范围就越广。柏拉图说：数学是一切知识的最高形式；一个学科，只有当它成功运用数学的时候，才算达到了成熟的程度。这体现了数学学科的工具性。但数学不仅是一种工具，也是一种思维模式，即数学方式的理性思维；更是一种素养，即数学素养。

我们应该如何把培养学生的核心素养体现在我们平常的教学活动中呢？一堂数学课的成功与否，无论教学中采取了什么样的教学方式或模式，应更加关注教学是否真正促进了学生更加积极地进行思考，并能逐步学会思考。我们在备课伊始，就要考虑到学生的生活和认知基础，让学生能更快、更主动地进入课堂上的思维活动。北京育才学校王华老师在教学"平行四边形的面积计算"一课时进行了有益的尝试。详见本章的案例十三。

综上所述，本章各学科的案例详见表 2-1。

表 2-1　基于形象思维与抽象思维培养的实践案例一览表

思维	思维方式	案例	案例名称	学科
形象思维	观察与表象	案例一	运用表象发展思维　提升观察、说话、写话能力——观察、说话、写话课之"火龙果"	小学语文
		案例二	留心观察　丰富观察体验　促进语言发展——搭船的鸟	小学语文
		案例三	多种教学方式促进形象思维发展　提高体育教学的实效性——跑：30 米迎面穿梭接力跑	小学体育
	类比与概括	案例四	在美术教学中运用类比与概括的方法培养学生的形象思维——"多样的小饼干"和"我喜欢的动物"	小学美术
		案例五	以类比抓本质　以形象促思维——梯形的认识	小学数学
		案例六	创设类比情境　培养学生的形象思维——数的估计	小学数学
	联想与想象	案例七	语文教学中的形象思维培养——青蛙写诗	小学语文
		案例八	在想象中读悟童话　在童话中拓展思维空间——雪孩子	小学语文
		案例九	在图画书教学中运用想象力培养小学生的具体形象思维能力——桃花源的故事	小学语文
抽象思维	分析与综合	案例十	语文教学中分析与综合思维的运用——曹冲称象	小学语文
		案例十一	多角度对比分析　凸显定律的本质——乘法分配律	小学数学
两种思维相结合		案例十二	精心设计　促进学生思维能力的养成——圆的认识	小学数学
		案例十三	运用迁移发展学生的抽象思维　培养数学核心素养——平行四边形的面积计算	小学数学

二、案例呈现

案例一：运用表象发展思维 提升观察、说话、写话能力

——观察、说话、写话课之"火龙果"①

《火龙果》是北京育才学校校本教材小学二年级上册的观察、说话、写话的训练内容。

一、创设情境，激发表达

上课时教师先为学生创设学校本草大会的情境，激发学生学习的热情。本草大会中的橘子代表从颜色、形状、味道、气味等特点向大家做了自我介绍，从而带着学生回忆一年级时学过的静物的观察方法，较全面地介绍了橘子。此时的火龙果因为没有自我介绍而想请同学来帮忙。学生身上乐于助人的品质此时得到充分体现，他们纷纷投身到帮助火龙果写自我介绍的活动中。教师先引导学生思考"我们怎样观察？""我们都观察什么？"，使学生明确自己的感官功能，知道观察首先要用眼睛看颜色、形状、大小，可以用手触摸软硬、温度，可以用鼻子闻气味，还可以用嘴品尝味道，最后用耳朵听声音。同时教师引导学生根据由外到内的顺序进行观察，做到观察有序。

二、细致观察，乐于表达

学生明确了怎样观察、观察什么后，已经充满兴趣，跃跃欲试。这时教师呈现火龙果的实物，让学生以小组为单位进行观察。

接下来的分组观察时，教师引导学生第一次观察火龙果的外部：看一看它的形状、颜色，摸一摸它的表皮，再让学生想一想它像什么。有了对果皮的细致观察，学生开始想象："火龙果的玫红色外皮像燃烧的火焰，绿色的叶片像龙身上的鳞片，怪不得人们叫它火龙果。"学生的表象记忆越丰富，想象的空间就越大，可以表达的东西也就越多。此时，教师又将火龙果举起，让学生再观察、再想象："当把火龙果横着放、竖着放时，它又分别像什么？"多角度的观察想象，让学生的思维活跃起来："横着放像一条游动的小鱼""竖着放像一个正要升空的火箭"等。学

---

① 案例作者为北京育才学校马莹老师。

生把火龙果与生活中熟悉的物品联系起来，形成了关于火龙果外部的丰富的表象积累。

观察了火龙果的外皮后，教师引导学生将火龙果切开，观察它的内部："果肉是什么样子的？"教师先让学生用鼻子闻一闻它的气味，看一看果肉的颜色。他们观察到不同品种的火龙果的颜色不同，有白和红两种颜色。果肉里面布满了小黑籽，学生见到后不禁立刻想到了我们日常生活中的小黑芝麻，这是多么形象恰当。学生品尝一口，再来说说火龙果的口感，不仅尝出火龙果的味道，还借助耳朵听到了"咯吱"声。教师有步骤地调动学生的每个感官进行参与，也使得学生对火龙果的观察越来越深入。这时教师出示了关于火龙果的营养价值的相关资料，使得学生对火龙果的了解更全面，对它的介绍也就更加全面了。

两次观察时，学生分别以小组为单位进行汇报。教师随机在板书上记录下精彩的词语和句子，鼓励学生大胆地说出自己的发现。当学生结束了火龙果的观察后，学生能轻松自信地将观察到的火龙果完整地进行介绍。学生说得越细致，对火龙果的表象积累越丰富，说明学生越充分享受到了观察的乐趣。这时再动笔写一写，对于学生来说已不是难事了，15 分钟的时间就能完成书面表达了。

[简评]

教师在观察、说话、写话训练中，介绍了火龙果的颜色、形状、味道、气味以及营养价值，能够调动学生运用多种感官进行参与，给学生以想象的空间。

教学中教师通过创设情境，引导学生运用观察的方法，采用小组合作学习的方式，根据由外到内的观察顺序，两次合作观察火龙果。学生运用已掌握的多种观察方法，通过看、摸、闻、尝、听等多种方法参与，唤起生活体验，把经验世界和知识的形成过程联系起来，从而激发想象、联想，发展思维。在观察火龙果的外形时，教师启发学生多角度观察，大胆想象，进行想象力的培养，从而训练了学生的思维。

教师两次组织学生观察，进行小组交流，给每位学生充分的时间观察、思考、表达，让每位学生都动脑思考，开口说话，在小组内分享观察所得，并采取生生互动的方法进行汇报学习，使观察更深入。在这一过程中，教师也不失时机帮学生加深对观察物体——火龙果的印象。

教师能够引导学生有顺序地观察火龙果的特点，重视培养学生的观察能力，在观察、说话的过程中，促进学生思维的发展。

案例二：留心观察　丰富观察体验　促进语言发展
——搭船的鸟①

《搭船的鸟》是统编版小学语文教材精心选编的第一个习作单元中的首篇课文。该教材力图引导学生做生活的有心人，留心观察周围的人、事、景、物，感受作者观察的细致，体会细致观察的好处，逐步养成勤于观察的好习惯。

一、播放视频，丰富表象积累

《学习学》上卷的理论告诉我们：观察是认识世界的一种基本技能。儿童通过观察发展形象思维。观察是知识经验的直接来源。② 通过课前的学情调查，教师发现很少有学生看到过翠鸟捕鱼的情景。在教学时，教师借助多媒体播放翠鸟捕鱼的视频，丰富学生的表象积累。第一次播放翠鸟捕鱼的视频时，学生睁大了眼睛盯着屏幕，看得很投入。视频的时长共 1 分 39 秒，这短短不到两分钟的画面很快就播放完了。学生惊讶于翠鸟捕鱼时动作的迅猛，对细致动作的观察却不足。为了进一步加深学生头脑中的表象积累，丰富学生的内心感受，教师对视频进行了二次播放。画面内容相同，但播放速度不同，观察的要求也不同。这两次视频的播放，目的不同，作用也不同。第一遍是在学生学习文本后，再现翠鸟捕鱼的画面，丰富学生的视觉感受，为学生更好地理解文本内容服务。第二遍是为了让学生更细致地观察，丰富自己的观察体验，引导学生更深入地观察，体会细致观察的好处，为后面的写话做足准备。

二、积累运用，鼓励大胆表达

《义务教育语文课程标准（2011 年版）》第二学段关于习作要求的内容提出："观察周围世界，能不拘形式地写下自己的见闻、感受和想象，注意把自己觉得新奇有趣或印象最深、最受感动的内容写清楚。尝试在习作中运用平时积累的语言材料，特别是有新鲜感的词句。"第二次播放视频时，教师对学生说："请你留心观察翠鸟捕鱼时的动作。"看过视频后，学生说："我看到翠鸟站在树枝上，它看到一条小鱼露出水面，用脚用力一蹬，像箭一样冲进水里。它捉到一条小鱼，扑扑翅膀，溅起一片水花。它飞快地飞回树枝上，叼着小鱼用力地一甩，就仰起脖子把鱼一口一口地吞进肚子里。"学生不仅运用了文中的"站、冲"这几个表示动作的词语，还

---

① 案例作者为北京育才学校孙丽老师。
② 温寒江、陈爱苾：《学习学》上卷，131~132 页，北京，教育科学出版社，2016。

发现了"蹬、甩、仰"等翠鸟捕鱼、吃鱼的动作，并把翠鸟捕鱼时的敏捷形象比喻成"像箭一样冲进水里"。课堂上学生先说后写，"观察—说话—写话"的训练在课堂上得到了有效的落实。学生在写话的过程中，思维能力得到了有效训练。他们乐于表达，写出了自己的观察体验，表达了童真童趣，在课堂上和他人分享了习作的快乐，增强了习作的自信。

[简评]

观察是儿童说话、识字、阅读、写作的基础，是儿童认识世界的第一来源。人们有目的、有计划、深入地观察，抓住事物的本质特征和规律性联系时，是一种思维活动，主要是形象思维。形象性是形象思维重要的特点之一，形象思维活动主要利用视觉表象。思维具有全面性、科学性、可操作性。课堂上，孙老师运用多媒体辅助教学。丰富动态的画面比文字或符号更具有整体性、形象性、具体性、信息量大、生动有趣的优势。丰富的画面形象地再现了翠鸟捕鱼时的场景。学生通过悉心观察发现了翠鸟捕鱼时的动作，在学生与学生、教师与学生交流的过程中，使表达更加完整。学生在学习过程中，教师更关注学生关键能力的培养，在尊重学生、保护他们天性的基础上设计有效的教学活动，让他们在课上习得方法，使写作更有实效，切实提高他们的观察与写作的能力。

案例三：多种教学方式促进形象思维发展　提高体育教学的实效性
——跑：30 米迎面穿梭接力跑①

本案例的教学内容来自人教版小学三到四年级全一册《体育与健康》教师用书第四章"基本身体活动"第一节。

下面是"跑：30 米迎面穿梭接力跑"教学片段。

师：同学们，下面要用眼睛去看老师的示范动作，重点观察老师脚踏提示线的一瞬间是否做到臂伸直，立棒交接。然后用耳朵去听老师的讲解，在你们的头脑里首先形成一个正确的动作表象。

师：大家看清楚了吗？请同学们两个人一组到练习场地，体会交接棒技术动

---

① 案例作者为北京育才学校张旭老师。

作。一会儿把你们的练习体会和大家分享一下。

生：老师，我感觉有时由于速度较快，找不准臂伸直的时机。

师：老师帮你解决。同学们，你们看到练习场地里有黄色的线了吗？那是提示线，由于刚才老师示范动作是瞬间的，有的同学没看清，老师请来了两个小助手——活动小人和平板电脑。请同学们观看活动小人展示和平板电脑里踏线一瞬间定格照片的提示。重点看踏线瞬间臂伸直的技术动作。

师：现在请同学们再次练习，注意脚下的提示线，开始！

师：为了让大家更加深刻地理解今天所学的技术动作，老师还给大家创编了朗朗上口的童谣。现在请大家和老师一起大声地朗读出来。

师、生：小小棒儿手中拿，快快跑动传给他，踏线立棒传接快，掌握技能我能行。

师：请同学们再次练习。

生：老师，我感觉有提示线的帮助我就能更加明确交接棒时臂伸直的时机了。

师：同学们，你们真棒！下面我们进行一次模拟接力跑比赛！加油！

[简评]

体育运动是一种实践性的活动，运动中的观察具有十分重要的意义。人们在体育活动中，通过观察获得种种信息，其中有视觉的、听觉的、触觉的、动觉的等。一切观察活动都是可感的。视觉的可感性是事物在头脑中的映像；听觉的可感性是声音在头脑中的音响（音量、音色等）。观察活动的多样性、可感性和丰富性，为人类的思维活动创造了条件。

"跑：30 米迎面穿梭接力跑"一课通过视觉、听觉、触觉等方面一些有效的教学手段，使学生在头脑里形成正确的动作表象。经过反复刺激学生的大脑，正确的动作技能深深印在学生的头脑里，形成一个固有的思维概念。这样就体现了形象思维在体育教学中的作用。本节课的重点是传棒时手臂积极前伸，难点是准确传接、密切配合，做到错肩交接棒，避免身体碰撞。教学过程中教师以体验学习方式为主线，以讲解、示范、看图学童谣、练习与竞赛、评价等多种方法施教。

许多运动技能训练不能依靠眼睛的视觉，而是要发挥其他感官的感知觉。在训练中，学生通过反复练习，不断纠正错误动作，才能完善技术动作，获取正确动作的信息。动作的表达不可能一步到位，需要经过多次反复练习。在练习初期，学生的动作常常出现错误。学生要细心体会躯体的不同感觉，在一次次练习的感觉反馈中，不断纠正错误的、多余的动作，使动觉感（表象）和目标的视觉表象一致起来。这样技术动作就会有明显改进。

案例四：在美术教学中运用类比与概括的方法培养学生的形象思维

——"多样的小饼干"和"我喜欢的动物"①

美术课程是以对视觉形象的感知、理解和创造为特征的一门课程，是培养学生形象思维必不可少的一门课程。本案例"多样的小饼干"来自人美版小学美术教材一年级上册；"我喜欢的动物"来自人美版小学美术教材二年级下册。

片段一："多样的小饼干"教学片段

在"多样的小饼干"一课中，教师不仅对几种小饼干的制作方法进行示范，更通过几种有代表性的饼干造型，讲授在制作饼干时所需要的技法。

教师首先选择圆形、三角形和方形的小饼干进行示范（见图 2-1），因为可以说世界上所有的造型都可以用圆形、三角形和方形这三个基本形来概括。学生学会了这三种基本形的制作方法，就可以演变出各种各样不同造型的小饼干。

然后教师选择心形有花边造型的饼干进行示范。这里涉及一个基本形的变形——从圆形到水滴形再到心形的演变，同时也涉及"切"的技法的一种特殊应用。心形外面盘绕的花边也是在饼干制作中经常用到的装饰，涉及"搓""盘""压"这几种基本技法。玫瑰花装饰造型的饼干让学生认识到"卷"和"压"等技法的应用（见图 2-2）。

图 2-1　教师示范

图 2-2　教师示范各种技法

---

① 案例作者为北京市昌平区回龙观中心小学刘炳晨老师。

　　最后教师通过提问的形式引导学生总结出在制作饼干的过程中几种常用的技法，并用几组简单的图例进一步向学生说明：看似复杂的小饼干其实都可以运用这几种基本技法制作出来。这几种基本技法贯穿了整个小学阶段"泥塑"类课程的学习。经过本课的学习后，学生不仅能够运用这几种技法制作出各种不同造型的小饼干，也为后面的学习打下了良好基础(见图2-3、图2-4、图2-5)。

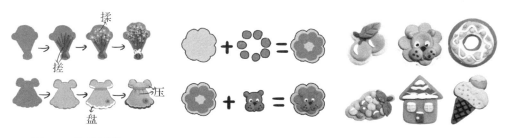

图 2-3　作品图例(1)　　　图 2-4　作品图例(2)　　　图 2-5　作品图例(3)

　　片段二："我喜欢的动物"教学片段

　　在本课的教学过程中，教师首先出示不同姿态的仓鼠图片(见图2-6)，让学生回答："仓鼠的身体外形可以用哪一个基本形来概括?"这样引出本课最重要的一个基本形——椭圆形。随后围绕椭圆形，教师继续让学生发现其他几种动物的身体外形(见图2-7)，以及各部分分别可以用几个椭圆形来概括。通过这两个小活动，学生发现许多动物的身体外形都可以用椭圆形来概括，从而找到不同动物外形之间的共性。

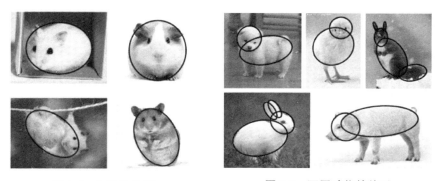

图 2-6　仓鼠的外形　　　　　图 2-7　不同动物的外形

　　教师再出示一幅猫和一幅狮子(同一姿态)的照片做对比(见图2-8)，让学生找一找两者在外形方面的相似与不同之处。学生观察后发现，猫与狮子的头部、身体形态很相似，都可以分别用椭圆形来概括。不同之处是猫的耳朵尖，狮子的耳朵圆；狮子在头部与尾部分别长有鬃毛，猫却没有。这个活动使学生了解不同种类动物之间存在共性，同时也使学生发现不同种类动物之间也分别具有不同的特性(个性)。当学生能够发现不同动物之间的共性及个性特征时，学生就能举一反三，自主掌握归纳、概括任何动物外形特征的方法。

图 2-8　对比图例

　　在学习动物的制作方法时，教师选择的动物是刺猬，因为刺猬的外形简单易学(见图2-9)。学生可以结合以前学过的画、压、刻、剪、插等多种技法分别表现出不同的艺术效果(见图2-10、图2-11)。引导学生分析刺猬的制作技法后，教师又让学生近距离观察其他动物的示范作品，以小组探究的形式分析这些动物的制作技法。教师通过探究引导学生对比分析其他没有学过的动物的制作方法，找到其中的共通性。

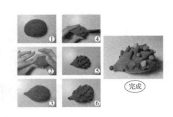

图 2-9　外形特点分析　　　　图 2-10　制作过程　　　　图 2-11　不同技法展示

　　学生从研究刺猬的制作方法中学习泥塑的基本技法及其表现特征，再从技法到其他动物制作方法的探究，是一个从个别到一般，又由一般到个别的认识过程。它是共性与个性矛盾的展开，是正确理解和认识事物，找到事物间辩证关系的钥匙。有了这把钥匙，学生就能自由打开知识的宝库，在其中任意遨游。

[简评]

《学习学》上卷指出：小学生的思维发展处于由具体形象思维向抽象思维过渡的阶段，小学生的思维方式是以具体形象思维为主的。① 而且观察是发展学生形象思维的一种重要手段。人要认识某一事物，就要把它同其他事物进行比较，对头脑中积累的表象进行多角度、多方面的比较，找出它们之间的异同点，这样对事物本质属性的认识才更深刻。

本案例教师在教学时一直没有离开观察，在观察中引导学生进行对比。教师让学生通过观察发现看似复杂的小饼干其实都可以运用几种基本技法制作出来；通过观察发现小动物的身体外形各部分是分别可用几个椭圆形组合在一起的；观察猫和狮子的外形，并对比异同；观察对比刺猬身上的刺，用画、压、刻、剪、插等多种技法达到效果的异同。教师通过观察对比迅速让学生透过现象看到事物的本质，丰富学生的表象，发展学生的形象思维。掌握观察方法，能够运用类比和概括的方法来归纳动物外形的共性特征，对学生将来的学习会起到举一反三的作用。

案例五：以类比抓本质　　以形象促思维
——梯形的认识②

"梯形的认识"是北京版小学数学教材五年级上册第三单元"平行四边形、梯形和三角形"中的教学内容。梯形的认识内容是在学生掌握了平行四边形特征的基础上进行学习的。梯形与前面已学的各种图形具有十分密切的联系。在这一学段的教学中，教师应注重使学生通过观察、操作、推理等手段，逐步认识平面图形的本质特征，进而发展学生的空间观念，使学生从感性认识逐步上升到理性认识的高度。

---

① 温寒江、陈爱苾：《学习学》上卷，94 页，北京，教育科学出版社，2016。
② 案例作者为北京市昌平区回龙观中心小学陈晨老师。

一、充分感知，丰富表象，为发展形象思维积累材料

在日常生活和以往学习中，学生对图形已经有了较为丰富的生活直觉和数学经验。有效地利用直觉和经验，为学生的回忆与再现提供了支撑。学生从生活中寻找梯形的原型，并从实物图形中抽象出梯形，初步感知梯形。学生在找梯形的过程中，能够亲身参与，获得成功的体验。

二、建立知识系统的内在联系，发展学生的形象思维

1. 借助同类结构进行类比，建构梯形的概念

学生利用已有的知识，在方格纸上动手画出心目中的梯形。教师结合学生所画的梯形提出问题："大家画的梯形样子各不相同，梯形到底是什么样？"教师引导学生从关注边的个数、边的长短、边的位置关系和角度对梯形进行观察与分析。部分学生认为"梯形是有四条边、四个角的四边形"；也有部分学生认为"梯形是一组对边平行、另一组对边不平行的四边形"。教师给出数学教材中的定义："只有一组对边平行的四边形是梯形。"通过对比不同的定义，学生理解"只有一组对边平行"，也就是"一组对边平行，另一组对边不平行"。这里用"只有"代替了"另一组对边不平行"，进而体现数学的简洁美。接下来，教师再次提出疑问："为什么梯形只有一组对边平行，那两组对边平行的四边形又是什么呢？"学生通过在方格纸上画一画，便会发现两组对边平行的四边形可能是长方形、正方形、平行四边形。学生借助新旧知识的内在联系认识梯形，逐步建构梯形的概念。

2. 借助异类结构进行类比，内化梯形的概念

学生不仅在生活中找了梯形，而且在方格纸上画了梯形。接下来，学生利用提供的平面图形（长方形、正方形、平行四边形、一般四边形），只画一条虚线，动手创造梯形。这个操作探究的过程把学生已建立的梯形模型外化，再次展示出来。

虽然学生利用的平面图形不同，虚线画的位置也各不相同，却都能创造出梯形（见图 2-12）。通过观察、交流，学生发现这 3 个图形的共同之处——都有两组对边平行。教师引导学生发现：要想创造梯形，就必须打破一组平行对边。

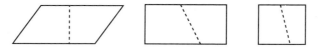

图 2-12 从平行四边形、长方形、正方形中创造梯形

对于同一个一般四边形，要创造出梯形，虚线所画的位置不同（见图2-13）。教师引导学生发现在一般四边形中并没有互相平行的对边，此时需要通过创造一组对边平行来得到梯形。

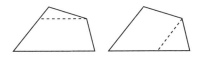

图2-13 从一般四边形中创造梯形

无论是打破一组平行线，还是创造一组平行线，最终的目标指向很明确，都是要紧紧抓住梯形的特征。在这一过程中，学生通过具体问题具体分析，根据需求来创造梯形，不仅激发了好奇心、求知欲，而且充分调动了自身的兴趣和潜在的创造力。

3. 建立联系，深化梯形的概念

学生对于梯形的主要认识是等腰梯形。对于像 ▱ 这样的梯形，学生并不认可。为了突破这一教学难点，教师设计了下面这道挑战题，在辨析的过程中，引导学生进行充分的想象（见图2-14）。

过直线上的C点，画一条线段，你能创造多少个不同的梯形，请你动笔试一试。

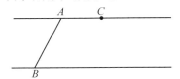

图2-14 挑战题

在学生进行充分的探讨交流后，教师运用课件动态演示"梯形→平行四边形→梯形→三角形"转化的过程，使学生由感性认识上升到理性认识，发现图形既有自己的特点，图形之间还存在着紧密的联系；帮助学生逐渐完善对梯形的认识，促使学生形象思维发展得到质的飞跃。

［简评］

《学习学》上卷指出：我们要认识某一事物，就要把它同其他事物做比较，对头脑中积累的表象进行多角度、多方面的比较，一方面找出它的共同点，指向某一类模式，另一方面找出它的不同点。① 人们就是在丰富的表象积累的基础上，通过类化和个别化，以及结合其他思维方法，从简单到复杂，从浅层次到深层次，一步步地认识事物。在思维活动过程中，人们通过多次对表象的比较（类比），去粗取精，去伪存真，就可以抓住事物的基本特征和本质。

学生的学习过程是一个主动建构、动态生成的过程。教师要激活学生的原有经验，激发学生的学习热情，让学生在经历、体验和运用中真正感悟新知。"梯形的认识"一课从学生的知识水平和思维方式出发，为了更好地突出重点、化解难点，运用动手操作、动态演示等直观教学手段辅助教学。教师通过"借助同类结构进行类比，建构梯形的概念→借助异类结构进行类比，内化梯形的概念→建立联系，深化梯形的概念"，由个性到共性，由表象感知到创造新知，引导学生在探索中发现图形既有自己的特点，图形之间还存在着紧密的联系。教师运用类比的方法，抓住梯形的本质特征，逐渐完善学生对于梯形的认识，进而培养学生的空间观念，发展学生的形象思维。

案例六：创设类比情境　培养学生的形象思维
——数的估计②

低年级小学生主要以具体形象思维为主，而类比法作为形象思维的主要表现方式，会经常出现在小学数学教学中。以北京版小学数学教材二年级下册第四单元"万以内数的认识"第五节"数的估计"中第 2 课时的"估数"一课为例，分析教师如何为学生创设不同的类比情境、培养学生的形象思维。

一、借助标准进行估计

教师先组织学生估计一瓶花生米的数量，学生估得五花八门。紧接着，教师又拿出一瓶标有"100 粒"字样的花生米放在旁边，再让学生估计。学生很快发现：装花生米的两个瓶子完全一样，里面花生米的大小也都差不多。此时，他们将两瓶花生米的高度联系起来，第一瓶里花生米的高度约有 2 个 100 粒的高度那么多，便异口同声估出"200 粒"。学生借助瓶中 100 粒的花生米，解决了对第一瓶花生米估数

---

① 温寒江、陈爱苾：《学习学》上卷，94 页，北京，教育科学出版社，2016。
② 案例作者为北京市昌平区回龙观中心小学陈雪梅老师。

的问题，感受到了标准在估数中的重要性。

二、抓住关系进行估计

教师出示一瓶黄豆，让学生认识黄豆。学生发现 1 粒花生米的大小与 3 粒黄豆的大小差不多的关系。此时，教师再让学生估计瓶中黄豆的数量。学生发现：装黄豆的瓶子与装花生米的瓶子一样；黄豆的高度与 200 粒花生米的高度差不多；瓶中的黄豆、花生米与学具袋中的大小规格也基本一致。学生很快巧借 1 粒花生米与 3 粒黄豆的大小差不多的关系，推算出 200 粒花生米的大小相当于 200 个 3 粒黄豆的大小，即 3 个 200 是 600 粒黄豆的大小，从而实现借助标准来估数。

三、创造标准进行估计

教师拿出一大袋瓜子。怎样才能估准这些瓜子的数量呢？冷静思考片刻，学生发现：瓜子、花生米和黄豆都是零散的小物品，从花生米、黄豆可以用瓶装，想到瓜子也可以用瓶装。在估花生米、黄豆时，学生都借助了标准，现在只需考虑一份与几份的关系，想到估瓜子的方案：用瓶装，先数一瓶瓜子的数量，再数有这样几瓶，然后把两数相乘。当然，学生在实践中就发现一瓶瓜子不好装，数量多，不易数。学生又继续思考，想到"用手抓"更方便、快捷。学生通过创造标准，感受"以小估大"的估数策略。

四、创造合适的标准进行估计

教师出示一幅分布均匀的青豆图让学生来估数。此时，学生有了估瓜子的经验，很快就想到了将图中青豆"平均分"。将其平均分成多少份合适呢？学生在亲自动手实践（见图 2-15）。

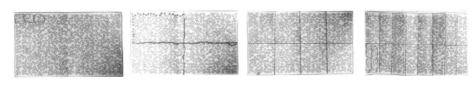

图 2-15　学生实践操作过程

学生在实践中发现以 10 粒为标准，份数问题不容易解决；平均分成 4 份，一份的数量 19×11 没算出来；平均分成 8 份，一份 98 粒，虽然不太好数，但也能接受；平均分成 16 份，一份 49 粒，很好数。学生在多种方法的对比中，体会到平分成 8 份，好算；平均分成 16 份，一份好数。就在学生对这两种分法都比较认同之际，又有学生提出大胆猜想："19 和 11 都接近整十数，能不能把 19×11 看成 20×10 来算呢？"这让其他同学恍然大悟。学生最终明白：估数时，只要能方便、快速、又比较准确地解决问题就可以了。

[简评]

温寒江先生在《开发右脑——发展形象思维的理论和实践》中提出：类比就是运用事物间这种相似性，通过形象思维比较其同异，抓住事物的特征和本质属性的思维方法，是一种最为常用的方法。① 我们要认识某一事物，就要把它同其他事物进行比较，对头脑中积累的表象进行多角度、多方面的比较，从简单到复杂，从浅层次到深层次，逐步掌握事物的本质属性。

本案例自始至终都在体现温先生倡导的形象思维中的类比。借助有形的具体实物，教师通过有目的、有计划地创设"同物异量—异物同量—异物异量—变换形式"等不同的类比情境，紧紧抓住估数概念的核心词"标准"展开，从"感悟标准"到"借助标准"，再到"创造标准"，最后到"巩固标准"，可谓是层层递进。学生在多层类比中，利用已有的知识与经验，对两个或两类事物进行观察、比较，通过形象思维比较其异同，从异中寻同，借助事物间的相似性，抓住事物的特征和本质属性。具体表现在：学生借助两瓶花生米之间高度的联系，估计花生米的数量；借助 1 粒花生米与 3 粒黄豆的大小差不多的关系，推算出 200 粒花生米与 600 粒黄豆的大小差不多的关系；借助估计黄豆的经验与估计瓜子之间的联系，实现方法的有效类比迁移；在实物与图片形式的变换中，类比揭示估数的本质——快、准。

案例七：语文教学中的形象思维培养
——青蛙写诗②

"青蛙写诗"是统编版小学语文教材一年级上册的内容。在教学"青蛙写诗"一课时，教师注重引导学生根据文本内容进行联想，进而能够更好地理解文本、读好

---

① 温寒江、连瑞庆：《开发右脑——发展形象思维的理论和实践》，57 页，杭州，浙江教育出版社，1997。

② 案例作者为北京市昌平区回龙观中心小学徐娇老师。

诗歌。

一、朗读中的联想

《义务教育语文课程标准(2011年版)》对低年级学生的朗读要求为："学习用普通话正确、流利、有感情地朗读课文。"一年级学生处在学习的启蒙阶段，达到上述要求并非易事。只有加以正确而有步骤的引导，学生才可能迈出可喜的第一步。那么，在正确、流利地朗读的基础之上，怎样才能在朗读中把感情表达出来呢？这就需要借助文本进行联想。

教学时，当讲到青蛙"要写诗"的时候，为了让学生体会感受到青蛙的心情，教师引导学生结合青蛙的生活环境来进行联想："池塘里，青蛙喜欢水，这时候下起了淅淅沥沥的小雨。轻柔的雨丝落在身上，真舒服啊！细细的雨丝落到荷叶上，变成一颗颗小水珠在荷叶上滚来滚去，落到池塘里变成了一朵朵漂亮的小水花。""此时的小青蛙要写诗啦，你们猜猜他现在什么心情呀？"学生回答道："高兴、兴奋、快乐。"教师又说："那就请你们高兴地读一读吧！"此时，学生再读小诗，更能体会小青蛙写诗时的心情，朗读效果明显更好。

又如在教学小青蛙和小蝌蚪、水泡泡、小水珠的人物对话时，联想就更为重要。这三个小伙伴都来帮助小青蛙，小蝌蚪说"要给你当"，水泡泡说"能当"，小水珠说"可以当"。虽然句子不同，但是它们表达的意思是一样的。三个句子联系着来体会，学生又能感受到小蝌蚪的热心、水泡泡的自信和小水珠的团结。在朗读这三组对话时，学生就会感受出人物的不同表达，为以后读好人物对话打下基础。

二、识字中的联想

识字、写字是贯穿学生整个义务教育阶段的重要内容。一年级学生的认字、识字能力不强，而本课的识字量较大，对于学生来说有些困难。为了突破这一难点，依据儿童的心理特点，教师除了采用多种形象直观的教学手段、创设丰富多彩的教学情境外，更是引导学生联系自己的生活经验进行识字，激发了学生主动识字的愿望。

例如，在引导学生理解"淅沥沥"和"沙啦啦"这两个词语时，教师播放音频，让学生听到这是下雨的声音，然后继续提问："你觉得这场雨下得怎么样？"学生联系自己的生活经验，知道这场雨下得不大。那么"淅沥沥"和"沙啦啦"就是形容雨下得很小的声音。

又如在教学"串"和"雨"这两个字时，教师运用字理识字，让学生由"一串水珠"可以联系到生活中的一串珍珠、一串糖葫芦、一串手链……在学习"雨"字时，"雨"字的四个小点就是我们生活中观察到的雨点。在联系生活经验的基础上，借助联想，学生识记生字就容易多了。

三、文本间的想象

教学中，教师安排了创意表达环节。在认识、了解了标点符号的特点后，教师引导学生想象青蛙的诗写了什么内容，并拓展了一篇小诗《雨滴》。在此环节中，学生通过读青蛙的小诗和拓展创作的小诗，初步感悟标点符号在朗读中的作用，同时联系青蛙的小诗留下的补白空间，激发想象力进行补白创作。教师鼓励学生在学习的过程中根据自己已获得的知识，创造性地表达，从而积累语言、培养语感、增强语文素养。

[简评]

课堂上，教师力求调动学生的多种感官，让学生进行联想。朗读时，教师让学生想象小青蛙在池塘里看到小雨滴淅淅沥沥落在身上、荷叶上、池塘里的样子；又联想到小蝌蚪、水泡泡、小水珠都来帮忙的场景。在教师的引领下，画面慢慢在学生的头脑中浮现，使课堂教学一下变得生动有趣起来，学习的兴趣自然被激活，入情入境。在识字中，教师又采用联想的方式，让学生联系实际生活理解和识记生字，使识字教学变得更加生动。同时教师还启发他们把"逗号、句号、省略号"与生活中的很多事物联系起来，进行合理想象。

在教学时，教师要重视形象思维与语言关系的特点，要重视对学生形象思维的培养与训练。形象思维是语文教学内容的一个重要组成部分，是语言表达的基础。有了丰富的形象思维，学生才能充分发挥联想和想象的作用。

案例八：在想象中读悟童话　　在童话中拓展思维空间
——雪孩子①

"雪孩子"是统编版小学语文教材二年级上册的内容。"雪孩子"一课的教学流

---

① 案例作者为北京育才学校孙硕老师。

程主要分为以下几个环节，如图 2-16 所示。

　　环节一：复习字词，导入新课

　　环节二：整体感知，重温故事

　　环节三：借助插图，感受陪伴

　　环节四：展开想象，感悟品质

　　环节五：续编故事，升华拓展

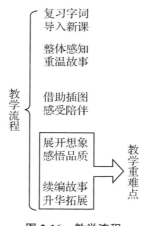

图 2-16　教学流程

　　其中，环节四和环节五是教学重难点，要在这里着重介绍。

　　在环节四中，教师和学生一起学习雪孩子火中救小白兔这部分内容。学生经历了以下层层递进的学习过程，如图 2-17 所示。

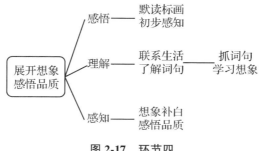

图 2-17　环节四

①感知——默读标画，初步感知。

②理解——联系生活，了解词句。

③感悟——想象补白，感悟品质。

在默读标画和初步感知后，学生开始学习重点词句。教师引导学生在阅读中抓住描写雪孩子救小白兔时的动词和语言，想象雪孩子救小白兔的画面。在这一想象过程中，学生自然地就将文本和自己的生活关联起来，进而了解了词句的意思。之后，学生再通过做、演、读，继续丰富头脑中的画面，进而体会出焦急心情，其中做是用手势做蹿出火星的样子；演是演雪孩子边喊边奔向小白兔家时的情景；读是把自己当作雪孩子读救小白兔时的句子。由此，学生借助想象联系生活读懂了词句，同时他们也学习了如何基于文本进行想象。

接着，教师抓住文本空白，精心设计提问，引导学生展开想象。这样让学生通过补白感受到火的猛烈和雪孩子所面临的巨大危险，从而帮助他们感悟雪孩子的勇敢、善良。读完后，教师播放雪孩子救小白兔的相关视频，当雪孩子冲进屋子的那一刻时，视频戛然而止。于是教师和学生进行如下交流。

师：雪孩子冲进屋里时，可能看到什么？

生1：他看到桌子、椅子全都烧着了。

生2：雪孩子看到屋子里都是黑烟，火炉里不断冒出火星。

师：孩子们，你们在想象中感受到了大火的危险。那在这大火中，他可能遇到哪些危险？

生3：他的头发会被烧着。

生4：他会被烟呛得喘不过气。

生5：老师，雪孩子遇火会化成水，它会没命的啊！

通过第二次补白，学生意识到这大火也同样会威胁到雪孩子的生命。这时，教师让学生再读雪孩子救小白兔这部分内容。一个在大火中奋不顾身救小白兔的雪孩子便映入了学生的脑海。他们不禁感叹道：这个雪孩子既勇敢又善良。就这样，学生不仅在想象中感悟到了雪孩子的品质，同时也进行了想象，真是一举两得啊！

在感悟品质的基础上，环节五中教师设计了两个层次的续编故事训练，使学生在表达、运用的同时升华了情感，拓展了想象空间，如图 2-18 所示。教师设计了学习单，然后让学生借助学习单续编故事。学生这样写道。

图 2-18　环节五

雪孩子飞上天空，变成了一朵美丽的白云。小白兔抬起头，对他说："雪孩子，我想你，你是我最好的朋友，你真善良、勇敢，在我心中你最美。"

雪孩子听了，笑着说："小白兔，你也永远是我最好的朋友，我也会天天想你的。"

雪孩子飞上天空，变成了一朵美丽的白云。小白兔抬起头，对他说："雪孩子，我也想要和你一样，做个勇敢、善良的好孩子，我想和你永远在一起。"

雪孩子听了，笑着说："好，我会一直看着你长大，看着你越来越勇敢，做一只快乐善良的小白兔。"

这时教师再次释放想象空间，和学生进行了交流。学生的表达不仅仅停留在对话上，想象的内容和角度也更加丰富。具体实录如下。

师：又是一年冬天，天空中又飘起了雪花。在这天晚上，小白兔做了一个很美很美的梦。在梦中，雪孩子又回到了小白兔的身边，他们又会想些什么，说些什么，做些什么呢？展开你的想象，同桌之间说一说。

师：哪个小伙伴愿意和我们分享一下？

生 1：雪孩子和小白兔又一起来到雪地里打雪仗，一起滑冰，一起做游戏，高兴极了。

师：他们又能彼此陪伴了，这是多么开心的事啊！

生 2：小白兔看到雪孩子，觉得特别高兴。她奔向雪孩子，紧紧抱住了他。小白兔再也不想离开雪孩子了。

师：从你的话中，我听出了小白兔对雪孩子深深的想念。

生3：小白兔把这个好消息告诉了兔妈妈。为了感谢雪孩子，兔妈妈做了一大桌子菜，他们三个一起在家吃起来。不过这次小白兔家没有生火，因为她怕雪孩子再化成水。

师：虽然小白兔家没有生火，但我想，此时此刻小白兔一点也不会觉得冷，因为有雪孩子的陪伴，她的心里就会感到温暖。

生4：小白兔对雪孩子说"雪孩子，你知道吗？你不在的日子里，我经常去帮小山羊种草，帮小猴子摘桃子。"雪孩子听了之后说"我真为你高兴！"

师：看来小白兔也想像雪孩子那样，做一个勇敢、善良的孩子。

通过这两次想象，学生不仅升华了他们的情感，同时也更有效地拓展了思维空间，提高了语言表达能力。

此刻，不难感到，雪孩子早已走进了每一位学生的心中。再当雪花飘飘时，学生也一定会和小白兔一样，不禁想到那个勇敢、善良的雪孩子。

[简评]

小学低年级语文阅读教学不仅能够培养学生的想象力，同时也能让学生利用思维发展思维。反观本课的教学，教师通过初步感知、了解词句、感悟品质、表达情感、运用语言，由浅及深，引导学生一步步深入课文中去。教师在学生学习的过程中，巧妙运用图片、视频及充满感染力的生动的语言，引导学生入情、入境，走进雪孩子的世界，从而感悟美好的心灵。

在教学过程中，教师不仅通过学习想象、发散想象、拓展想象，有层次地训练学生的想象力，发展了学生的形象思维，而且还借助想象突破了教学重难点。教师带领学生读文本、做动作、补白画面、续写结尾，帮助学生积累语言、运用语言，表达自己内心的真实感受。课堂上教师认真倾听学生的课堂发言，适时引导。恰当准确的评价使学生在习得语文知识的同时，也让学生获得了美好的情感体验，拓展了思维空间，培养了想象力，使核心素养得以提升。

案例九：在图画书教学中运用想象力培养小学生的具体形象思维能力
——桃花源的故事①

图画书的文图互动为儿童提供多重视觉体验，其中也蕴含着丰富的思维训练理念。教师可以在图画书教学中培养学生的思维能力，助推他们思维习惯的养成，让他们以特有的行为方式去认知、习得。

图画书《桃花源的故事》改编自陶渊明的千古名文——《桃花源记》。它讲述了武陵的一名渔翁在外出打渔的过程中，误入一个风景秀美、生活富足、人民幸福安逸的世外桃源，再次寻找而未果的故事。这寄托了作者的美好愿望，也表达了人人向往美好生活的愿景。全文共计不到 1500 个字符，有 23 页图画，短小精美，寓意丰富。

在讲解这本图画书的过程中，教师利用想象力培养学生的具体形象思维，激发学生对美的追求，由已知的意象想象未知的画面，全面认识事物，从而让学生自主形成具体形象思维能力。

该如何让学生去体会桃花源的神秘与美丽，去感受桃花源人的热情与好客？首先，要借助学生自己的力量，阅读时在脑子里制造图像。学生无法想象一个他们从未见到过的地方，但是却可以借助图画书中的桃花、渔船、溪流、山洞、田野等这些他们曾见过的意象来辅助想象，让桃花源这个虚幻缥缈的地方在自己的脑中先形成一种具象，闭上眼，努力在脑子里制造电影一般的镜头感，想象着自己就坐在渔夫的船上，顺着桃花的尽头不断探索，两岸的美景尽收眼底……教师通过想象使学生在学习的时候有抓手，让学生也能运用自己的内心生成一幅美丽的画卷。这样教师在讲解"世外桃源"的具体画面时学生才会有所依据。

其次，指导学生运用多种感官。在我们阅读时，我们不光能在脑子里看到画面，还可以运用其他的感官来听见声音，品尝味道和感知物体。通过文本，我们能感受桃花源里的景色十分优美。此时可通过优美的语言读出："那一片片粉红色的花瓣随风飘舞，落在河里，落在草地上。"伴随着想象，借助美丽的图画，仿佛我们就处在这通往桃花源的入口处，那神秘、那惊喜是笔尖碰触书本时所无法比拟的

---

① 案例作者为北京市昌平区回龙观中心小学薛云菲老师。

快乐。当我们随着渔夫走进桃花源时，借助图画就能想象到在这样一个世外美景之地，鸟儿歌唱的声音早已飞到我们的耳旁，绿油油的稻田就在我们的眼前，溪水环绕着农田，真是好不惬意！随着渔夫到村里人家做客时，借着图画，散发着热气的食物，炉边烤火的滋滋声，就如同我们亲身游历般，事物就真切地出现在我们的周围。我们也仿佛置身在这美丽的世外桃源之中。

最后，利用绘画和反馈让学生的想象力表现得更为具体。感知一件从未感知过的事物，尤其还是学生从未见过的"世外桃源"，这给学生的想象提供了丰富的素材。如果学生能够跳出图画书中已出现的"桃花源"，再凭借自己的想象力创造出自己心目中的"桃花源"，那这样使用想象力的思维方式则为培养学生的具体形象思维能力提供了条件。

图 2-19 为学生运用想象力创造出的自己心中的桃花源。

图 2-19　学生心中的桃花源

[简评]

物理学家劳厄曾经说过：重要的不是获得知识，而是发展思维能力。教育无非是一切已学过的东西都忘掉后所剩下的东西。可见在获取知识的过程中，思维能力才是一个人在学习和工作中获得成功的核心。

小学阶段是培养学生形象思维的关键时期。教师针对学生未曾感知过的事物的表象借助桃花、渔船、溪流、山洞、田野等这些学生曾见过的意象做辅助，帮助学生在头脑中形成一个个生动的情景和画面。教师再运用感官学习，将声音和画面联结其中，最后通过绘画和反馈达到训练学生具体形象思维的目的。图画书中那些生动的叙述和教师优美的阅读让学生感到美丽的画卷一下就展现在眼前。运用一种适合学生的方法习得形象思维是十分关键的。在这样一种既美好又不显枯燥的形式下学习，是一件再完美不过的事情，利用图画书已然可以做到。

案例十：语文教学中分析与综合思维的运用

——曹冲称象①

本案例是统编版小学语文教材二年级下册“曹冲称象”中复述曹冲称象过程的教学片段。图 2-20 为本课的课后题目之一，也是本课学习的重点和难点。

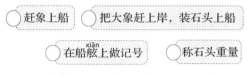

○ 读课文第4自然段，给下面内容排排序，说说曹冲称象的过程。

◯ 赶象上船　◯ 把大象赶上岸，装石头上船

◯ 在船舷（xián）上做记号　◯ 称石头重量

图 2-20　《曹冲称象》的课后习题

课文中介绍曹冲称象过程的片段如图 2-21 所示。

cáo cāo dē ér zī cáo chōng cái qī suì tā zhàn chū lái
曹操的儿子曹冲才七岁，他站出来，

shuō wǒ yǒu gè bàn fǎ bā dà xiàng gān dào yī sōu dà chuán shàng
说：“我有个办法。把大象赶到一艘大船上，

kàn chuán shēn xià chén duō shǎo jiù yán zhē shuǐ miàn zài chuán xián shàng
看船身下沉多少，就沿着水面，在船舷上

huà yī tiáo xiàn zài bā dà xiàng gān shàng àn wǎng chuán shàng zhuāng
画一条线。再把大象赶上岸，往船上装

shí tōu zhuāng dào chuán xià chén dào huà xiàn dē dì fāng wéi zhǐ rán
石头，装到船下沉到画线的地方为止。然

hòu chēng yī chēng chuán shàng dē shí tōu shī tōu yōu duō zhòng dà xiàng
后称一称船上的石头。石头有多重，大象

jiù yōu duō zhòng
就有多重。”

图 2-21　课文《曹冲称象》的片段

学生在初读课文时，大致能够明白课文的这一部分在讲曹冲称象的过程，但若是要求学生直接复述，无异于是在要求学生读完课文直接背诵。这对于二年级的学生来说是很难做到的。这是因为学生还没有将曹冲称象的过程梳理清楚，并且理解

① 案例作者为北京育才学校高沛老师。

其中的原理。基于这样的思考，教师设计了如下教学环节。

一、了解过程，分析步骤

师：谁来读一读，要想称出大象的重量，首先要做些什么呢？

（学生读出相关句子，找到动词：赶、看、画。）

师：（板书动词）为什么要在船舷上画一条线呢？

生：为了记住大象在船上时所在的位置。

师：线画好了，接下来需要做些什么呢？

（学生发现动作：赶、装。）

师：（请前面两位学生在板书中贴图模拟装石头）他们要装到什么时候为止？

生：船下沉到画线的地方为止。

师：为什么要装到船下沉到划线的地方为止？

生：只有下沉到划线的地方，石头的重量才和大象的重量是一样的。

师：石头装完了，大象的重量是怎么知道的？

（学生找出关键词：称。）

二、综合感知，完整复述

师：（用课件出示文段和所有圈画的动词）我们一起再来回忆一下曹冲称象都需要做些什么吧。

（学生自己再读一读这段话，完成书后第二题。）

师：文中没有序号，它是用哪些词来告诉我们这些步骤的先后顺序呢？请一位同学读一读曹冲称象的办法，其他同学仔细听、认真找一找。

生：我找到了再、然后。

师：（播放无声称象小动画，请同学配音）先看一遍，你可以边看边自己小声地跟着练一练。

（学生边给动画配音边复述课文）

教师之所以设计这两个教学环节，是因为要分步引导学生分析清楚曹冲称象的这一做法，就是学生在读课文时读明白曹冲究竟做了什么。学生很快找准了称象时表示动作的词语，基本厘清了做法。

接着教师又针对比较难理解的"画线"部分提问。第一次大象在船上时，教师问："为什么要画线呢?"学生经过思考得出是为了记录船在称大象时所在的位置。第二次称石头时，教师又利用板书，引发学生思考："为什么要把石头装到画线的地方为止?"学生思考后得出船下沉到画线的位置，代表的是两次称重结果一样，它们是等量关系。教师从难点入手引导学生真正理解每一个环节的做法和意图。这种由表及里的思维方法，就是分析的方法。

当学生已经了解称象的各个步骤，并且明白了具体实施的方法和原因之后，还需要把步骤串联、综合在一起，进行完整的表达。因此教师先引导学生发现文中表示先后顺序的词语，并且鼓励学生回忆更多类似的词语，帮助他们进行串联。这是在表达方面给学生搭设的一个小台阶。

随后教师利用一段无声的小动画，让画面和文字紧密结合，也是再一次印证学生对于文字的分析结果，并且帮助他们把称象的过程综合在一起完整复述。最终，学生通过分析—理解—巩固—运用，能用自己的话讲述曹冲称象的全过程。

[简评]

复述曹冲称象的过程是本节课的教学难点。教师通过分步引导先让学生分析清楚曹冲称象的每一步做法及这样做的原因，然后用排序的方式将分析出的结果列成条目。这就帮助学生形成了简单、清楚的框架。对曹冲称象的过程在头脑中形成认识本身就是一种思维活动。此时还需要把它们串联起来，形成一个整体，在思维活动中再现出来，这个过程就是综合。随后教师引导学生运用表示先后顺序的词语，如先、再、然后、最后……一边播放动画，一边让学生给动画配音，帮助学生将分析出的做法和语言文字综合在一起，能够在理解的基础上清楚地进行表达，最终能够完整地复述出曹冲称象的做法。学生的思维能力就在分析、综合的相互转化中不断得到提升。

分析与综合的思维过程，在一定条件下是相互转化的。在指导低年级学生学习复述时，运用分析与综合这一思维方法既能使学生的语言表达更加准确，又能促进学生思维能力更好地发展。

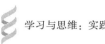

案例十一：多角度对比分析　凸显定律的本质
——乘法分配律①

"乘法分配律"是人教版小学数学教材四年级下册的内容。每位数学教师都深知乘法分配律是学生学习的一大难题，主要原因是教师把教学目标直接定位在借助等式发现规律，运用规律，感受规律给计算带来的简便。所以教师创设问题情境的目的非常简单，就是引出两种算法，之后完全脱离情境，转而关注这两个算式的得数及结构特征；引导学生去观察算式的外形，注重学生对规律结构的记忆，淡化了规律的建构过程，忽视了内在关系的阐释，造成有些学生只会机械地记忆规律，而不理解规律的本质内涵。这种重外形、缺内在和重结构、缺建构的教学方式，就会造成学生只会"依葫芦画瓢"式套用公式，不仅不能让学生掌握"万变不离其宗"的简算方法，还会阻碍学生数学思维能力的发展。乘法分配律该如何教学，教师进行了尝试。

一、放慢过程，不同角度建构

教师没有把新知探究的落脚点放在运算律的形式上，而是把重点放在意义的理解上，在课堂上给学生充分的感悟时间。首先是让学生借助乘法的意义理解算式两边相等的原因。教师出示了教材上的购物情境，引导学生用两种不同的计算方法进行解答，发现计算方法不同但得数相同，并引导学生思考：这两种不同的计算方法得到的结果为什么会相同？接着教师引导学生从深层次思考分配律的本质含义：两部分的几个几合成整体的几个几，或者整体的几个几分成部分的几个几。其次是让学生借助数形结合理解其本质。教师出示3行5列的白色小方块和4行5列的黑色小方块，让学生用"分开算"和"合起来算"两种方法分别求一共摆了多少个小方块，如图2-22和图2-23所示。

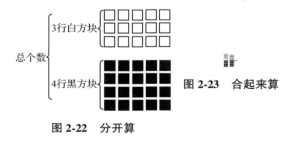

图 2-23　合起来算

图 2-22　分开算

①　案例作者为北京市昌平区回龙观中心小学赵伯静老师。

学生需要思考：两种算法的结果会相同吗？为什么？教师动态演示两种算法之间的转化过程：从分到合，再从合到分。这样的数形结合就唤醒学生已有的生活经验，帮助学生理解这两个算式"分开算"和"合起来算"的真正内涵。为了使学生能更深入理解，教师还可以增加一个对比环节。教师出示 3 行 4 列的白色小方块和 5 行 7 列的黑色小方块，让学生求一共摆了多少个小方块，如图 2-24 所示。

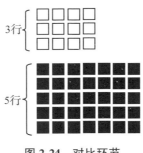

图 2-24　对比环节

当学生不再合起来算时，教师追问：为什么这道题不能合起来算了？学生就会看出白方块是 3 个 4，就是 4+4+4；而黑方块是 5 个 7，是 7+7+7+7+7；两个算式的加数都不同不能合起来算，所以只能写成：4×3+7×5。设计这一对比环节，就是使学生能进一步理解运用乘法分配律进行算式转换的本质原因：两个乘法算式中都是在表示同一个加数连加的可以合起来算，否则只能分开算。经过对比，学生再一次加深对定律本质内涵的认识。教师通过这样多个环节的说理，丰富学习过程，减少机械的模仿，使数学学习变得更有意义。

二、适时回忆，加深内涵理解

学生在正式学习乘法分配律之前，对乘法分配律已经有了具体的运用。如长方形周长的计算公式：长×2+宽×2＝（长+宽）×2；再如多位数乘一位数一般的计算方法是，用一位乘数分别乘多位数每一位上的数，其算理的核心就是乘法分配律。可在当时学习这两部分内容时，学生对这两部分内容包含乘法分配律的算理并不知晓。在学生理解乘法分配律的本质后，教师带领学生对这两部分内容涉及的知识进行回顾，通过再现知识的最初形成过程，与学习的新知识进行对比，进一步加深了对乘法分配律的本质理解；同时也使原有知识得到拓展、加深和精确化。这样的适时回忆，不仅沟通新旧知识之间的内在联系，还实现新旧知识间的正迁移。

三、应用拓展，深度内化本质

在学生充分掌握算理的基础上，教师适时进行应用和拓展，使新知教学由浅入深，层层推进，实现对乘法分配律外延的有效拓展。教师出示下面的练习引领学生去剖析能否用乘法分配律解答。

（1）74×101 　　　　　　　　　（2）74×99+74

（3）74×87−74×37 　　　　　　（4）36×63+63×63+63

（5）48×35+35×79−35×27 　　（6）125×88

（7）□×(◎+2) 　　　　　　　　（8）□×※+□×○

……

经过这样的变式练习，学生就会对乘法分配律的理解由最初的借助图形形象理解上升为抽象层面的理解，从而实现对乘法分配率"深"和"透"的内化。

总之，在乘法分配律教学中，教师不仅让学生从结构上记住乘法分配律的模型，还从乘法意义、直观图形、沟通联系、抽象的符号，层层深入地理解它。学生只有在真正理解乘法分配律的内涵后，再利用它解决问题时才能做到灵活应用，举一反三。

[简评]

温寒江先生说过，人认识客观事物，就要对客观事物进行多方面的考察，然后将事物的各个部分、要素、特征联系起来，使其作为一个整体在思维中再现出来。人的思维活动是一种先分析、再综合的过程。

本案例教师恰恰尊重了人的这种认知发展规律，在乘法分配律教学时，为了让学生真正理解其本质，拨开表面现象让学生看到问题的本质，从乘法的意义、数形结合正反两个方面对比去构建，把原本比较抽象的概念通过图形可视化的手段呈现在学生的头脑中，形成表象，帮助理解。不仅如此，教师还将其与长方形周长、多位数乘一位数一般的计算联系起来，这些知识对于四年级的学生来说再熟悉、简单不过了。这时对于乘法分配律学生从心里不由得就会产生一种亲近感、熟悉感。这些非常利于对乘法分配律的理解，同时还能沟通知识间的联系，实现新旧知识间的迁移。另外，乘法分配律的表现形式丰富多样。当学生真正明白乘法分配律的算理之后，教师还引领学生进行一些变式练习，看到每个算式背后隐藏的真正的样子，由最初的借助图形形象理解上升为抽象层面的理解，更深入了一步。这都为总结提升出乘法分配律做足了工作。在此想强调最后总结提升出乘法分配律至关重要，因为综合是分析的完成，没有综合，事物仍停留在零碎的状态。

案例十二：精心设计 促进学生思维能力的养成
——圆的认识①

"圆的认识"是人教版小学数学教材六年级上册的内容。圆的基本知识架构与其他平面图形没有本质区别，但作为第一个也是小学阶段唯一的曲线图形会给学生带来认识上的障碍。如何在形象思维的基础上抽象概括出知识要点，充分利用迁移等教学手段实现教学目标是本节课需要思考的重点。

一、突破传统，对比引入

教师开宗明义、明确"圆"属于平面图形的范畴后，前后选出两位学生绘制旧知中任意一个基本图形和圆。前一位学生的绘制力求准确。教师对平行、垂直等画法简要评议、夯实习惯、打牢基础，利用各部分名称和对称轴的标注提示学生图形研究的对象与步骤。

学生画圆时，从无绘制要求到改变圆的大小。教师提问："画圆分为几个步骤？"这样把学生从无意注意引到有意观察。教师帮助用黑板演示的学生拧紧圆规、按住针尖并标出圆心等。绘制完成后，教师再提问："你绘制的这一圈（曲线）实际是圆的（周长）？""曲线、周长"的答案既明确新旧知识的不同，又为后续学习铺平道路。

二、深入探究，迁移归纳

对画圆步骤的总结将形象思维与抽象思维相交织，使学生的观察、分析、汇总相结合。教师去粗取精，帮助学生厘清脉络。每一步操作蕴含的目标与知识点互为依托，逐渐清晰起来：首先把圆规两脚分开——半径（定长）决定了圆的大小；其次固定针尖的一端——圆心（定点）决定了圆的位置；最后笔尖一端旋转一周——完成圆（周长）的绘制。

圆的各部分名称如同画圆方法一样，大部分学生已经了解。教师将教学重点放

---

① 案例作者为北京育才学校李鹏老师。

在以形象感知夯实概念和性质的挖掘：圆心，是圆内无数个点中正中心的一个，就是画圆时针尖的位置。半径，是圆心到圆周上的线段；圆周上有无数个点，所以半径有无数条；半径的长度就是圆规两脚之间的距离——所有半径的长度都相等。直径，是通过圆心并且两端都在圆上的线段，等于两条半径的长度，是圆内最长的线段；所有直径的长度都相等，也有无数条。

学生通过练习巩固知识，并明确直径、半径的性质必须限定在同圆或等圆里之后，教师抛出了一个问题：圆的直径就是它的对称轴吗？此时学生的形象思维与抽象思维再次交织：无疑圆有无数条对称轴，学具呈现的折痕就是直径啊！教师适时引导：直径的本质是什么？对称轴呢？学生豁然开朗：直径是线段，对称轴是直线。那怎么描述它们的关系呢？线段与直线的旧知有效迁移——直径所在的直线就是圆的对称轴。

三、运用创意，强化思维

学生在基本练习之后，教师留了一项作业：用直尺画一个周长大约 12.56 厘米的圆。用直尺画圆有一定难度。这是要考查学生对"从圆心到圆上任意一点的距离就是半径"和"在同一个圆中所有的半径都相等"两条概念的理解程度；同时考查学生抽象综合这两个知识点并在头脑中产生形象意念和落实到实践操作中的能力。

［简评］

"圆的认识"既是小学平面几何知识的收尾课，也是为立体几何圆柱、圆锥的学习做铺垫。通过长期学习，学生在几何初步知识的学习方式、研究方法等方面有所积累，教师不必再手把手地教授。这样既锻炼了学生的思维能力，又强化了他们自主探究的意识。

课前调查显示，画圆和圆的各部分名称已经被多数学生掌握，因此课堂上把更多时间留给方法总结和概念归纳。五、六年级的学生已不满足于简单的知识灌输。抓住这一有利时机，多为他们提供思维锻炼平台，沟通形象思维和抽象思维的渠道。在学生进行形象思维活动的基础上，教师的语言、动作、要求及实验设计、多媒体展示等都有力地推动学生进行抽象思维活动，具体知识点本质规律的总结水到渠成。

案例十三：运用迁移发展学生的抽象思维　培养数学核心素养
——平行四边形的面积计算①

"平行四边形的面积计算"是人教版小学数学教材五年级上册的内容。"平行四边形的面积计算"教学可以分为以下几层。

一、直观感受图形之间的联系，把核心概念作为本节课的知识基础

如图 2-25 所示，拉动长方形的对角，使其与平行四边形之间发生变换。教师提问："通过刚才的变形，你觉得什么变了？什么没变？"学生在感受变化中长方形与平行四边形的关系后，回答："面积变了；周长没变（边的总长度没有变）。"教师引导学生通过感知联系，回顾长方形的面积计算公式和推导面积计算公式的方法，在此基础上提问："我们曾经用数方格的方法来帮助我们推导出长方形面积的计算公式，平行四边形的面积能否也用数方格的方法计算呢？"教师让学生通过猜想产生探究的兴趣。教师在复习旧知时以回顾的形式渐入课堂，并融入整节课的教学。

图 2-25　长方形与平行四边形的变换

二、合作探索新概念，抓住本质促进思维发展

在以上感知和发掘探究兴趣的基础上，学生通过自己喜欢的各种方式自主研究平行四边形的面积计算公式。首先给每位学生准备平行四边形和一些小正方形的材料。学生可以通过摆、画、剪、拼等多种方式研究平行四边形的面积大小。学生通过动手合作，最终探究发现运用平移、割补的方式把平行四边形转化为长方形的计算方法最简洁。而且在相互交流中，学生还发现要沿着平行四边形的高进行割补才能转化为长方形的本质。学生通过自主学习和小组合作交流的方式，解决了新的数学问题。这时，教师再次给出多种不同形态的平行四边形，进一步设问："是不是所有平行四边形都能转化成长方形呢？转化后的长方形和原来的平行四边形都存在哪些等量关系呢？"学生再次动手，有了刚才的经验，很快就通过质疑、分类、归纳等手段，探索发现了两种图形之间的联系，发现平行四边形的底就是转化后长方

---

① 案例作者为北京育才学校王华老师。

形的长，平行四边形的高就是转化后长方形的高，并推导出新的公式。学生在层层递进的活动中充分感知数学知识之间的连贯性，感受数学方法的灵活性，并在活动中从形象思维逐步转化为抽象思维。

三、分层练习，多角度发展思维，培养学生的数学素养

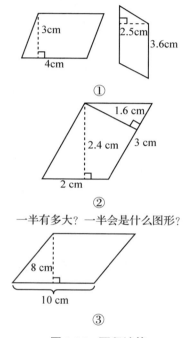

图 2-26   面积计算

在图 2-26 中，从①组的基本面积计算到②组的选择性计算面积，把学生的思维广度进而扩大，加强对平行四边形面积计算的概念理解。在①组题中，教师让学生对计算 2.5×3.6 时口算的方法进行阐述。在图形课中，教师适时加入简便运算的知识，会增加学生思维的灵活性。③组题不仅拓宽了学生思维的广度，并将学生的思维提升到一个新的高度，为学生后面学习三角形面积、梯形面积、不规则图形面积开启了一扇思维的小窗。

[简评]

图形的教学是运用诸多思维，让学生经历概念的产生过程，探索图形之间的联系，通过一系列的活动培养思维能力，从而建立和发展学生的空间观念。在本案例

的教学中，三层教学设计均为建立平行四边形面积计算公式的数学模型起到了逐层递进的作用，为学生抽象思维的形成搭设了桥梁。本节课从第一层的"变与不变"中让学生感受图形关系，回顾曾经的探索过程，经历感知、回顾、猜想等数学活动过程，首先开启了学生形象思维的大门。第二层借助类比迁移、演绎归纳等多种思维形式的探索，让学生从形象思维逐步转化为抽象思维，建构理念，创建数学模型；让学生在旧知与新知的转化和数学方法的迁移运用中，达到思维的提升与飞跃。第三层让学生通过不同层次的练习形式，巩固建立的平行四边形面积计算公式的模型，使其内化为数学思考，促进数学素养的形成。

　　本节课是在学生掌握了长方形、正方形面积计算公式的基础上以未知向已知转化为基本方法而开展学习的。更多的是利用转化的数学思想，通过概念的形成，原理、定律的产生和理解，知识的迁移和运用，以及技能、能力的训练，使学生学习的每一步都同两种思维的发展与训练相结合；让学生把不熟悉的平面图形转化为常见的平面图形，降低了学生的学习难度，巩固了学生对各种平面图形特征的认识及促进了学生对面积计算方法的掌握，发展了学生的空间观念。学生通过思维、技能、知识的相互促进与转化，使智力得到发展。

第三节　案例评述

　　思维是平常的，也是深奥的。思维是简单的，又是复杂的。温寒江先生多年来一直致力于思维的研究，他认为思维具有指向性和目的性。在教学过程中，教师应当把握思维的核心定义，了解形象思维、抽象思维的特点和基本方式，应遵循思维的基本法则，遵循学生的可持续发展原则，运用有效的教学策略，关注学生学习能力与思维能力的发展。

一、创设学习情境，助力思维发展

　　教学中，教师利用创设的情境可以很好地引入新知识的学习，让学生在通过多媒体创设的接近实际的情境下学习；教师可以利用生动、直观的形象有效地激发学生联想，唤醒学生长期记忆中有关的知识、经验或表象，从而使学生能利用自己原有认知结构中的有关知识与经验同化当前学习到的新知识。如果原有知识与经验不能同化新知识，则要引起顺应过程，即对原有认知结构进行改造与重组。本章的案例一创设了召开本草大会这样一个教学情境，用情境的创设激趣，调动学生参与学习的积极性，运用支持学生参与学习、合作学习的教学策略展开教学。观察来源于生活，各种学科知识涉及的现象和规律均源于生活，因此教师要从生活实际出发通过学习情境的创设，激发学生学习的兴趣，助力学生思维的发展。

二、运用思维方法，突破重点难点

思维方法多种多样。按照思维载体可以将思维方法分为抽象思维方法和形象思维方法两大类；按照思维方法的适用性可以将思维方法分为一般思维方法和特殊思维方法。合理地运用思维方法，有助于突破教学的重点难点，可以有效地解决教学中的实际问题。

移动与转动、分解与组合、类比与概括、想象与联想都是形象思维方法；分析与综合、比较与分类、归纳与演绎则是抽象思维方法。

形象思维有显性的，也有隐性的。人们利用表象来进行思维活动时是没有运用语言的。但当人们表达形象思维成果时，常常运用语言。语言是思维得以实现的工具，是思维存在的形式。语言是思维的重要基础，也是思维的媒介。因此，在语文教学中运用形象思维方法可以有效地突破教学中的重点难点。例如，本章的案例八中，教师在教学中设计了两个层次的思维训练活动，借助文本进行补白，在激活学生的想象力的同时，突破了教学的重难点。

抽象思维的研究早于形象思维。在小学生数学学习中，关于概念的教学很多都属于抽象思维的范畴。因为概念是抽象思维的基本元素，是头脑中对感性材料进行抽象、概括的产物。因此教师更多地运用抽象思维方法来突破教学的重点难点。例如，本章的案例五、六、十一、十三等，足以说明数学的概念教学中运用抽象思维方法可以更有效地指导教学，有利于学生学习新知识，掌握新技能。

三、发展思维能力，提升综合素养

素养是指由训练和实践而获得的技巧或能力。我们多年的课题实践证明，发展学生的思维能力，有助于提升学生的综合素养。

就语文学科而言，语文课程应致力于学生语文素养的形成与发展。语文是最重要的交际工具，是人类文化的重要组成部分。观察与表象的积累、联想与想象等能力的发展都是一种思维能力，均有助于学生形成良好的语文核心素养。在本章的案例九中，教师对借助图画书阅读发展学生的思维能力做了非常有益的尝试。

数学核心素养，从通俗的角度来讲，就是把所学的数学知识都排除或忘掉后剩下的东西。具体来说，它就是能从数学的角度看问题，有条理地进行理性思维、严密求证、逻辑推理和清晰准确地表达的意识与能力。

本章选用了语文、数学、美术、体育等学科教师的实践案例来说明思维训练的重要性。其实在小学生的学习中，各学科均涵盖形象思维、抽象思维的训练。我们认为在小学阶段，儿童正处于思维发展的关键时期。因此，重视形象思维和抽象思维的协调发展，将有利于提高学生的思维能力，帮助学生形成良好的思维品质。

第三章
基于技能和能力
培养的实践案例

本章概述

在课程教学中，各学科都有自己特定的基础知识和系统结构，对学生的能力培养都有一定的要求。而这些能力又是由许多技能要素构成的，有的技能要素还可以细分为更小的技能单位。因此，学科中技能的训练是能力培养的基础，学科能力的发展是技能训练积淀与升华的产物。那么，在各学科的课堂教学中，如何培养学生的技能和能力？本章第一节首先对技能、能力、技能和能力的关系等内容进行了简单介绍；第二节通过呈现小学语文、小学数学、小学英语和小学体育4个学科的实践案例，说明了如何在教学中培养学生的技能与能力，从而使学生的思维得到发展。

第一节　理论基础

《学习学》上卷对技能和能力的学习方式有较好的论述。它对技能和能力进行了新思考和探讨，并在国内外研究的基础上，提出了新观点。本节将呈现书中部分理论并进行适当整合。

一、关于技能的定义

《学习学》上卷综合国内外的各种观念，归纳出已有技能定义所具备的基本特征。①

第一，技能不是无目的、无法则要领的无意动作。打喷嚏、任意地拳打脚踢或手舞足蹈，都不是技能。任何技能都是依据某种要求或规则的定向活动。

第二，技能是习得性的，任何技能都要通过后天的练习而形成。与生俱来的啼哭、吸吮等动作均不是技能。

第三，技能通常是动作的连续体或组合体。准确地说，技能是在某种活动过程中体现的，因此是由构成该活动的每个单元动作组合而成的。这些动作之间是连续的，技能活动具有连续性的特点。

第四，技能是个体相对稳定的个性特征。在技能的定义中，有的人明确把技能定义为"经验"，有的定义为"能力"，表明技能不仅是一种客观存在的动作方式或操作方法，而且它是被人掌握了并转化成个体能力的构成成分时才叫作技能。

温寒江先生认为上述要点是有价值的，但是还未能完善技能的概念，有些问题有待进一步明确。经过大量实证研究，他在《学习学》上卷中提出了技能的新概念。

研究发现，技能是学生整个认识活动的一个组成部分。它是由人体外部动作(感官和肌肉、骨骼等的运动)和内部智力活动(思维等活动)两部分组成的。正是

---

① 温寒江、陈爱苾：《学习学》上卷，118~119页，北京，教育科学出版社，2016。

由于这两个部分的结合，学生才完成了从获取信息、思维加工到表达运用的认识过程。技能在学习过程中体现为"获取知识和运用知识的活动方式"。获取知识是借助技能的内化实现的，这是技能将外界的信息通过感官的活动转化为思维，通过思维活动使感性认识上升到理性认识；运用知识则是借助技能的外化把人脑中的思维活动及其结果通过感官的活动转化为输出信息而实现的。因此，我们将技能定义为：技能是人们将外界信息经感官活动内化为思维和将思维活动及其结果通过感官活动表达出来的活动方式方法。该定义说明，技能是客观世界与人的主观世界之间信息在相互转化的过程中形成和体现的活动方式。

新的技能概念里包含这样的含义：①技能体现在有目的定向和特定要求的活动之中，如在获取知识和运用知识之中。②技能是一种活动方式，而这个活动的实质是信息的转化，它是内隐的心理操作（思维）与外显的感官协同活动的结果。③技能活动中的外部动作，有的感官和肢体活动的力度较小（如观察、阅读、运算），有的感官和肢体活动的力度较大（如操作、表演），有的技能可能二者兼有体现。④技能训练的目的是使得训练对象在实现信息转化过程中，将某种特定活动方式或动作规范要求内化为个体稳定有效的活动方式。这时，技能就可以表现为一种个性特征，成为能力形成的基础元素。

二、关于技能的分类

《学习学》上卷把技能分为内化技能和外化技能。内化技能是指外界的信息经过感官的活动转化为思维，使感性认识上升到理性认识；外化技能是把人脑内部的思维活动及其结果，通过动作行为转化为输出信息而表现出来，是从理性认识到实践。技能是认识过程的组成部分。内化技能有观察、阅读和聆听；外化技能有语言、运算、绘图、操作、表演等。

三、技能与思维、知识、学科教学的关系

简单地说，技能通过转化信息功能促进了思维与外界的联系，思维在技能的形成与发展中发挥了重要作用。在获取或运用知识的过程中，技能操作的要领、法

则、规范、典型示范成为学习者的重要参照。在主客体的互动中,学习主体只有排除无效的或干扰性的活动方式,才能保证技能的形成并使技能不断得到完善和提高。形象思维在技能中有着抽象思维无法替代的特殊功能。

知识是认识的结果,也可以说是技能的产物。而技能是认识的过程。知识与技能是学习的两个基本要素,其特点如下:①从学习任务来说,学习知识要做到理解和巩固,对学习技能则要求学会(掌握)、能用。②从学习的重要性来说,知识与技能相互依存,谁也离不开谁,是同样重要的。但是从方法论角度来说,知识是无限的,而技能、思维的方式方法是有限的。学习是通过技能、思维去获得(理解)知识,就是用有限的技能、思维的方式方法把握无限的知识。可见,学习技能、思维更加重要。③从学习效果的考查评估来说,人们普遍看重学习的结果,看重知识,而不重视技能的作用和训练,这是当前学校教育存在的一个问题。

各门学科都有自己特定的基础知识与系统结构,也都需要各自特定的技能来支撑。许多著作或各科的课程计划、课程标准都有关于培养特定技能的表述。这些表述通常采用的词语是“能力”,实际上这些“能力”是指构成能力的要素,因此它们在这里指的是“技能”。

四、技能与能力的关系

《学习学》上卷指出,根据两种思维(抽象思维、形象思维)和两类技能(内化技能、外化技能)的研究,将能力的概念界定为:能力是一种顺利地或高质量地获取知识和运用知识的个性心理特征,是技能的高水平的综合。这个定义比较明确地表明能力和认识过程的三个基本因素(技能、思维、知识)的关系。即能力是技能高水平的综合,也就是说,能力源于技能,又高于技能。思维是能力的重要组成部分。由于思维活动具有概括性、系统性、灵活性、变通性等特点,因此思维是技能发展成能力过程中的一个关键因素。丰富的知识是思维的基础,思维一般是把新旧知识联系起来加工的。知识积累是能力发展的重要因素,需要厚积而薄发。这个厚积是就知识而言的,薄发是就能力而言的。知识在能力的发展中形成,能力在知识的运用中不断得到发展。

第二节　实践案例

一、案例导读

　　基础知识、基本技能（双基）一直是我国中小学课堂教学的主要内容，也是课程建构的主线。2011 年，教育部颁布了修订后的义务教育阶段各学科课程标准。其中数学学科提出教学从"双基"变为"四基"，即"基础知识、基本技能、基本思想、基本活动经验"。2014 年，《教育部关于全面深化课程改革 落实立德树人根本任务的意见》发布，提出各学段学生发展核心素养体系，明确学生应具备的适应终身发展和社会发展需要的必备品格和关键能力。从价值取向上看，它反映了学生终身学习所必需的素养与国家、社会公认的价值观；从指标选取上看，它既注重学科基础，也关注个体适应未来社会生活和个人终身发展所必备的素养。由此可见，各学科素养体现的都是能力层面的内容。2020 年，国家对 2017 年发布的普通高中各学科课程标准进行了修订。其中，语文学科素养主要包括语言建构与运用、思维发展与提升、审美鉴赏与创造、文化传承与理解；数学学科素养包括数学抽象、逻辑推理、数学建模、直观想象、数学运算、数据分析；英语学科核心素养包括语言能力、文化意识、思维品质和学习能力；体育与健康学科素养包括运动能力、健康行为与体育品德；音乐学科素养包括审美感知、艺术表现、文化理解；美术学科素养包括图像识读、美术表现、审美判断、创新实践、文化理解。

　　结合学习与思维理论来看，学科素养的培养是有时代意义和现实价值的。因为培养能力、创新能力，让青少年智力得到最佳发展是学习与思维理论研究的目标之一。在跟随课题组研究的过程中，我们逐渐明晰：能力和技能就其性质而言，是相同的，但是程度和水平不同；技能是基础性的，能力是高水平的。正因为如此，我们在认识活动的大范围里，把技能、能力视为一类认识活动。所以各个学科进行的研究中，着力体现学科素养的培养，体现学生可持续发展的能力培养。

依据学习与思维课题成果，技能形成的阶段如下。

①目标—定向阶段：对于技能的目标要求和活动的程序方向，由教师讲解或示范，使学生有初步的理解。

②感知阶段：运用实物、模型、标本、图像，通过观察进行具体操作。初学时的操作，是直观、具体、可感的，动作往往是迟缓、不稳定、不协调的，常常伴有多余的动作。

③内化阶段：从外部语言到内部语言、表象的过渡，既有感官的活动，也有内隐的思维活动，介于感性与理性之间。

④思维训练与外化阶段：用内部语言和表象进行加工的思维训练，是形成技能的关键阶段。思维训练有抽象思维训练，也有形象思维训练，或是两种思维的有机结合。这时将外界信息与大脑中的已知经验联系起来，进行思维加工，并且把思维活动外化；在思维活动外化训练中，减少错误，消除多余动作，使技能在不断完善中形成。

本章以小学各学科案例的形式具体介绍技能形成的方法。

案例一、二介绍了小学语文句子的技能训练。句子训练的目标是使学生会读句子，懂得它的意思。训练过程为：①出声读句子；②边读边想每一个词的意思，做给句子填词的练习；③边读边想整个句子的意思；④进行默读句子（不出声），并理解句子的意思的练习；⑤技能形成。

案例三、四、五、六介绍了小学数学计算能力和解题能力的训练。运算技能的培养方法很多，但最有效的方法是多练，在理解算理的基础上多练。主要包括：①熟记各种运算法则，理解和牢固掌握与计算有关的基础知识，如数学概念、运算定律、运算性质、运算法则和计算公式等。②熟练掌握运算步骤，总结出规律性的东西，熟练运用基础知识进行计算，不断提高计算能力。③有充足的各种题型的练习，计算练习的形式尽量保证多样化。

在解决实际问题的教学过程中，对数量关系的探讨，一方面深化了概念，另一方面为应用题的分析解答做了充分的准备。这个过程是推理的过程，是培养学生有根有据地进行思维活动的能力的过程，是必不可少的。应用题中的数量关系是通过文字表述的方式反映出来的。因此，抓住应用题中的关键句理解，与正确解题思路的形成、解题方法的选择和解题步骤的确定，都有着极为密切的关系。

案例七、八介绍了小学英语外化技能的训练。任何一种语言都在交际活动中起

着信息交流工具的作用。英语和语文学习都要进行语言能力的训练。其不同点在于应用环境和使用频次。英语作为我国学生的第二语言，在学习训练中尤其重要的是变抽象的语言文字符号为形象的生活情境。对于大部分学生来说，英语课堂是他们接触英语、运用英语最集中和最直接的场所，设置与生活接近的情境，对语言运用很有帮助，同时不断设置新的刺激。教师要为学生设计小游戏和小活动，引导他们应用多种感官参与学习，帮助学生不断地反复操练，让学生在大脑中建立情境与语言的联系。这种联系被不断强化，在头脑中形成印记，从而达到脱口而出。

案例九介绍了小学体育运动表达技能的训练。人体的运动技能是综合先前有关技能、长期训练积累而形成的。熟练的技能是一种内隐记忆，是形象思维加工的结果。一种技能的形成能产生普遍的迁移。主要包括：①一种新技能，都是一系列已知有关技能整合而成的，即有关旧技能促进了新技能的形成。②技能的迁移过程中，一定的技能是同一定的思维方法联系着的。③技能形成以后，是一种内隐记忆，思维活动不为人们所察觉。

综上所述，本章各学科的案例详见表3-1。

表 3-1　基于技能与能力培养的实践案例一览表

主题	类别	案例	案例名称	学科
技能与能力	技能训练	案例一	运用迁移理论，有序进行句子训练——动物儿歌	小学语文
	技能训练	案例二	找准训练切入点，语用略读架桥梁——花的勇气	小学语文
	技能训练	案例三	运用迁移理论，促进学生数学技能的形成——多位数乘一位数	小学数学
	能力培养	案例四	把握数量关系，促进应用题解题能力的提升——大小数关系解决问题	小学数学
	能力培养	案例五	建立联系，提升数学应用能力——积的变化规律	小学数学

续表

主题	类别	案例	案例名称	学科
技能与能力	技能训练	案例六	小学数学运算技能训练三部曲——异分母分数加减法	小学数学
	能力培养	案例七	创设语境巧模仿　激发思维促所得——It's a nice autumn day	小学英语
	能力培养	案例八	综合实践活动促进英语语用能力提升——I like the shape	小学英语
	技能训练	案例九	多种资源，助力学生运动技能的形成——仰卧推起成桥	小学体育

二、案例呈现

案例一：运用迁移理论，有序进行句子训练

——动物儿歌①

一、用句子教学，促进教学目标的达成

小学低年级的字、词、句教学不能单一地进行，它们之间应该是相辅相成、相互制约、共同兼顾进行的。低年级语文教学的重中之重是字词教学，但句子的教学也不容忽视。句子是思想表达和语言交际中最重要的语言单元。叶圣陶先生说过：讲析课文，无非是把语句讲清楚。可见，句子教学在小学语文课中有极其重要的地位。

《义务教育语文课程标准（2011年版）》在第一学段课程目标中明确提出："结合语文学习，观察大自然，用口头或图文等方式表达自己的观察所得。"所以教师应规范口头表达，帮助学生建立句子的概念，使其能准确规范地表达其想法。这些需要教师在教学中逐步引导，使学生能达到准确表达出自己观察所得的效果。

————————

① 案例作者为北京小学广内分校鲍晓楠老师。

二、用迁移理论，训练学生的规范语言

入学前学生虽然学会了口头语言，但是他们还缺乏对句子的认识，所说的话大多也是不完整的。入学后，教师要有意识地帮助学生建立句子的概念，要有计划地进行句子的训练，提高他们的口头语言表达能力；同时让他们学习书面语言，帮助他们掌握组词成句的规律，熟悉各种句子的表达方法并学会正确运用。

(一)建立句子的概念

在低年段句子教学中，教师要帮助学生建立句子的概念，逐步培养学生把句子读完整、说完整和写完整的良好习惯，让学生认识简单的句型，能够结合课文和生活实际理解句子的意思。

《动物儿歌》是统编版小学语文教材一年级下册的一篇典型的集中识字韵文。编者独具匠心地将16个生字编排在一首充满童趣的儿歌中。这首儿歌写的是小动物在夏天时的活动情景，读起来朗朗上口，情趣盎然。这里写的小动物大都是昆虫，识记的字大都有虫字旁，便于引导学生观察，发现形声字的构字规律。教学本课时，教师可在学生熟读儿歌的基础上，联系大自然和教材中的彩图，让学生采用多种方法读准字音，认记字形。

儿歌的特点是有节奏、有韵律。本课儿歌的每一句都是以"谁在哪里干什么"的结构组成的，因此教师应引导学生在多种形式的朗读中感受儿歌的节奏和韵律，培养学生的语感及句子的表达能力。

在一年级下学期，学生已经积累了一定的识字经验，有识字基础。本课是在完成了第一课时"认识生字、书写生字、初读课文"的基础上，进行第二课时的句子教学。一年级的学生虽在入学前已经学会了口头语言，但他们还缺乏对句子的认识，所说的话也大多是不完整的。本课以"谁在哪里干什么"为基本的单句，有意识地帮助学生建立句子的概念，掌握组词成句的规律；运用迁移的理论有计划地进行句子教学。

(二)训练规范的语言

本课的文本特点鲜明，每句话都是以标准的简单句构成的。在识字的基础上，学生通过儿歌学习，尝试运用"谁在哪里干什么"的句式进行表达。这既是文本特点，也是大纲教材所提出的发展语文能力点。它符合学生的认知规律，因此将其定为教学的重点。

在本课的教学中，教师先以多种方式让学生朗读课文，通过朗读渗透句式"谁在哪里干什么"。这是单句的格式训练。单句是由短语或单个的词构成的句子，结构和意义比较简单。在小学语文学习阶段，为了便于学生理解和运用，教师往往将单句的主谓两部分结构以谁干什么（怎么样），什么是什么，什么怎么样的形式进行说明，这是基础性的语言训练，也是规范化的语言训练。然后教师拓展课文内容，让学生说说自己了解哪些动物，也像文中的一样，把自己说的按韵文句式编儿歌，逐步发展学生的能力。

教师还设计了学习单。学习单分 A，B 两部分，学生可以任选其一，这关注了不同学生的能力和需求。A 部分要求利用课文内容进行填空，也是课堂教学的内容；两幅图片是学生交流的内容，对学生来说是基础部分，难度不大。能力强的学生可以选取 B 部分，在试着说一说环节，展开想象，尝试创作一句话。最后在课堂上每位学生根据需求基本完成了符合自己特点的学习单，效果良好。

[简评]

在教学中，教师注重技能与能力训练，体现了以下三点内容。

第一，找准特点，精选教学内容。一篇经典的课文可圈可点之处比比皆是。因此要想找准切入点，就要充分考虑学生的"生长点"、课程标准和教材的"关注点"、符合低段句子训练的"能力训练点"，并能将其融会贯通，找到几者之间的结合点。语文教学的主要目的是让学生掌握运用语言文字这一工具。语言文字是思维的工具、交际的工具、负载和传递信息的工具。在小学阶段，句子学习和训练应得到语文教师的高度重视。在教学时，教师要让学生对那些和课文结构密切相关的句子进行模仿性练习和重点训练。

第二，进行阶梯式教学，发展学生的能力。学生在入学前虽然学会了口头语言，但是他们还缺乏对句子的认识。入学后，教师有意识地帮助学生建立句子的概念，有计划地进行句子的训练，提高他们的口头语言表达能力，学习书面语言，掌握组词成句的规律，熟悉各种句子表达的方法，学会正确运用。这是一个循序渐进的过程，训练层次呈阶梯式上升。

第三，巧用学习单，关注不同学生的需求。学习单的设计是针对简单句的学习，但对于一年级的学生来说尝试书写、创编句子有一定难度。教师在备课时应当充分考虑到这一点，将学习单设计为两个难度级别，供学生选用。最后让学生尝试创作，试着写一写，更多地关注了本课句式的练习巩固。

案例二：找准训练切入点，语用略读架桥梁
——花的勇气①

"花的勇气"是统编版小学语文教材四年级下册的内容。小学语文教材中，有相当多的篇目是作为略读课文的。略读课文一般来说内容较浅显，要求也较低。而略读课文正是"体现略读课特点，发挥其桥梁作用，引导学生自主运用学习方法获得阅读体验，形成语文学习能力"的渠道。叶圣陶先生说：就教学而言，精读是主体，略读只是补充；但是就效果而言，精读是准备，略读才是应用。可见，略读课教学是引导学生运用习得的方法自主学习，获得阅读体验，达成目标的过程。由人民教育出版社小语室编著的教师用书指出：略读课文具有较明显的独立阅读的性质。安排略读课文，主要是引导学生把从精读课文中学到的语文基本功，用于阅读实践，逐步培养独立阅读能力。

教是为了不教。半独立阅读的略读课，其终极目标是训练学生的自主阅读能力。换言之，略读课也就是实现课内教师教懂、课外学生自读的一座桥梁。与此相应，略读课不仅在流程推进上有别于精读课，教与学活动也都应服从于学生能独立阅读的需要，体现"桥梁"的本色。

一、教材分析

课文《花的勇气》细致而生动地描写了作者冯骥才在维也纳寻花的经过，以及由此而产生的心理感受。它构思精巧别致，以作者跌宕起伏的情感变化为线索，寓情于景，情理交融，耐人寻味。

从编者的思路来看，本课所在单元的主题是"感受生命的美好"。通过对本组课文的学习，学生学会感受生命的美好，与此同时培养体会课文中含义较深的词句的能力。《花的勇气》是一篇略读课文，是本组课文的最后一篇。编者的目的是用这篇课文让学生运用精读课上所掌握的方法和能力在教师引导下开展自主阅读。课

---

①   案例作者为北京小学广内分校李静老师。

前导读中明确了利用本篇课文的学习任务和方法提示：我们面对冷风冷雨中怒放的小花的时候，又会有什么样的感受呢？有感情地朗读课文，说说作者在维也纳经历了一件什么事？他为什么会从"失望""遗憾"到"惊奇""心头怦然一震"？把自己喜欢的部分多读几遍，体会作者内心的感受。

从作者的角度来看，作者想通过展示冷风冷雨中怒放的小花，来表达对生命的感悟：生命中最重要的是勇敢地面对一切困难，无论你多么弱小，只要有勇气就会有希望。

二、学情状况

学生通过本单元前面课文的学习，对生命的意义已有所感悟，了解了一些获得精彩人生的事例，感受到了生命的美好。学生学会了通过结合生活实际、联系上下文来理解体会文中含义较深刻的词句，从而体会作者感受的方法，逐步训练对重点词句形成解释的能力。教师根据教材特点、编者意图、作者意图和学生的实际情况，发挥学生的主体作用，利用课前导读引导学生运用已学过的方法自主阅读，厘清写作思路，了解课文内容，运用已形成的能力体会含义深刻的语句，通过多种形式的朗读体会感悟，引导表达，启发明理，获得感悟。

三、训练方法

本课以"勇气"一词为线索，让学生先把握文意，再厘清文路进行整体感知，然后通过感知描写花的句子，从而体会花的勇气。教学中教师更是着力落实句子教学。

教师抓住表示作者情感变化的词语，如失望—吃惊—遗憾—惊奇—震撼，沿着作者的情感线展开教学，进行训练。

首先，依托情感线，整体感知课文内容。教师出示"没有花的绿地是寂寞的"，提问："寂寞一般是形容什么的？文中说什么是寂寞的？这是什么写法？你也仿照着说一句。"接着教师引导学生体会作者经历复杂心理变化之后的感受，借此带领学生走进作者的心灵，体会理解"怦然一震"，再在这种情感的体验中表达自己的情感。

其次，从模仿开始，降低句子训练难度。学生仿照文中的语句，进行句子练习。课上学生的答案，使作者的情感一步一步凸显出来。学生说："刚见草地，感到失望，因为没有花的绿地是寂寞的；拨开草看，感到吃惊，因为花藏在草下；离开之前，感到遗憾，因为没看见花从草下边长出来；雨中看花，感到惊奇，因为花在冷风冷雨中冒出来。"

最后，强化输入量，促进从量变到质变。本课还进行了摘录句子、积累语句的训练。所有的技能都是要有一定的输入的，学生在复现和多次使用中得到不断的练习，才能形成能力。正所谓从量变到质变，这也印证了"书读百遍，其义自见"。

[简评]

本课中某些含义深刻的语句学生理解起来确实有些难度。迁移理论的观点告诉我们："掌握事物的结构，就是以允许许多别的东西与它有意义地联系起来的方式去理解它。"这就提示我们面对这样的语句，就要以迁移的方法去学习和理解。也就是要引导学生充分运用在精读课上习得的方法，结合本文的内容去学习，从而提高能力和阅读水平。在本课句子教学中，教师加强句子训练主要把握了以下两点内容。

第一，准确把握训练内容。教师提炼出的两处描写"花"的语句，借此让学生对句子表达进行学习和训练，事半功倍。

这节课上呈现的两处描写花的语句，是含蓄句与形象句的结合体。其中"我的心头怦然一震，这一震，使我明白了生命的意味是什么，是——勇气！"这是文章的中心句。这两处语句又有一个表达上的共同点：都是作者的所见所闻与心理感受结合起来的描写。集这么多特点于一身的句子，被准确地提炼出来，作为这节课句子教学的重点，使本课的句子教学定点准确独到，为淋漓尽致地发挥文本中重点句子的作用开了好头。

第二，恰当运用训练形式。教无定法，贵在得法。在句式训练的过程中，教师能根据不同句子的特点，正确地选择训练形式，使句子训练更扎实、到位。

根据本课的文本特点、句子特色和学生实际，教师主要运用了读句法、抓重点字词法、想象法、换位体会法、抄句法、背句法等方法，让学生去理解并积累两处描写花的语句，在朗读中不断理解，在理解中不断积累，把朗读、理解、积累紧密联系在一起。

案例三：运用迁移理论，促进学生数学技能的形成
——多位数乘一位数①

人教版小学数学教材三年级上册的第六单元是让学生学习多位数乘一位数。在这一单元的教学中，学生是在已经熟练掌握表内乘法，能够正确口算 100 以内加、减法的基础上进行学习的。主要包含口算乘法、笔算乘法、解决问题三部分内容。

我们整体把握教材，认真分析这一单元的知识结构，找到知识的连接点和生长点，运用迁移原理，再设计教学过程。

本单元知识的连接点为加法与乘法的联系。本单元知识的生长点："加数相同的(不分步)连加竖式"与"乘数是一位数乘法"有共同的算法(技能)。

基于上面对新旧知识的整体分析，在设计教学过程时，教师必然要考虑怎样把相关旧知(技能)与新知联系起来，在复检与新授课中突出设计的意图，从而达到理想的效果。

一、复检

复检内容要与新课有紧密的联系，不能单纯从形式上为了这一环节而设计。它要为新旧知识起一个承上启下的作用，为突出重点、难点铺设一条道路。这一环节包括口算和说出算理两部分内容。

这些内容为新课中的技能学习做了准备，同时深化了对"数位""计数单位""进率"等核心概念的理解。

口算：

```
    2    4
    2    4
 +  2    4
 ─────────────
```

说出算理：个位上，3 个 4 连加，三四十二，12 是由 1 个十和 2 个一合并起来的，所以在个位上写 2 向十位进 1。十位上，3 个 2 连加，二三得六，6 加进上来的 1 是 7，7 表示 7 个十，所以在十位上写 7。

因为乘法是加法的特殊形式，这就决定了乘法与加法之间有着内在的联系。乘

---

①　案例作者为北京市朝阳区实验小学陈立华老师。

法是表示几个几的连加，由于"加数相同的(不分步)连加竖式"与"乘数是一位数乘法"有共同的算法(技能)，所以前者可以向后者迁移，如下。

$$
\begin{array}{r}
2\quad 4 \\
2\quad 4 \\
+\ 2\quad 4 \\
\hline
\end{array}
\quad 向 \quad
\begin{array}{r}
2\quad 4 \\
\times\quad 3 \\
\hline
\end{array}
\quad 迁移
$$

与此同时，不分步连加中打破了满十进一这一定势，使学生知道"哪一位满几十，就向前一位进几"这一算法。因此也使学生懂得了"乘数是一位数乘法"中"哪一位乘得的积满几十，就向前一位进几"，促进了新技能的形成。可见，教师通过迁移自然突破了教学的重点。

此过程是本节课技能迁移的基础。由于学生对几个数连加的算法掌握得很好，所以通过教学设计帮助学生加深对算理的理解，使后续学习更加顺利。

二、新授

通过对教材的分析不难看出，"乘数是一位数乘法"这节课要学习一位数乘两位数(不进位，进位[进1、进几])和一位数乘三位数(一般运算，特殊情况[乘数中间有0和乘数末尾有0])等内容。基于对教材的整体把握，我们把新授课部分的例题做了调整，直接进行两位数乘一位数(进位)的学习，顺势迁移到其他内容的学习。

例1：计算24×3。该例题是让学生学习乘法竖式的写法和运算顺序，了解"满10进1"这一知识点，达到对乘法技能的初步理解。

这一层是学生在旧知识技能基础上学习新知识很关键的环节，24+24+24的算法与24×3的算法是相同的，这就是知识迁移的关键因素。新旧两种知识、经验，若有共同的思维要素，就能产生迁移；若共同的思维要素越多，即旧知识参与越多，则迁移的程度越大。一位数乘法学习的意义就在于它能更简捷地解决几个相同加数连加的问题。无论是用乘法还是用加法来计算，本质(算法)是相同的，不同的只是形式。24+24+24是学生已有的计算技能，所以抓住24+24+24与24×3的共通之处(算法相同)进行学习就非常容易了。这个过程就通过知识之间的关系实现了技能的迁移。

例 2：计算 128×5。该例题是让学生了解：①(多位数) 乘数个数的扩展，由两位到三位。②"满几十向前一位进几"。

这个例题是研究一位数乘三位数，并且在进位上也增加了难度(哪一位满几十就向前一位进几) 。更主要的目的是通过技能的迁移，让学生巩固乘数是一位数乘法的算法。在一位数乘两位数的学习过程中(24×3) ，学生明确了先用 3 去乘 24 个位上的"4"，再用 3 去乘 24 十位上的"2"。现在题目变成 5 去乘"8""2""1"这三个数。学生根据已有的经验，很自然地能够实现迁移，即用"5"依次去乘 128 各个数位上的数。并且，这个过程是对例 1 中研究的过程进行思维整理的过程。从学生对算理的叙述过程来看，这道题的算理学生叙述起来显然有难度，因为它失去了加法算式的支撑，学生必须确立新的思维支撑点。这时学生刚学习"乘数是一位数乘法"。初步形成的技能起到了关键的作用，让刚学习的技能向新技能迁移，如下。

$$2 \quad 4 \qquad 向 \qquad 1 \quad 2 \quad 8 \qquad 迁移$$
$$\times \underline{\qquad\qquad 3} \qquad\quad \times \underline{\qquad\qquad\qquad 5}$$

在这节课中，教师根据数学知识的内在联系，充分运用迁移的方法，一步一步地帮助学生实现计算技能的迁移。

[简评]

这节课的核心知识是乘法的意义以及位值制的思想。学生在以往学习中对本节课需要掌握的核心知识和数学思想已经很熟悉，因此本节课非常适合运用迁移理论，促使学生通过主动思考获取知识技能，加深对核心知识的深入理解。

第一，沟通知识之间的内在联系，运用迁移理论促进学生形成学习技能。学习过程中知识是技能活动的结果，技能是学习过程活动的方式和方法，知识的理解都有相应技能的活动，知识与技能是协调发展的。在数学的计算过程中，知识是指计算的结果，技能是指计算过程的程序、方法，通常叫算法。马芯兰在教学改革中称为"算理"。让学生讲算理，就是让学生说出计算过程的方法和步骤。可见，算法和算理实质上就是计算技能。

新知识的学习主要依赖于认知结构中原有的适当观念，必须通过新旧知识的相互作用，有意义学习才能实现。在本节课中，教师从复检环节抓住乘法意义、数位、计数单位和进率这些核心知识设计教学活动，为学生迁移学习做好充分准备。

新授部分注重从整体把握教材，重组教学内容，将新旧知识有机结合，把新知纳入旧知，让学生利用旧知迁移学习新知，形成学习技能。

第二，运用迁移理论，变机械学习为意义学习。比较机械学习和意义学习，前者意味着学生知道如何运用一种方法或解决一个特殊的问题，后者意味着学生理解了为什么他们使用的方法起作用。很显然这节课更适用于意义学习。本节课的主要教学目标是让学生掌握多位数乘一位数的计算法则。对于学生来说，自己发现一些事情比被告知更高兴；对于教师来说，最重要的也是最难做到的就是避免过早地告诉学生答案。教学过程中教师恰当地运用迁移理论，使学生在解决问题的过程中能自然而然地用到了以前学到的知识来讲道理。学生不仅理解掌握本节课的知识，而且今后学习类似的计算知识时会应用这节课学到的知识及方法解决问题；不仅收获了知识技能，还收获了分析问题、解决问题的思想方法。

数学知识内在联系紧密，是一个结构严密的整体。数学教学中，知识（概念）的学习和技能的训练也是联系紧密、协调发展的。为了让学生更好地掌握新旧知识和技能的内在联系，充分发挥知识的迁移作用，教学中教师必须深入研究教材，从知识的整体结构和知识与技能协调发展的高度，来研究每一个局部知识、技能的地位和作用，研究已有知识如何成为后续知识学习的基础。

案例四：把握数量关系，促进应用题解题能力的提升
——大小数关系解决问题①

"大小数关系解决问题"是人教版小学数学教材一年级下册的内容。解决问题是小学数学教学的重要任务之一，是通过对数量关系的分析来发展学生的逻辑思维能力。这些数量关系往往是相依的，并且是有规律的。教师就要抓住这一特点，按照一定的逻辑顺序让学生理解数量关系，使其有根据地进行思考，从而培养学生的逻辑思维能力，为解决问题奠定坚实的基础。

大小数的关系，也就是研究"大数、小数、差"这三个数量的关系。大数和小数、大数和差、小数和差，这三个数量中每两个数量间有着密切的关系。

---

① 案例作者为北京市朝阳区实验小学倪芳老师。

大小数这部分知识可以分为这样三部分：大小数的概念；大小数的关系；大小数关系解决问题。

一、大小数的概念

这部分包括两层内容。

(一)认识"同样多"

"同样多"是研究大小数之间关系的桥梁，只有在深入理解"同样多"的基础上，才能很好地理解大小数之间的关系。对"同样多"概念的渗透，在一年级上册准备课时就已经开始了。

对于小猪帮小兔子盖房子的情境，学生理解了有一只小兔子就搬一块砖，小兔子没有多的，砖也没有多余的，就能够说出小兔子和砖的数量"一样多""一般多"。这时教师给学生准确的概念，这就是"同样多"。这是通过具体实物在学生头脑中初步建立"同样多"的概念。

在学"<"">"和"="符号时，仍然是通过实物图让学生理解。如 3 只猴子和 3 个桃子比较，没有多余的猴子，也没有多余的桃子，我们就说猴子和桃子的数量同样多，也就是 3 和 3 同样多。这时学生从具体的两部分同样多，已经认识到两个数同样多。同样多可以用"="表示，也就是"="表示两个数同样多。

(二)认识"大数、小数、同样多"

前面所理解的"同样多"是两部分正好相等，这一层所要理解的是小数和大数里的一部分"同样多"。

3 个苹果和 5 个梨里的一部分同样多，其中 3 个梨是 5 个梨里的一部分，3 个苹果又和梨的这部分同样多，所以说苹果的个数只相当于梨的个数的一部分。即小数相当于大数里的一部分，在这里"同样多"就起到了重要的桥梁作用。同时"3"为什么是小数的问题也就迎刃而解了。

二、大小数的关系

这部分包括三层内容。

一是深入理解"同样多"，初步理解大小数之间的关系。

二是(理解"多"和"少")深入理解大小数的关系，初步理解解答有关问题的思路。

三是(理解关键句)深化大小数之间的关系，理解大小数解决问题的解题思路，初步培养学生逻辑判断推理的能力。

例如，对 3 个苹果和 5 个梨进行比较。

3 个苹果和 2 个梨的关系：这 2 个梨是 5 个梨比 3 个苹果多出来的部分。

2 个梨和 5 个梨的关系：2 个梨是 5 个梨里的一部分。

3 个苹果和 5 个梨的关系：3 个苹果相当于 5 个梨里的一部分。

要研究这三个数量的关系仍然要抓住"同样多"这个概念，以"同样多"做桥梁，把"大小数的关系"转化为"整体与部分的关系"去分析理解。

又如，对苹果和梨进行比较，知道苹果有 3 个，梨比苹果多 2 个，问梨有几个。

通过分析可以知道，梨的个数是大数，它是由两部分合并起来的：一部分是和 3 个苹果同样多的 3 个梨，另一部分是比苹果多的 2 个梨。把这两部分合并起来就是梨的个数，列式：2+3＝5。在这个算式中，"2"表示多的部分，"3"表示和苹果同样多的部分，即梨里的另一部分，2，3，5 这 3 个数量就是从前学习的"整体与部分"的关系。在这里，恰恰是同样多将大小数的关系转化成整体与部分的关系，这就是寓新于旧。学生在已有经验的基础上很自然地理解了新知识——大小数的关系。

三、大小数关系解决问题

学生在理解数量关系的基础上，使解题思维过程化，从而加强对数量关系的理解。

（一）读题

通过读题，学生理解题中的情节和事理，知道题中讲的是什么事；已知条件中，哪个是直接条件，哪个是间接条件，条件与条件、条件与问题是什么关系。读题的过程，就是了解题意的过程。

（二）画批

画批就是把题中的重点词、句和思维分析、判断的结果，用文字和符号（箭头、着重点、圆圈、横直线、曲线等）画出来。其主要目的是了解每个数量的意义及数量间的内在关系。

（三）画图

画图就是画线段图，用线段把题中所讲的各个数量及其相互关系表示出来，直观地、形象地反映其中的数量关系。

(四)说理

说理就是在分析解答问题的过程中，让学生用清晰、简洁、准确的语言，说出自己分析解答问题的思维过程及相应的道理。

通过上述读、画、说，学生把解题的内在思维过程变为外在的表现形式，抓住关键句分析题目。其目的是深入理解大小数之间的关系，掌握解答有关问题的思路，培养学生分析推理的能力，使画图分析、解答成为一体。

例如，黑羊有20只，白羊比黑羊多4只，白羊有多少只？

师：白羊比黑羊多4只，你怎样理解？

生：通过这句话我们可以知道，白羊的只数是大数，黑羊的只数是小数。

师：白羊的只数是大数，说明了什么？

生：白羊的只数是大数，说明白羊的只数是由两部分合并起来的，一部分是和黑羊同样多的20只，另一部分是比黑羊多出来的4只。

师：白羊有多少只，应该怎样想？

生：白羊有多少只，就是要把和黑羊同样多的20只，和比黑羊多出的4只这两部分合并起来，这就是白羊的只数。

这样，教学中抓住关键句，引导学生分析数量关系，深化学生对概念的理解，培养学生的逻辑思维能力，使学生逐步形成了分析问题、解决问题的能力。

[简评]

教师通过这样有层次、有目的的教学过程培养了学生分析、综合、判断、推理、抽象、概括的能力。教师如果利用传统的讲法，讲后学生只会知道求大数用加法，求小数和差用减法，而没有深入理解解决问题的条件、问题结构和数量关系。本节课使学生不仅知其然，还知其所以然。一位学生说："老师，我觉得'大小数关系解决问题'与'整体与部分的解决问题'很有联系，我们是把'大小数关系解决问题'转化成'整体与部分的解决问题'来做的，并且是通过'同样多'来转化的。"从学生的表达中也可以看出，学生头脑中的思路是清晰的，所回答的问题有根有据，并且能够看出知识在学生脑中已形成了联系。由此可见，这种步步渗透、层层深入，抓住概念理解数量关系，并在这个基础上学习解决问题的方法是非常科学的，是符合学生的认知规律的。

通过"大小数关系解决问题"的教学我们不难看出，在新的课程改革中，我们仍然要以最基本的概念为核心，培养和提高学生的数学能力，使学生真正成为知识的发现者、研究者。这样就实现了以知识为载体对人的培养。

案例五：建立联系，提升数学应用能力
——积的变化规律①

一、案例背景

本节课的教学设计源于下面的练习题，如图 3-1 所示。

张叔叔、李叔叔行驶了相同的时间。李叔叔行驶了多少千米？

图 3-1　练习题

这是在学习了积的变化规律之后，需要学生解决的一道行程问题。40 位学生中 26 人解答正确，其中只有 3 人的解答方法较为简洁，其余 23 人都是经过四五步的过程才求出答案。结合访谈，教师发现了学生的问题：①在读取重要信息时，学生只关注到了具体的数量，漏掉了"张叔叔、李叔叔行驶了相同的时间"这句关键的信息。②在解题时，学生看到了具体数量就很自然地直接用数量关系逐步解答。③在解决问题时，学生想不到也找不到积的变化规律和数量关系之间的联系。

"积的变化规律"是人教版小学数学教材四年级上册第四单元"三位数乘两位数"中的内容。人教版小学数学教材从四年级开始，基于学生对基本运算的丰富感知与应用，引导学生探究运算规律。"积的变化规律"为此类研究的起始，其地位和作用显得尤为重要。积的变化规律具有抽象、简洁的特点，是抽象的数学知识。而学生解决问题所用到的数量关系在不同的情境中有不同的体现，具有具体、复杂

---

①   案例作者为北京小学广内分校吴剑老师。

的特点。能够将抽象的数学知识应用于现实情境进行问题解决则体现了学生具有一定的问题解决能力。

二、教学过程

(一)直观感知,感受联系

教师出示了一张面积是 600 平方厘米的长方形纸,请学生回忆长方形面积计算的方法。之后教师将这张纸向一个方向不断对折,学生能快速说出新图形的面积。

教师提问:怎么能这么快求出新图形的面积?在折纸的过程中有没有不变的数量呢?教师用问题为导向唤醒学生潜意识中的生活经验和知识经验,将学生的关注点从变化的因素(长、面积)引向不易察觉的不变因素(宽)。

教师通过直观演示,借助变与不变建立积的变化规律和数量关系之间的联系,巧用积的变化规律解决问题。

(二)探究交流,建立联系

接下来学生在自主探究的过程中不断丰富感性认识,教师提供了以下研究素材。

素材一用表格呈现份总关系的问题,如图 3-2 所示。

小明每天读书的页数相同

每天读几页	天数	共读几页
	3天	18页
	9天	( )页
	( )天	180页

图 3-2 份总关系的问题

素材二是关于正方形周长的问题。

李爷爷家有一块正方形的菜地,在四周围了 28 米长的篱笆。现在要把这块菜地的边长扩大到原来的 5 倍,扩大后要在新菜地的四周围多长的篱笆?

1. 交流、启发

借助素材一,独立思考之后,在交流环节,学生的思维相互碰撞、启发、促进。这是学生熟悉的归一问题,一部分学生很容易像这样按部就班解答,如图 3-3 所示。

将下表填写完整：小明每天读书的页数相同。

每天读几页	天数	共读几页
6	3天	18页
6	9天	（54）页
6	（30）天	180页

图 3-3　一部分学生的解答

相互交流的好处就是学生针对一个问题可以相互启发。信息用表格的方式呈现，利于学生观察数据的特点，找到变和不变的数量，然后发现解决问题的新途径，如图 3-4 所示。

将下表填写完整：小明每天读书的页数相同。

每天读几页	天数	共读几页
6	3天 ×3	18页
6 ×10	9天	×10 （54）页 ×3
6	（30）天	180页

不变　　　　变　　　　变

图 3-4　学生相互交流的解答

惊喜到此并没有结束。有的学生说："老师，我有补充，小明每天读的页数相同这个信息很重要。如果他每天读的页数不同，天数即使有倍数关系也不能用积的变化规律解答。"如图 3-5 所示。

将下表填写完整：小明每天读书的页数相同。

每天读几页	天数	共读几页
△	3天	18页
△	9天	（54）页
△	（30）天	180页

图 3-5　某位学生的解答

学生原始的想法和语言揭示了积的变化规律和解决这个问题的关键。并且学生能用抽象的符号表示不变的数量，由此建立起具体的份总关系和抽象的积的变化规律之间的联系，给其他同学带来了启发。

2. 释疑、提升

借助素材二，有了应用规律解决问题的意识，学生又遇到了如下困难。教师问："不变的数量是什么呢？"学生答："边长×4＝周长。"此时学生想到了数量关系，问题迎刃而解！

(三)回看反思，深化联系

为了检测前面的学习活动是否对学生思考问题、解决问题产生了影响，同时也促使学生能有意识地反思解决问题的过程、有新发现，教师又将这道题摆在了学生的面前，问："还记得当时做这道题的感受吗？"学生说："太难了""里面的信息太乱了。"接着教师又问："通过刚才的学习，请你再想想这个问题，有没有新的发现？"接下来教室里异常安静，学生聚精会神地再次进行思考。过了一会儿，学生陆续恍然大悟。

正是由于学生找到了变和不变的数量，建立起了积的变化规律(因数×因数＝积)和数量关系(速度×时间＝路程)之间的联系，才有了顿悟，轻松解决了复杂的问题。

就这样在课堂上通过生生交流、师生交流，学生逐渐建立起来了一个又一个实际问题、一组又一组数量关系和抽象的积的变化规律之间的联系，继而找到了解决这一类问题的新办法，丰富了解决问题的经验。

(四)专项练习，应用联系

随后进入专项练习环节，学生能应用前面学习的收获，在不同的数量关系中寻找变与不变的数量，学以致用。

①商场促销，5 袋酸奶装一包，共 13 元。李阿姨买了 15 袋这样的酸奶，一共花了多少钱？

②食堂为我们班每位同学准备一份旅游餐，每个面包 6 元，共花了 252 元。每瓶矿泉水的价钱是面包的一半，买矿泉水共花多少钱？

③修路队 2 天修了 50 米长的路，照这样计算，还剩 200 米长的路，几天能修完？

[简评]

在本节课的教学中，一题深入，多题释疑，灵活应用所学数学知识，顺利使学生学习有用的数学，提升了数学应用能力。

第一，带着新知识"回头看"，探寻解决问题的新途径，提升问题解决能力。数学学习是一个循序渐进的过程，旧知识为新知识的学习奠定了基础，新知识反过来又能开辟解决问题的新途径。瞻前顾后的教学有利于学生主动应用新知识解决问题，不断丰富解决问题的方法。

第二，寻找"变与不变"，沟通数学知识的学习和应用之间的联系。教师在进行数学教学时，不能孤立地教数学的知识点，要挖掘知识之间的内在联系。本节课引导学生关注变与不变，建立了积的变化规律与其应用的联系，培养了学生思维的灵活性，提升了学生的数学应用能力。

第三，从学生的学情和真实感受出发设计教学，使学生在真思考中培养思维，提升能力。在教学中，教师通过合理引导，使知识在能力的发展中形成，使能力在知识的运用中不断得到发展。

案例六：小学数学运算技能训练三部曲
——异分母分数加减法①

"异分母分数加减法"是人教版小学数学教材五年级下册的内容。本节课从提高学生的知识理解水平、练习感悟水平、认知策略迁移水平三个方面训练学生的数学运算技能。学生经过不断深化的训练活动，对基本技能达到懂、识、熟，推动学生在知识、能力、思维和情意等方面的发展，为学生数学核心素养的构建与发展创造条件。

一、懂：提高知识理解水平

理解是实现高效技能训练的助推器。理解的第一步：知其然——基本技能的教学要引导学生掌握具体的操作程序和步骤。如学生在计算"异分母分数加减法"时，要熟悉通分的技能。同时，由于异分母分数的分数单位不同，要将它们转化为相同分数单位后才能相加减。如果学生仅仅按照"先通分再计算"的规则直接训练分数运算技能，而不了解"为什么要先通分"，那么他们对"先通分再计算"的认识是模

---

① 案例作者为北京小学广内分校王雪君老师。

糊的、生硬的，没有真正理解而导致出现计算错误。理解的第二步：知其所以然——基本技能的教学要引导学生感悟这些程序、步骤背后所体现和运用的数学原理、思想与方法。如教学"异分母分数加减法"时，教师首先由折纸活动引入，使整个活动充分体现了学生的主体作用，具有很强的开放性，培养了学生的动手能力。学生解决问题"两张纸的涂色部分合起来，涂色部分是这张纸的几分之几？"教师利用数形结合的方法，使学生认识到分数加法的意义与整数加法的意义相同，都是要相同计数单位相加，体会了新旧知识间的联系。教师还要注重学生运算能力的培养。在相互交流的过程中，学生不仅会逐步形成运算技能，还会引发怎样算、怎样算得好、为什么要这样算等一系列的思考。这是由掌握法则上升到思维的层面，是运算能力发展的重要内容。在进行异分母计算的技能训练过程中，教师有意识地引导学生对运算技能背后的计算法则进行深入理解，提升计算技能。

二、识：提高练习感悟水平

教师设置不同层次水平的训练活动，有助于不同学生在技能方面有不同程度的提升。如在进行"乘法分配率"运算技能训练的教学活动中，教师可以分层设置如下问题。

①基础题：$18 \times (11+12) = 18 \times (\quad) + (\quad) \times 12$。该题是让学生感受基本运算定律的使用技能。

②应用题：甲乙两车同时从 A，B 两地相对开出，经过 6 小时，两车相遇，甲车每小时行 65 千米，乙车每小时行 75 千米，A，B 两地相距多少千米？该题旨在让学生感悟乘法分配率。

③情境题：学校举行艺术节，要购买演出服，上衣一件 95 元，裤子一条 30 元，问：买 8 套要多少元？学生有两种解决方法，可以先算出 8 件衣服的价钱和 8 条裤子的价钱，再把衣服和裤子的钱相加；也可以先算出一套衣服和裤子的价钱，再乘 8 就是买 8 套的钱，从而得到两个算式：$95 \times 8 + 30 \times 8$ 和 $(95+30) \times 8$。借助对同一实际问题的不同解决方法让学生体会乘法分配律的合理性。

④开放题：让学生寻找数学学习或生活中与乘法分配率相关的信息。学生会联想到长方形的周长计算方法：长×2+宽×2 = (长+宽)×2。

教师通过不断提高学生的练习感悟水平，引导学生在形式变化中把握不变的东西，将操作方式内化，以促进学生数学技能的纵向迁移。

三、熟：提高认知策略迁移水平

由于在运算技能训练过程中，有些学生很少甚至没有自己的感悟与思考，其结果是只能获得一些非本质问题的辨别技能和解题技巧方面的技能，而达不到概括和迁移的水平。因此，教学中教师要有意识地进行认知策略迁移训练。

由数的运算到字母运算的训练，有助于学生提升认知策略迁移水平。如在一定量数的运算基础上，学生就可以进行带有字母的代数运算。教师利用充足且形式多样的练习，引导学生经历解决问题的思维过程，形成良好的数学技能。

[简评]

数学运算技能的形成不是一蹴而就，不是一两节课就能完成的。它需要一个循序渐进、不断累积、不断研究的过程。学生要经历认知定向、具体化模仿、言语化模仿和内化、技能形成四个阶段。在教学中，教师要根据技能形成每一阶段的不同特点，采用不同的教学方式，把每个阶段的目标落实到位。每个阶段应该着力于提高学生的知识理解水平、练习感悟水平、认知策略迁移水平。在今后的教学实践中，教师要不断进行反思总结，进一步思考与探究。

在进行技能训练之初，学生能够对所学技能"知其然而知其所以然"，真正实现对基本技能的有效掌握与灵活运用，真正对基本技能达到懂、识、熟。通过数学练习而在个体上固定下来的自动化活动方式，也就是说作为一项数学技能，从言语化到内化，离不开反复的练习训练。如在"异分母分数加减法"练习中，教师顺应学生思维发展的线索，指导学生在解决实际问题过程中主动探索与归纳，应用异分母分数加减法计算，一方面用减法验证加法，另一方面通过欣赏、改错、估计、拓展等丰富练习帮助学生反向深入理解算理。

案例七：创设语境巧模仿　激发思维促所得
——It's a nice autumn day①

"It's a nice autumn day"是北京版小学英语教材三年级上册的内容。本课的重点句型是询问天气的功能句"What's the weather like?"，及其答语"It's sunny"其

---

① 案例作者为北京小学广内分校焦海欣老师。

中还包括了一些描写天气的词汇。本课的课文对话呈现了周末清早，Mike 和妈妈看到了天气晴朗，心情极好，于是一家人去公园野餐的场景。

描述季节的话题曾在二年级的小韵文中出现过，学生对此比较熟悉。三年级的学生对利用观察图片、谈论提问、模仿操练等方法学习对话并不陌生。他们能通过仔细观察图片、朗读对话、回答问题的方式理解对话。这个年龄段的学生对英语学习有着很高的积极性，普遍具有活泼好动、竞争意识强的特点，对其他城市或地区的气候特点还不是很了解，在表达较复杂的想法时，还需要教师的帮助或借助中文。借助游戏和教师的语言评价等可以调动学生参与课堂教学活动的积极性。

一、整体输入对话，初步感知理解

学习对话时，教师从本课的第一幅图切入课文的学习：What can you get from the picture? Can you ask some questions about the text? 学生利用 What，Who，Where 等特殊疑问词进行常规性的提问。教师潜移默化地为学生提供了观察图片的方法指导，更关注学生看图获取信息的能力；同时充分挖掘教材文本的信息，激发学生的表达欲望。在观察图片、提出问题后，学生带着自己的问题，开始了对课文的学习。

先是对课文的整体输入。在没有文字支持的情况，教师让学生第一遍观看动画并处理学生提出的问题。教师通过处理问题：What are they talking about，引出单词 weather；通过图片释义，帮助学生明确理解 weather 一词的意义。理解词义后，教师示范 weather 一词的发音。为了让学生理解词义，教师利用了不同的图片释义，图片是由文本通向学生生活体验的桥梁。了解词义后，学生观察发音并模仿。这样在学习功能句之前处理本课的教学难点 weather 一词，提前化解教学难点，为后面的学习进行了铺垫。

二、利用肢体语言，助力理解模仿

整体观看动画后，学生进入对话 1 的学习。通过问题"What does Mike ask?"，学生再次观看第一幅图片动画，并学习语言。通过问题引领，学生找到了本课的重点功能句："What's the weather like today?"这句话是 Mike 起床后，问妈妈今天的天气。那么结合课文发展的情节，教师给学生加入了起床的动作，学生边做动作边模仿 Mike 的语音语调进行操练。教师从人物的表情、动作、语音、语调入手，引导学生尝试模仿。当教师问到谁想给大家表演一下时，学生们都举起了小手，自信满满地想展示给大家看。课文中人物的对话总是绘声绘色的，教师通过引导学生模仿、想象人物对话时的表情和动作，不仅能提升学生的朗读水平，而且有利于加深学生对语言的理解，提高表达时语言与意义的一致性。

教师通过问题"How does Mum answer?"引出答语"It's sunny"；通过图片解释，让学生对 sunny 的词义一目了然。教师引导学生关注妈妈的语音、语调：妈妈的声音一定是温柔、充满爱的，再加上相应的动作。每位学生都跃跃欲试，想看看自己的发音是否准确，语音、语调是否形象，动作是否到位，模仿得像不像。通过师生示范、生生互练、小组展示等形式，学生初步理解了本课的功能句，并进行模仿操练。

那么 Mike 为什么要问今天的天气呢？Why does Mike ask the weather? Can you guess? Maybe Mike wants to go to the park? 你是怎么知道的？教师引出 Mike 的问句：Can we go to the park? 这个时候，教师引导学生回想 Mike 向妈妈请求一件事时是一种什么样的心情和语气，并尝试说说这句话。借此引导学生不仅要观察图片，更要关注文本信息。

三、联系生活实际，促进感知模仿

在学习对话 2 时，教师同样以图片为抓手，按照观察、提问、观看、解决问题的模式进行。观看动画之后，教师再次以功能句：What's the weather like today? 询问对话中的天气情况，借此引出 Mike 爸爸的话："It's a nice autumn day"，引导学生想象生活中爸爸的声音、表情、动作都是什么样的，让学生想一想并尝试模仿。

在对话的最后，Mike 边吃苹果边说："I like autumn."句子较简单，但是抒发了 Mike 对大自然的热爱。通过开放性问题"Why does Mike say I like autumn?"，教师引导学生各抒己见。通过讨论，教师引导学生欣赏自然之美、秋天之美。

模仿是学习外语的重要手段。因此，整体学习对话后，学生将所学内容以跟读、自读、小组合作等形式进行操练。操练后，学生进行分角色表演。

四、创设综合语境，培养语用能力

外语习得理论认为真实的语境是儿童习得语言的重要因素；由于受到学习者所处环境的限制，只能采用模拟化的语境替代。挖掘教学内容与学生现实生活之间的联系，创设真实的交流语境，或设计任务型活动，做到课堂教学活动与学生的现实生活无缝对接，使学生能够在生活中学习语言和运用语言。

在本课的教学中，教师创设了介绍某地天气冷暖并给出合理建议的综合性活动。先是师生共同和小兔子打招呼；然后小兔子介绍自己要去旅行，但是不知道各地天气，请学生帮忙介绍并给出合理的建议。通过这样的问好和交流，学生能更好地投入活动，增强角色代入感。

紧接着，教师结合学生的学习情况提供了语言支撑，以供学生参考使用。学生根据图片提示和教师提供的语言支撑完成 worksheet，并给出自己的建议。通过两两操练，学生进行综合表达。输出活动也是角色扮演的一种方式，通过角色表演，学生利用英语进行交际活动。创设语境进行角色表演为学生提供了互动的机会，开发和挖掘了学生运用语言的潜力，激发了他们创造性运用语言的能力。

[简评]

行为主义学习理论认为外语学习和母语学习一样，都是从模仿开始的。儿童先天具有较强的语音感知、语言辨析和语音模仿能力。当不断模仿得到肯定后，儿童会主动重复被肯定的语言，最终形成表达的习惯。英语对于大多数小学生来说是一种全新的语言，他们需要在大量的模仿和不断的重复中熟悉其发音和所表达的意义。

在教学中，教师为学生提供丰富而简单的说话材料，巧妙地将教学内容和学生已有的知识及生活阅历结合在精心设计的教学任务中，让学生在教师预设的特定语境中，轻松自如地学习语言并进行有意义的交流，加深学生对所学知识的印象。学生的技能是逐步得到提升的；正是在日常教学活动中一点一滴的积累和训练，技能被逐渐固化并最终得到内化，技能慢慢综合形成发展为能力。

案例八：综合实践活动促进英语语用能力提升
——I like the shape[①]

"I like the shape"是北京版小学英语教材三年级下册的内容。在本节课中，教师以学生"在实践中运用语言"为核心素养目标要求，通过创设语言情境与设置问

---

① 案例作者为北京小学广内分校武元天老师。

题链并借助任务型教学方法，在课堂教学中创设真实、合理的情境，引导学生接触、体验和理解真实语言，展开思维性语言认知活动，在实践中使学生"能用英语做事情"，培养学生初步的英语综合语用能力。

本单元的教学内容主要围绕"形状"话题展开。此话题与学生生活紧密相关，涉及 rectangle、star、square、circle、triangle 五种常见形状单词的学习。学生已经学习用"How many……are there? There are……"谈论不同特征物品的数量，用"What is……like? It's……"谈论某个物品的外形特点。本课是基于前两课时对在具体图画中看到的不同形状的问答交流。通过学习，学生要学会用"What shapes do you see in the……? I see……"谈论同伴制作的图画中的多种形状并进行归类。

从语言功能上看，本课为综合语言操练产出。为此教师将本课教学评价确定为不同形状的获得。在产出环节，学生总结自己得到的不同形状。在小组合作中，学生根据自己获得的形状卡拼得的图形进行交流，对本课的语言操练进行补充和延伸。

大多数三年级学生对英语学习兴趣浓厚，喜欢英文对话、动手拼图等课堂活动。在有关本课的内容方面，大部分学生对形状拼图、七巧板颇有兴趣，与美术课中的形状认知拼摆实践性学习重合。我们将英语和美术学科相结合，通过美术教师的辅助，并借助任务型教学途径，引导学生通过拼图、绘画的方式将各种形状组成图案，并运用功能句"What shapes do you see in the……""I see……"进行交流问答。

一、问题链的设置

在 Warm-up 环节中，教师对学生提出"What's this?""How many……are there?"等复习类问题引导学生巩固旧知，引入了本课 Guoguo、Lingling、Yangyang 和老师共同讨论图形的故事情景并抛出了本节课的新任务"Make a new picture with more shapes"，同时调动了课堂气氛。

在 Presentation 环节中，教师通过给出猜测 Guoguo 作业图案的问题"What's this?"以及"What shapes do you see?"，引导学生捕捉关键信息"It's a house"。教师进一步引出问题"What shapes do you see in the house?"学生观察图片，运用功能句"I see……"进行同伴交流，并通过观看动画再次体会语境。接下来教师将注意力过渡到学生的作业上："Guoguo's picture is nice. Look，this is Linda's homework. What shapes do you see in her picture?"在此，教师用提问过渡的形式启发学生对同伴作品的好奇心，引导学生运用本课的功能句进行操练。

教师播放动画介绍主人公在本节课的小组任务：Guoguo，Lingling 和 Yangyang 想尝试用盒子里不同图形制作一个船的图案，并引出主题图，如图 3-6 所示。教师借助"What shapes do they have in the box?"的问题引导学生猜测主人公可能准备了哪些图形并和同伴进行交流。然后学生观看动画确认答案，学习图中的主要句型"We have……"教师通过融入问题链引导学生思考，让学生在拼摆图形的任务中借助英文语句顺利完成任务，为学生在语言产出环节中能够主动提问沟通做好铺垫。

图 3-6 主题图

二、实践活动巧运用，语用能力得发展

在本课最后的实践活动环节中，学生展示了自己的作品并主动运用本课的功能句"What shapes do you see in the……""I see……"进行沟通，促成了语言学习的实践性及应用性。

在 Production 环节中，基于 Presentation 环节打好的铺垫，教师把情景带入即将要完成的新任务。学生在 Puzzle Game 的小组活动中，用得到的图形进行归类、整理，动手摆出喜欢的图案。学生综合运用"How many…… do you have?""I have……""What color is the……?""It's……""What shapes do you have?""I have……""This is a……""We can make a……"等已知句型与同伴带着任务进行问答交流，最终达到以有效问题促英语语用能力发展的目的。接着教师以视频的形式向学生展示交流活动的片段。

这一产出环节，是让学生在实际情景中运用所学知识，对重点句型进行升华，又培养了学生的团结协作和互相分享的品质，一举两得。

[简评]

教师在设计活动时，仔细考虑了活动开展过程中可能出现的各种情况，做到：①合理分配活动的时间，随机调控课堂节奏；②考虑活动的注意事项，活动前提出要求；③设计的活动便于操作，有客观的评价标准。

开展英语综合实践活动不仅对教师是一个挑战，对学生更是一个挑战。"在做中学，在学中做"是对如何上好一堂实践课的指导，更是对英语综合实践课操作的一个很好启迪。英语教师应在英语实践活动中授之以渔，导学生于法，让学生深切感知英语学习无处不在，且无处不有。这样教师通过活动培养学生的语言技能、合作意识与实践能力。

案例九：多种资源，助力学生运动技能的形成
——仰卧推起成桥①

"仰卧推起成桥"是人教版小学体育与健康教材二年级上册的内容。"仰卧推起成桥"在小学体育技巧学习中具有较重要的地位。它属于平衡类、柔韧性练习，此教学内容主要让学生体会身体倒置时的体位感觉和运动感觉，提高控制身体平衡的能力，发展腕、臂、肩带和腰腹肌的力量及柔韧素质，如图 3-7 所示。

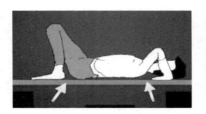

图 3-7   仰卧推起成桥

学生已经有了在校一年的体育锻炼经历，在力量素质上有了一定的基础，身体柔韧度相对较好，基本能完成仰卧推起成桥动作。但动作质量还不够优美，主要表现在挺髋不够充分，膝关节没有伸直。原因是当身体倒置时，学生感觉不到身体如何发力，所以不能有意识地充分挺髋调整身体姿态。

———————————

① 案例作者为北京小学广内分校赵颖老师。

一、开始和准备

队列练习时形成良好的身体姿态，使学生很快进入课堂学习；自编垫上操和辅助练习帮助学生形成正确的锻炼意识；垫上操与主教材进行呼应，让学生更快进入学习状态。

二、仰卧推起成桥

(一)复习旧知，体验动作

在这个环节中，教师先让学生复习上次课所学的内容，提示学生重点体会撑垫、推臂的动作。在练习过程中，教师发现部分学生存在挺髋不充分、膝关节伸不直的现象，从而引出了本课的教学重点。因此，教师通过"互助学习，体验新知"来解决学生存在的问题。

(二)互助学习，体验新知

第一个方法：互相配合体验挺髋。学生三人一组，一人做动作，另外两人拉手，托其髋部，帮助做动作同学感受挺髋动作，体会身体倒置时如何发力。这样学生更清晰地体会到发力点的位置。

第二个方法：用器材辅助，突破重点。基于上一环节，学生已经体会了髋部发力的方法。由于两人拉手的接触面积比较大，学生对发力点的感觉不够精准。所以在这一环节中，教师借助保护绳教具让学生进行重点体会。一人做动作，两人向上提绳，使练习同学更精准地体会到发力点在哪里。在课堂实际教学中，学生借助保护绳练习后，挺髋充分的动作水平有了明显提升。

在以往教学中，没有运用此教具练习时，学生对推桥挺髋的动作不易感知，常常出现挺髋不充分的现象，评价中不易操作。基于这些原因，在本课的教学中，通过保护绳的运用，学生可以很清晰地感受到挺髋充分的动作，从而很好地掌握了本课的重点。不仅如此，此教具还一物多用，除了能很好地帮助学生掌握挺髋充分的重点外，还起到了尺子的作用。当一位练习的学生挺髋充分后，另一位学生将绳子撤下，把绳子拉直，并放在做动作学生的膝关节处进行测量，检查做动作学生的膝关节是否伸直并以语言进行提示。这样使保护绳的作用得到了充分发挥，为教师完成本课的教学起到了极佳的辅助作用。

第三个方法：自主练习，巩固技能。教师减少保护人数，并引入小游戏教学，让学生始终保持学习的热情。在完成推桥动作的过程中，先由两个人的帮助练习变为一个人的保护练习。在独立完成推桥动作后，做保护学生可尝试从做动作学生的"桥洞"下钻过，这就要求做动作学生必须充分挺髋、伸膝将桥洞撑大，同伴才能顺利从"桥洞"中钻过。学生的学习积极性被很好地调动起来，在游戏中巩固和强化了本课的重点。

（三）标准直观，易于操作

在学生掌握了本课的重点之后，为了进一步帮助学生巩固动作技能，结合低年级学生的特点，教师采用了直观性强的图片式评价标准，对本课所学动作进行同伴互评。

三、游戏——小兔搬家

本课的游戏环节安排为小兔搬家，主要发展学生的弹跳能力以及身体的灵活协调性。

四、结束放松

教师采用小舞蹈的形式，帮助学生放松，使学生从身体、心理、情绪上都得到放松。

教师与学生共同讨论，总结本课的学习情况。

［简评］

本课的教学注意充分利用和开发体育设施和器材资源，发挥体育器材的多种功能，使体育器材一物多用，保证体育与健康课程的有效实施。

第一，开发教学资源，突破教学重点。小垫子的利用：从准备部分的垫上操到主教材的仰卧推起成桥，直到最后的游戏，都充分发挥了小垫子的作用，使教学显得更加完整。

保护绳的介入：器材资源的开发体现在解决本课的重点上。辅助教具保护绳的制作是将长绳对折后，中间裹上废弃的泡沫垫，再用胶条固定住。在本课中，教师利用保护绳让学生清晰地体会髋部用力的方法，同时便于保护的学生抓握绳子上提，用泡沫垫的包裹保护了练习者的腰部。此保护绳不光在教学中能够让学生掌握重点，同时还有测量膝关节是否伸直的作用，又体现了器材的一物多用，再一次为教学重点服务。

第二，盘活教学方法，构建乐学课堂。本课从始至终都运用循序渐进的教学方法开展教学活动。在教学中，教师让学生通过两人拉手、同伴配合，从初步感知动作，到运用保护绳、器材辅助找到精准的发力点，再到运用游戏的方式巩固动作技能，带领学生一步步地掌握本课的重点，从而使学生学会挺髋充分的动作。课上教师给予学生充分的练习时间。学生在课中的兴趣很高，乐于参与到体育活动中，也愿意展示动作的学习结果。同伴间的学习表现出对辅助教具的新鲜感以及对同伴的保护、帮助、监督评价的负责态度。同样学生在游戏教学中体现了从个人模仿提高兴趣到比赛提升竞争意识，直到最后发挥集体合作的创造能力，完成了本课教学的活动任务。这样激活了教学方法手段，使得课堂充满乐趣，让学生乐学、爱学。

第三，利用具有实效性的评价，促进学生发展。技巧类教学内容的学习存在着比较抽象的定性评价，很难用文字进行量化表述。而且学生的年龄较小，对文字理解的程度不深，从而使学生在进行评价时出现了不易操作等情况。因此在本课出示评价标准时，教师将抽象的定性语言以图片形式进行展示，通过图片提示使学生易看易懂，并配以简单的文字描述，使学生更易操作，并且能够深刻理解重难点，提高评价的实效性与针对性。

第三节　案例评述

我们知道，知识的理解过程分为相互联系的两步：第一步是把新知识(技能)和有关旧知识(技能)联系起来；第二步是进行思维加工。如果有关旧知识(经验)作为思维材料或思维方法，参与了新知识的理解过程；或有关旧技能参与了新技能的形成，这些相关旧知识或技能就能促进(影响)新知识的理解、新技能的形成。这种"参与"和"促进"的过程，就是知识、技能迁移的过程。

通过以上的这些案例我们能够看出，无论是哪一学科的学习活动，技能都是学生学习活动的方式方法，是人的感官活动和思维活动的综合。而能力则是技能高水平的综合，是通过思维活动培养的。思维贯穿于从技能到能力再到创造力的发展过程之中，所以思维是主体能动性的核心。

在各个学科的教学过程中，我们都需要使书本的知识经过内化技能，成为思维的内容与形式，转化为可以储存的知识。不同的学科应当有与各自学科特点相适应的技能体系。我们要从学科基础知识出发，构建学科所需的技能要素，为打造该学科的"学科能力"提供可靠的基础。

人的思维活动、思维训练都是内隐的、看不见的，但是思维活动可以转换为技能的活动，这是十分有利于教学工作的。本章的案例就分别表述了技能和能力形成的几种情况。

第一，数学学科运算教学中，我们运用迁移的理论，将计算的算理进行有效的迁移。学会以后，学生在理解算理的基础上经过反复的练习和训练，从而达到快速的计算，进而形成运算技能。

第二，数学学科应用题教学中，学生先要审题，分析题目中的信息，抓住条件和问题之间的关系，从中找到解决问题的思路，再把这个过程有步骤地写出来，从而找到解题的途径。

第三，语文学科和英语学科阅读教学中，阅读技能的形成是通过读来训练的。学生通过从读词到读句、读段，再到读篇，从出声读到默读，从一字一字读到有感情地读等方式不断积累而形成阅读技能。

第四，体育学科运动技能教学中，教师通过技能的动作示范，让学生在头脑中形成视觉表象。学生依照示范动作，进行初步练习—教师再次示范—学生辨析动作的准确性—学生再次练习—初步形成运动技能。

技能的形成和巩固需要有足够的练习，根据技能形成的各阶段的特点，应适当分配练习的次数和时间。但是，并非练习的次数越多、时间越长，练习的效果就越好。练习的次数多、时间过长，反而可能使学生产生疲劳、态度消极，从而降低练习效果。一般来说，适当地分散练习，比过度集中练习效果好。学生的年龄越小，两次练习的间隔及每次练习的时间不宜过长。

怎样使学生学会学习呢？传统教育重知识的传授，轻技能、能力的训练，集中表现在有些教材存在"三个少"，即练习少，联系实际少，实验少。一位学生要学习多种课程，仅中小学就有十几门课，虽然课程内容各不相同，但是理解和运用所学内容的思维的基本方法是相通的。比如，分解和组合是形象思维的一个基本方法，演绎法是抽象思维的一种常用方法，无论语言或图像的推理都可运用，具有普遍性的意义。不同学科的训练方法也是相通的，这种通用性比比皆是。我们认为学生学会学习主要解决两方面的问题：一是技能、能力的形成；二是学习的"四个性"，即目的性、选择性、计划性和监控性。技能、能力的训练是需要人的意志努力的；而当技能、能力形成以后，是内隐的，其活动是不需要人的意志努力的，成为"自动化"的了。而且基本技能、能力形成以后，又能举一反三，产生广泛的迁移。例如，当人们学会了听、说、读、写和加、减、乘、除等基本技能以后，就能不断地运用以获取新知识和解决新问题。这就是由学会转化为会学。

第四章
促进学习迁移的实践案例

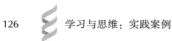 **本章概述**

　　学习是从已知到未知，是要在温习已有知识的基础上探求新知识、新意义，这就是"温故而知新"，孔子在2000多年前就提出来了。新旧知识联系问题，是学习过程中的一个十分重要的问题。旧知识在什么条件下如何影响新知识的学习，是心理学研究的迁移问题。

　　本章主要介绍了温寒江先生带领的"学习与思维"课题组历经多年的研究，从思维入手提出的"学习的迁移原理"。本章通过15个实践案例阐释了学习迁移中有关知识的迁移、技能和能力的迁移、兴趣和信心的迁移，以及"温故推新，自然生成"等促进迁移和培养迁移能力的6种教学策略。

第一节　理论基础

"温故知新"是我们熟知的教学原理，这其中就蕴含了"迁移"。学习迁移简单说是指一种学习对另一种学习的影响。一个多世纪以来，国外不同心理学流派从各自的哲学思想和学习理论出发，提出了多种迁移理论。这些理论对当时的学习指导、教材编写都曾起到积极作用。但也不可否认，某些理论存在片面性和局限性。温寒江先生带领的"学习与思维"课题组从思维入手，用思维全面性的理念研究学习的迁移问题。他在《学习学》下卷一书中提出如下观点。[①]

第一，学习活动中，迁移是普遍存在的，迁移是人的认知活动、创造活动的基础。

第二，前后两种知识、经验，若有共同思维要素（思维材料、思维方法）就能产生迁移；共同思维要素越多，则迁移程度越大。前后两种同类技能、能力，若有共同的思维方法、方式，就能产生迁移；共同的思维方法、方式越多，就越容易产生迁移。

第三，与学习活动相伴随的兴趣、情感、信心也能产生迁移。

第四，迁移根据其作用可分为正迁移、零迁移和负迁移。

首先，这一原理阐释了迁移存在的普遍性以及迁移在学习中的重要作用。其次，这一原理体现了迁移的全面性。不仅是知识层面存在迁移，技能、能力甚至兴趣和情感层面都能发生迁移。再次，这一原理强调了思维在迁移中的重要作用。迁移过程的实质是已有相关知识（经验）作为思维材料或思维方法，参与获取新知识（经验）的思维加工过程，促进了对新知识的学习。因此，前后两种学习情境中，如果具有共同的思维要素，则能产生迁移。最后，这一原理还体现了迁移的可操作性。迁移是通过思维实现的，要了解两种学习情境的迁移，关键在于寻找共同的思维要素。

---

① 温寒江：《学习学》下卷，130页，北京，教育科学出版社，2016。

第二节　实践案例

一、案例导读

（一）关于知识的迁移

两种思维的学习理论把知识分为"概括化知识"和"非概括化知识"。其中概括化知识一般具有外延广、涵盖面宽和适用性强的特点，更能产生广泛迁移。比如概念，常分为一般概念和基本概念。一般概念是指具体的、外延小的概念，如物理学习中的"弹力""摩擦力"等；基本概念是指概括化的、外延广的概念，如物理学中的"力"的概念。基本概念和一般概念之间成为一种上下位的包容关系。如果先前学习了基本概念，则它将成为后续学习一般概念的基础。此外，原理、法则、定律是人们认识客观世界所获得的规律性知识，是人们认识同类事物的思维方法。恩格斯说：思维规律和自然规律，只要被人们正确认识，必然是互相一致的。可见掌握自然规律也是人们认识事物的思维规律。我们学习原理、法则、定律，仅仅作为知识来掌握是不够的，重要的是将其应用于同类事物中去。所以，原理、定律能够产生广泛迁移。美国心理学家 G. H. 贾德（G. H. Judd）曾做过一个著名的水中打靶实验，他把十一二岁的小学高年级学生分成 A，B 两组练习水中打靶。他对 A 组被试先教授光在水中的折射原理后让他们进行练习；B 组则只进行练习、尝试，而不教授原理。当他们达到相同训练成绩后，增加水中目标继续打靶时，学过原理组的练习成绩明显优于未学过原理的组。这是由于他们能够把折射原理迁移运用到具体情境中去。

例如，数学概念是客观事物的空间形式与数量关系的本质特征在人的思维中的反映。在小学数学教学中，概念教学起着非常重要的作用。马芯兰说：正确的解题思路来源于对数量关系的正确判断，而对数量关系的正确判断又来源于概念的正确建立。马芯兰在数学教学中，把基本概念、原理、法则放在中心位置。如在"大小数概念"的教学中，教师有意识地为学生创造条件，重视知识之间纵向和横向的联系，使学生在头脑中形成完整的知识体系。详见本章的案例一。

《学习学》上卷一书提到学习者对知识的理解过程分为两步：第一步是把新知识和相关旧知识联系起来，这是思维材料。第二步是进行思维加工，这是思维方法。教师在教学中应该设法最大限度地唤起学生已有的旧知识，充分发挥旧知识的积极作用，使其成为促进迁移的桥梁和纽带。

例如，"动量"是高中物理学的重要概念，动量守恒定律是自然界的基本守恒定律之一，而这部分内容也是高中物理的难点之一。传统教学中至少要用 3~4 课时完成动量概念的建立、动量守恒定律的得出和应用。但运用迁移理论的教法却只需要 80 分钟(两课时)，如何才能取得事半功倍的良好效果？详见本章的案例二。

(二)关于技能和能力的迁移

技能具有两个特点：第一，技能一般由人体外部动作和内部智力活动(思维活动)两部分构成。第二，技能要通过多次练习才能形成。一定的技能是同一定的思维方法联系着的。如识字技能同字的形、音、义的联想联系着；读句子的技能，既有识字的联想，又有语法的运用和判断。在认识活动中，技能是活动的方式、方法，是一个过程，知识是活动的结果。技能作为活动的方式，可以运用到其他学科的知识学习中去，这就是技能的迁移。例如，语文学习的阅读技能可以运用到不同学科的阅读中。同样，数学是学习和研究自然科学的基础学科。学生在数学学科中学习掌握的技能可以广泛应用到物理、化学、生物、地理、经济学以及很多学科中。又如，高中物理中很多概念都是用数学方法来定义的。速度、加速度、电场强度、磁感应强度等都是用比值定义的；动能、重力势能、动量等是用乘积来定义的；瞬时速度、瞬时加速度等是用极限法定义的。如果学生不懂或者不理解加、减、乘、除、极限的含义，没有坚实的数学技能做基础，则很难理解这些物理概念。再如，在化学教学中，学生也经常会用到数学知识和技能，如记数法、代数式法、等式法，以及对函数图像的分析等。

元素周期律是高中化学的重要内容。元素周期律揭示了不同元素性质之间的内在联系，即元素的性质随着原子结构的变化而呈现周期性的变化；对元素周期律的学习过程，是学生重新认识物质性质、发现规律的过程。北京工业大学附属中学孙睿东老师在"元素周期律"的教学中引导学生充分运用已掌握的数学技能，通过建立坐标系、描点画线、分析函数图线的增减性发现元素的周期性变化规律，构建周期律的认知模型。详见本章的案例三。

前后两种同类技能和能力，若具有共同的思维方式、方法，就能产生迁移；若共同的思维方式、方法越多，就越容易迁移。"探究动能定理"是教科版高中物理教材必修 2 第四章"机械能和能源"中第四节"动能、动能定理"的"活动"部分内容。动能定理是力学中重要的规律之一，它贯穿于以后的许多章节。该教材创造性地采用了实验探究方法，定量地研究合外力做功与物体动能变化的关系，不仅能使学生通过自主学习得出规律，而且让学生第一次从定量的角度亲身体验到"功是能量转化的量度"，使学生在思维活动和实践活动中将运动、力、功以及能量联系在一起，为培养学生综合分析问题的能力打下基础。北京工业大学附属中学赵春英老师在"探究动能定理"教学中，首先引导学生从熟悉的"探究加速度和力、质量的关系"实验方法入手，设计研究"水平方向上物体动能和做功的关系"的方案；其次带着学生通过实施方案、记录数据、进行分析、得出结论这一系列活动，使已有的知识和技能在实践中得到迁移。详见本章的案例四。

能力是一种顺利地或高质量地获取知识和运用知识的个性心理特征。同属一类认识活动的能力和技能，其迁移程度是不同的。技能要求按照一定程序方法按部就班地活动，能力则有灵活举一反三的特点。技能是基础，能力是技能的高水平综合。能力迁移与技能迁移是有区别的。学生解决一个问题后，能够按照教师讲的或书中的例子去理解相似的问题，这是一种技能，技能是一种有限的迁移。如果能够举一反三，触类旁通，就形成了能力，能力是一种广泛的迁移。

"探究平抛运动的特点"是人教版高中物理教材必修 2"曲线运动"一章的内容。它既是前一节运动合成与分解方法的具体实践应用，也是后一节抛体运动规律得出的前提，同时也是训练学生自主设计实验方案、进行科学探究的好素材。这节课涉及学生的已有知识和经验，如运用好迁移，将会使学生的能力和观念实现飞跃性的进步。详见本章的案例五。

（三）关于兴趣和信心的迁移

兴趣是人的认识需要的一种情绪表现，伴随着认识（学习）活动发展起来。兴趣是推动认识活动的机制，能促使人以巨大的热情和积极性投入学习和探究活动。兴趣也可以迁移。例如，教师讲述了科学家、发明家在探索自然奥秘的生动感人事迹后，会激起学生学习自然科学的兴趣和热情。数学家陈景润就是在中学时期听教师讲"哥德巴赫猜想"的故事后，激励他一生孜孜不倦地从事这一问题的研究，从而得到了全世界的认可。

要让学生一走进课堂就能带着一种高涨的、热烈的情绪进行学习和思考，导入环节是非常重要的。初中英语课堂教学的导入方式多种多样，北京工业大学附属中学田欣老师在教学实践中运用了游戏导入、歌曲导入、谚语格言导入、故事导入等方法，激发学生学习探究的兴趣。详见本章的案例六。

信心是一种意志力，是学习中不断克服困难、继续前进的动力。在学习活动中，每一位学生都有优点和长处。教师要及时发现学生在学习方法、学习态度和学习成果上的进步，及时给予肯定、赞许和表扬，以激励他们的自尊心和上进心。即使是后进生，他们的身上也同样会有闪光点，挖掘他们身上的闪光点，能够照亮他们学习前进的道路。一次学习中迸发出来的火花，就会成为下次学习的力量，这就是信心的迁移。发现学生的闪光点，需要教师有一双慧眼，做一个从多角度透视学生的"有心人"，为学生创造施展才能和获得承认的机会。详见本章的案例七和案例八。

(四)促进迁移和培养迁移能力的教学策略

1. 温故推新，自然生成

学习任何新知识都需要以有关的旧知识和经验为基础，也就是需要"温故推新"。若旧知识与新知识共同的思维要素越多，迁移程度就会越大，学习就变得越容易。因此，教师在教学中应该最大限度地唤起学生已有的旧知识，充分发挥旧知识的积极作用，顺势迁移，自然生成。例如，高中物理教学中研究人造卫星的运动前应该先让学生复习圆周运动的知识，因为卫星在引力作用下被近似认为在做匀速圆周运动；建立磁感强度这一概念之前先让学生复习电场强度，因为它们都采用了比值定义法。

高中学生对于三角形这个几何图形并不陌生。在初中数学学习中，有关三角形边与角之间关系的研究有很多。而这些研究大部分都是定性的，只有在直角三角形这个特殊三角形中才会涉及定量的研究。因此，学生很难解决生活中有关高度、角度、距离等的测量问题。那么，初中的定性研究与高中的定量研究之间有什么样的关系？在教学中如何做好初高中知识的衔接，实现顺势迁移呢？详见本章的案例九。

教师还可以用多种方式引发学生回忆旧知识。如刘金华老师在小学美术教学中，运用品读自己的作品、直观教学等手段引导学生在原有知识上继续学习。详见本章的案例十。

2. 创设情境，调动经验

我们知道前后两种知识经验有共同的思维要素就容易产生迁移，但是共同的思维要素之间往往也存在一定的距离。因此我们需要寻找并设计好联系这些要素的中介，促进学习迁移的形成。在教学实践中我们发现，情境通常是最简单、直观的中介，是促进迁移的桥梁和纽带。

基因突变是可遗传变异的根本来源，是其他变异的重要基础，是生物进化的重要原材料。基因突变概念是高中生物学中的重要概念，这一概念的形成有助于学生科学地解释生活中相关的现象和问题，理性地参与社会问题的讨论或决策，直观地感知生物学知识的实践价值。基因突变概念的内涵丰富而抽象，包括了 DNA 分子的多种变化情况。北京工业大学附属中学岳进老师在教学中以镰刀型细胞贫血症病例分析为逻辑主线，以"模拟医生角色转换"的形式使教学内容情境化，充分调动学生已有的知识和经验，开展深入的探究活动。详见本章的案例十一。

3. 习得方法，养成习惯

授人以鱼，不如授人以渔。在学习过程中，学生不仅要学会知识，还要掌握学习的本领，也就是掌握学习方法。这样才能更好地发挥学习的积极性，促进学习的迁移和学习的可持续，形成良性循环。因此教师要坚持不懈地教给学生方法，引导学生在实践中习得方法，帮助学生一点一滴地积累，养成良好的习惯。

人们在口头交际活动中最基本的能力是听懂对方说的话。听的能力是交际的关键，缺乏必要的听力，交际将会中断。没有一定的听力，外语学习也将变得十分艰难。王洋老师在小学低段的英语教学中循序渐进地教给学生听的方法，并通过适时引导、一点一滴的扶持与坚持不懈的训练，让学生在不知不觉中养成听的习惯，为实现语言学习的迁移奠定坚实的基础。详见本章的案例十二。

4. 注重积累，丰厚储备

我们知道，迁移是通过思维实现的，思维是感知觉和记忆的综合。这里的记忆是指长时记忆。在长时记忆中，表象、语言、知识多是经过一定的综合、概括了的，它们可以是一句话、一个场景、一个概念、一个公式、一条定律等。这些经过综合组块了的知识，以组块了的思维元素参与到工作记忆中，从而增大了工作记忆的容量，即提高了"内存"的品质。学习的迁移，就是运用组块的方法，把新知识同有关旧知识联系起来。旧知识组块组得好，就增加了工作记忆的容量，使学习变得容易。一项学习任务，如果相关旧知识越多，学习则越容易。因此，在教学中，我们一方面应该夯实学生的基础知识、基本技能和基本思维方法，另一方面还应该帮助学生建立并积累相关知识、技能和方法的表象，使学生有足够的迁移"资本"。

例如，美术课是动手实践和操作性很强的课，学生需要时间认识和理解，并且把这种理解和认识的知识转化为作品。刘金华老师在小学美术教学中不盲目教教材，而是用心地用教材教。抓住一个关键点，让学生头脑中产生必要的表象积累，再将新知识与过去的经验联系起来，进行思维的加工。详见本章的案例十三。

5. 因生制宜，整编资源

教师在教学中应该根据所教学生的具体情况，深入分析教学内容，把握知识体系的脉络结构，以及知识之间的内在联系，合理编排教学资源，精心设计教学活动，以适当的方式促进学生透彻理解学习内容，进而建立起丰富、概括的认知结构，为后续灵活地、创造性地解决问题提供有力支持。

我们知道，阅读素养在学生发展的过程中起着基础性作用。《普通高中语文课程标准(2017年版2020年修订)》提出了"学习任务群"的概念，在18个任务群中，阅读占据至关重要的地位。与阅读直接相关的任务群有"整本书阅读与研讨""文学阅读与写作""思辨性阅读与表达"。因此，高中语文的阅读篇目较以往有大量增加。在教学进度的压力下，有些教师急于完成教学任务，只得面面俱到地高效输出满堂灌；有些学生急于完成学习任务，只能疲于奔命记全笔记死记硬背，顾不上消化吸收又开始了下一篇课文的学习。有的教师则采用了更有效的办法，即根据学生的情况重整学习内容，运用迁移开展专题教学和比较阅读，实现教学篇目从零散到有序的转变。详见本章的案例十四。

6. 巧用类比，化难为易

类比法是将不熟悉的事物与熟悉的事物进行比较，从而根据两个或两类事物之间在某些方面的相似或相同而推出它们在其他方面也可能相似或相同的一种科学思维方法。一般来说，人们对所研究的对象越陌生，就越希望拿熟悉的事物与之类比。

例如，磁感应强度是电磁学的基本概念之一，是"磁场"一章的重点。同时，磁场对磁极和电流的作用力（本质上是磁场对运动电荷的作用力）远比电场对电荷的作用力复杂。如何寻找描述磁场强弱和方向的物理量是教学的一个难点。学生已经学习过重力场、电场，知道"场"有强弱，也知道在电场中用电场强度来描述电场的强弱以及电场强度是用比值法定义的。因此教师在教学中可以利用场的相似性，将磁场与电场类比，将磁感应强度与电场强度类比让学生进行学习。详见本章的案例十五。

综上所述，本章各学科的案例详见表4-1。

表 4-1　促进学习迁移的实践案例一览表

主题	类别	案例	案例名称	学科
学习的迁移	知识的迁移	案例一	加强基本概念教学，促进学习迁移——大小数概念	小学数学
		案例二	运用迁移提高教学效率——动量与动量守恒	高中物理
	技能和能力的迁移	案例三	数学技能在化学教学中的运用——元素周期律	高中化学
		案例四	实验技能的迁移——探究动能定理	高中物理
		案例五	学生已有知识和经验的迁移——探究平抛运动的特点	高中物理
	兴趣和信心的迁移	案例六	激发兴趣　促进迁移——让课堂导入妙趣横生	初中英语
		案例七	情感的力量——发现闪光点　创造成功的机会	高中德育
		案例八	兴趣和自信心的迁移——学生有差异教育无"差生"	高中德育

续表

主题	类别	案例	案例名称	学科
促进迁移和培养迁移能力的教学策略	温故推新，自然生成	案例九	问题引领下的初高中的知识衔接——解三角形两个定理的教学探究	高中数学
		案例十	温故知新——美术教学中用多种方式引发学生回忆	小学美术
	创设情境，调动经验	案例十一	创设情境，调动经验——在活动体验中构建基因突变概念	高中生物
	习得方法，养成习惯	案例十二	为培养迁移能力奠基——小学低段英语学习中听的习惯养成	小学英语
	注重积累，丰厚储备	案例十三	积累表象，促进迁移——小学美术教学实践	小学美术
	因生制宜，整编资源	案例十四	联系整合 比较阅读——提升学生语文素养的教学实践	高中语文
	巧用类比，化难为易	案例十五	巧用类比——磁感应强度概念建立的教学	高中物理

二、案例呈现

案例一：加强基本概念教学，促进学习迁移
——大小数概念 ①

"大小数概念"的教学可以分为以下几层。

一、认识"同样多"

"同样多"是研究大小数之间关系的桥梁，只有在深入理解"同样多"的基础上，才能很好地理解大小数之间的关系。

"同样多"概念的渗透，在认识数"2"的时候就已经开始了。学生知道两朵花包括左边的一朵花和右边的一朵花，当两部分合并在一起时，教师问学生："左边的

---

① 温寒江、陈立华、魏淑娟：《小学数学两种思维相结合学习论——马芯兰教学法的研究与实践》，196~199 页，北京，教育科学出版社，2016。

一朵花和右边的一朵花怎么样？"学生能够说出"一样多""一般多"。这时，教师可以给学生准确的概念——"同样多"。这是通过具体实物在学生头脑中初步建立"同样多"的概念。在学"<"">"和"="时，教师先讲"<"">"，目的是学"="，理解"同样多"。这里仍然是通过实物让学生理解。如对三个苹果和三个梨进行比较，没有多余的苹果，也没有多余的梨。即苹果和梨的个数"同样多"，也就是3和3同样多。这时学生从具体的两部分同样多，已经认识到两个数同样多，同样可以用"="表示，也就是"="表示两个数同样多。

以上所举的这些例子，都是通过学习"10以内数的认识"的过程，逐步渗透"同样多"这一概念的。

二、认识"大数""小数""同样多"

前面所理解的"同样多"，是在给出的两部分正好相等的情况下研究的。这一层所要理解的是"小数"和"大数"里的"同样多"。如3个苹果和5个梨里包含的"同样多"，其中3个梨是5个梨中的一部分，3个苹果和3个梨的这部分同样多，所以说苹果的个数相当于梨个数的一部分，小数相当于大数里的一部分。此时，"同样多"就起到了重要的桥梁作用，同时"3"为什么是小数的问题也就迎刃而解了。

梨的数量是5个，为什么是大数呢？因为5个梨和3个苹果比较，一个苹果，一个梨，这样一一对应；再继续比，苹果就没有了，梨还有2个。通过这样比较，我们很自然地把大数分成了两部分：一部分是和小数"同样多"，另一部分是比小数多的，那么把5分成1和4行不行呢？如果这样分就比不出谁大谁小。那么，分成2和3行不行呢？这样仍然是量在变化，还是比不出谁大谁小，只有把5个梨分成和苹果同样多的3个和比苹果多的2个时，才能够得出5是大数。所以把大数分成两部分，不是人为规定的，而是从两个具体数量比较中自然得出的。

三、通过大量实物图巩固"大数""小数"和"同样多"的概念

在这一阶段，教师每天要用5~10分钟的时间让学生以不同形式、多种角度循序渐进地巩固这部分知识。

四、从实物图过渡到线段图，进一步解决大数和小数的问题

这些仍然需要教师每天利用5~10分钟的时间进行训练。

问：①谁和谁比？②谁是大数？谁是小数？为什么？③黄花的朵数是由哪两部分合并起来的？

［简评］

小学应用题教学能够培养学生的逻辑思维能力，而逻辑思维活动的过程就是运用概念做出判断、进行推理的过程。一般来说，培养学生的逻辑思维能力，应该做到概念明确，判断正确，推理合乎逻辑，论证有说服力。概念是判断、推理的起点，离开概念就谈不上判断、推理，更谈不上逻辑思维能力的培养。本课的四层教学设计均为大小数应用题的准备阶段，即概念的建立阶段。通过过程训练，学生可以比较深入地理解"同样多"概念，初步认识大小数之间的关系，具有初步分析的能力。数学家华罗庚说：善于退，退到最原始的而不失重要性的地方，是学好数学的一个诀窍。由此可见，科学家把数学最基本的概念放在多么重要的位置上。

案例二：运用迁移提高教学效率
——动量与动量守恒①

本案例教学内容来自教科版高中物理教材选修 3-5 第一章"碰撞与动量守恒"第二节。本课共分为六个环节，共用两课时（80 分钟）。两课时的教学十分顺利，节奏紧凑，学生始终保持兴奋状态。尤其是动量概念建立的环节十分顺畅，由于是学生自己发现的概念和规律，他们很有成就感。

一、新课引入

实验演示：教师将两个相同的小球并排竖直悬挂，将一小球拉起一定角度，下摆后碰撞另一个静止的小球。教师引导学生观察现象并思考：两球碰撞过程中可能有什么量是不变的？能否设计实验来研究这个问题？

学生通过观察认为小球碰过程中可能会有机械能守恒。

设计意图：利用熟悉的情景唤起学生与动量、动量守恒相关的旧知识——机械能和机械能守恒，为迁移搭建桥梁。

二、情境设疑，引导探究

教师提出问题：如何用图 4-1 这套装置来研究碰撞中两个小球的机械能是否守恒？

―――――――――――――

① 案例作者为北京工业大学附属中学郑蔚青老师。

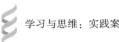

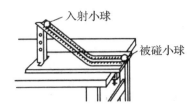

图 4-1　验证两个小球的机械能是否守恒的装置

①两个小球碰撞前后瞬间的机械能是动能还是势能？

②实验中需要测量哪些量？怎样测量？

③这些量之间存在什么关系就能说明两个小球碰撞中机械能守恒？

学生讨论：①分析得出两个小球碰撞前后瞬间的机械能是动能。

②实验中需要测量两个小球的质量、速度。但是速度不能直接测量，需要利用小球碰后的平抛运动；下落时间相同，可以把测量抛出速度转化为测量水平位移。

③如果两个小球碰撞前后满足 $m_1v_1^2 = m_1v_1'^2 + m_2v_2^2$，即 $m_1x_1^2 = m_1x_1'^2 + m_2x_2^2$，则证明两个小球碰撞前后机械能守恒。

设计意图：①给出更便于操作的实验器材。

②利用问题引导学生明确探究目的。

③引导学生利用已有的平抛运动知识分析出如何利用距离表示小球的速度，体会"替代"的思想。

④帮助学生清楚基本操作步骤。

三、实验操作，收集证据

操作步骤：①对照实验器材，在头脑中梳理实验步骤，准备实验。

②进行实验操作，收集数据。

③分析处理数据，寻找规律。

学生惊奇地发现：除了等式 $m_1x_1^2 = m_1x_1'^2 + m_2x_2^2$ 之外，还有一个等式 $m_1x_1 = m_1x_1' + m_2x_2$。前一个等式说明两个小球碰撞后机械能守恒，那么后一个等式是偶然的吗？是不是也能说明某种守恒呢？如果能说明某种守恒，质量与速度的乘积又代表什么物理量呢？学生沉浸在思考中。

设计意图：①在学生开始实验前，教师带领学生梳理实验思路，使学生建立起更清晰的实验表象，并在操作细节上少走弯路。

②给学生时间分析数据，找寻规律，自主完成迁移。

四、深入思考，发现规律

教师在学生实验新发现的基础上进一步总结和讲解，并引导学生归纳以上碰撞的特点。

学生欣喜地发现一个新的守恒——m 与 v 的乘积守恒。

师生共同总结出：两个小球碰撞，机械能守恒，mv 也守恒。

五、给出新情境，引发新猜想

教师提出问题：①如图 4-2 的冲击摆，弹丸打入摆锤的过程也是碰撞。这种碰撞与之前实验中两个小球的碰撞有什么区别吗？

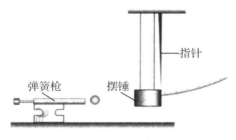

指针

弹簧枪   摆锤

图 4-2   冲击摆

②你认为这种碰撞的机械能还守恒吗？mv 还守恒吗？

③研究这个问题，需要知道哪些量？测量哪些量？

学生进一步探究：比较两个实验中碰撞前后的质量与速度乘积；比较两个实验中碰撞前后的动能 E_{k1} 和 E_{k2}。学生发现 mv 依然守恒，机械能有损失。

④将两个实验对比分析，发现两种碰撞情况下 mv 都守恒。mv 这个物理量具有普遍意义。它就是动量。

学生在教师的引导下建立动量概念，认识动量守恒定律。

六、巩固提升，进行动量守恒的基础训练

（略）

[简评]

在本节课中，教师在学生已知的机械能守恒的基础上，带领学生设计实验来验证两个小球碰撞过程中机械能是否守恒，即两个小球碰撞前的动能是否等于碰撞后的动能。学生不仅验证两者是相等的，并且在验证过程中又有了新的发现——不仅"质量与速度平方的乘积守恒"，而且"质量与速度的乘积也守恒"，进而建立起新的概念——动量，找到了碰撞中又一个守恒——动量守恒。在教师的帮助下，学生仅通过两个课时的自主探究，借助动能与动量都是描述运动的量的共同思维要素，建立起动能与动量知识的迁移与衔接。这样的学习比按部就班地学习动量、动量守恒定律节约时间，实现了"事半功倍"的教学效果。

案例三：数学技能在化学教学中的运用
——元素周期律①

本案例教学内容来自人教版高中化学教材必修 2 第一章"物质结构 元素周期律"的第二节。本课的主要内容有两个环节，充分体现了数学技能在化学教学中的应用，体现了跨学科技能的迁移。

一、引入新课

师：今天我们学习元素周期律，能否以生活中的例子说一说你所理解的周期律？

生：生活就是一个七日接着又一个七日，……

师：请你预测一下下一个七日的第七天早上 9 点你在干什么。

……

师：目前已经发现的元素有 110 多种。在周期表中，元素是有序排列的。你是否想过，元素为什么会按照这样的顺序在元素周期表中排列？它们之间存在着什么关系（规律）？人们是怎样描述这种关系（规律）的？今天我们用熟悉的数学方法来找一找其中的规律。

二、寻找规律

学生活动 1：根据高中化学必修 2 教材中的表格数据，以原子序数为横坐标，

---

① 案例作者为北京工业大学附属中学孙睿东老师。

以最外层电子数为纵坐标绘制折线图，如图 4-3 所示。

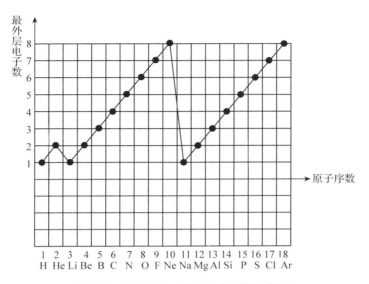

图 4-3　原子序数—最外层电子数折线图

学生活动 2：以原子序数为横坐标，以元素化合价（最低价、最高价）为纵坐标绘制折线图，如图 4-4 所示。

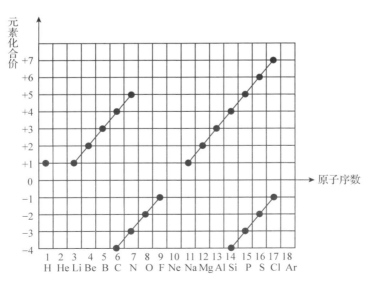

图 4-4　原子序数—元素化合价折线图

教师让学生将以上两图合并，并总结规律。

学生将两图合并，如图4-5所示。

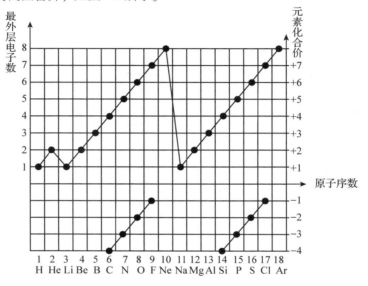

图4-5　原子序数—最外层电子数、元素化合价组合图

学生发现：从函数图像的增减性来看，元素化合价、最外层电子数随原子序数的递增呈现周期性变化。

问题讨论：学生讨论最外层电子数，元素化合价（最低价、最高价）以及元素在周期表所处位置的关系。

学生活动3：以原子序数为横坐标，以原子半径为纵坐标，绘制折线图，如图4-6所示。

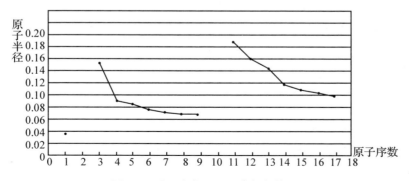

图4-6　原子序数—原子半径折线图

学生发现规律：随着原子序数的递增，元素的原子半径呈现由大到小的周期性变化，且变化周期相同。

学生活动4：以原子序数为横坐标，以元素的化学性质为纵坐标绘制折线图，如图4-7所示。

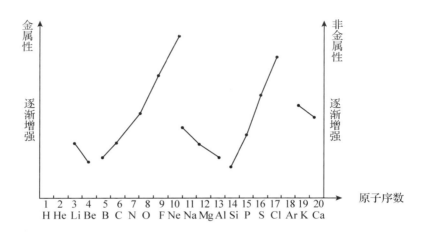

图4-7　原子序数—元素的化学性质折线图

学生得出结论：元素周期律——元素的性质随原子序数的递增而呈周期性变化。

［简评］

在以往的教学中，元素周期律的得到往往是教师呈现数据，并归纳得出结论。学生学习的重点在于认识、理解元素周期律，而对于作为科学归纳法典范的元素周期律的诞生过程则是一带而过，学生也就无法体验其中所蕴含的科学方法论意义和数学方法的作用。在本课中，教师给学生设计了有趣的探究活动——数据分析加绘制折线图，并将几种图表合并，寻找元素性质的周期性变化规律，引导学生把较为熟练的数学技能如描点绘图、判断函数的增减性等应用到发现化学规律的学习活动中，对"元素周期律"这一看似陌生的化学问题进行定量研究。这不仅让学生体验了科学发现的过程，而且加强了对元素周期律中定量方法的认识。这种跨学科技能的迁移是广泛而普遍的，如在教学中能很好地运用，将会提高学生的思维深度和广度。

案例四：实验技能的迁移
——探究动能定理①

本案例教学内容来自教科版高中物理教材必修 2 第四章第四节。

一、创设情境，确定研究问题

教师给出汽车启动的情境，让学生找类似动能发生变化的情境。学生说到了抛出的物体、跳伞、骑车上坡和苹果落地等情境。教师还让学生归纳情境中动能变化过程伴随着怎样的共同特点，学生发现都伴随着力做功这样的结果。此环节让学生通过将动能和做功的课本知识迁移应用到生活实践中，再次对生活情境中的物理现象进行归纳总结并提出新的物理问题，在应用迁移能力巩固已有知识的基础上引发新的思考。

二、根据问题，设计方案

学生根据生活情境得出动能变化伴随着力做功的结论后，提出问题：物体的动能变化到底是什么力做功引起的呢？物体受到的某一个力还是受到的合力做功呢？提出问题后，教师让学生先猜想是合力做功引起的动能变化，然后引导学生根据实验台上的仪器设计实验探究"做功和动能变化的关系"。由于有"探究力和运动关系"的实验基础，大部分学生能够想到通过平衡摩擦等一系列操作测量物体受到的合力，借助纸带的点迹距离测量速度，进而得到动能。教师明确所需测量的物理量后，引导学生建立竖直方向的模型。部分学生能够想到将打点计时器竖直安装，进行竖直方向动能变化和合力做功的探究。通过对已熟悉装置的新应用，学生不仅对已有知识有了一定的迁移，也将实验技能和实践应用能力进行了创新迁移。学生逐渐树立对已有知识和技能的迁移意识，有了这样的迁移意识，也就为迁移能力的培养搭建了平台。

三、根据方案，分组探究

先是学生针对模型进行分组探究。在此环节中，教师借助板书的引导作用，将需要测量的物理量示范到板书中，引导学生应用解决纸带问题的实验技能完成新实验的操作。学生通过亲自探究，在活动中调动有关的经验或可利用的资源，并灵活地应用这些经验或资源，如正确安装并操作实验以及观察并记录数据等，实现知

---

① 案例作者为北京工业大学附属中学赵春英老师。

识、技能和思维的迁移训练，为迁移能力的培养创造客观条件。

四、分析数据，得出结论

教师让先处理完数据的学生分享并补充黑板上的数据，其他学生借助纸带完成相应的数据处理。教师还要提醒学生标注清楚直接测量和间接测量的物理量，通过数据的比较和实验前的猜想，进行归纳总结。整个物理实验的学习中，科学准确地处理数据以及从数据分析中发现物理规律是学生必备的实验技能，也是在一次次强化和迁移应用中得到巩固和培养的。

五、拓展延伸，分析误差

得出结论"合外力做功近似等于物体动能变化"后，有的学生提出问题："虽然近似相等但还是存在误差。"秉承物理学的严谨性，教师让学生讨论分析出现这些偏差的原因。学生能够在新问题下重新回顾实验设计、操作和数据处理。由于有"探究力和运动关系"的实验能力为基础，学生能够找到平衡摩擦力等误差原因。对误差分析的能力是对所需知识全面整合的过程，也是知识迁移能力的更高要求，同时这种误差分析的意识也是整个学科能力的高层次要求。在这个环节，教师可以尝试让学生在不平衡摩擦力的前提下设计探究实验。这样改进教学设计将进一步培养学生的迁移创新能力。

［简评］

在这节课中，教师将学生已有知识、方法、技能作为生长点，很自然地运用了学习的迁移，巧妙整合了已学内容和新内容，帮助学生建立起研究做功与动能变化的模型，将学生带入了对新问题的探究。

①教师以学生已经掌握的力和运动的关系为知识的生长点，引导学生猜想出物体动能变化可能是由所受的合外力做功引起的。

②教师以学生曾经做过"探究加速度与力和质量的关系"这一实验为方法的生长点，引导学生设计出探究合外力做功与小车动能变化的实验方案。

③教师以学生已经掌握的纸带处理技能（长度的测量、速度的计算等）为生长点，放手让学生独立进行实验操作和数据处理，进而探寻规律。

更值得一提的是，本节课增加了教材上没有的"关于竖直方向物体动能变化的探究"，并且利用了后续学习中"验证机械能守恒定律"的实验装置。这不仅使学生对于动能定理的得出有更全面的情境依托，而且为后续学习机械能守恒定律奠定了基础。

案例五：学生已有知识和经验的迁移
——探究平抛运动的特点①

本案例教学内容来自人教版高中物理教材必修 2 第五章第三节。

一、引入新课

教师让一位学生上讲台，要求学生向远处的盒子里投掷物品，分别投掷质量相同、体积不同的两个物体，并描述投掷不同物体的体验，以及导致不同体验的原因。

学生投掷多次，终于成功。

教师提问：投掷哪个物体的难度大？请你说说原因。

学生：体积大的物体投掷难度大，因为空气阻力比较大。

设计意图：利用体验活动，引导学生认识到空气阻力对投掷物体会造成的影响。

教师总结：空气阻力使抛出物体的运动变得复杂。根据从简单到复杂的原则，我们先研究最简单的情况，即抛出后物体只在重力作用下的运动，我们把这样的运动叫抛体运动。可是在现实中找不到这种情况怎么办？

教师引导学生回忆学习自由落体运动时是如何处理的。

学生：可以研究抛出后小钢球的运动。小钢球的质量大、体积小，空气阻力比重力小得多，可以忽略掉。

教师追问：这种空气阻力可以忽略不计的抛体运动，从轨迹上看，有什么不同吗？

学生：有直线运动，也有曲线运动。

教师：今天我们研究一种曲线运动——平抛运动。

二、探究平抛运动

教师：相比直线运动，平抛运动显然要复杂得多，该如何研究这个复杂的曲线运动呢？你有什么方法吗？这个问题确实很有难度，接下来老师给大家一些提示，请同学们思考我们是如何研究匀变速直线运动的。

学生：把小车放置在水平木板上，并用细线通过定滑轮连接一重物，让小车沿

---

① 案例作者为北京市朝阳外国语学校李建国老师。

着轨道做匀加速直线运动，利用打点计时器和纸带记录小车的运动情况。

　　教师：也就是说，我们要先找一个物体，并让它做匀变速直线运动。那今天，我们就要先找一个物体，并让它做平抛运动。请大家讨论、研究并说出你是如何设计的。

　　学生 1：把这个小钢球放在一个光滑的水平桌面上，先保持静止，之后沿水平方向给它施加一个推力，小球运动到桌子边缘后就掉下去了，离开桌面后它做的是平抛运动。

　　学生 2：把小钢球从斜面上释放，并运动到水平面上，最后从水平面末端抛出。

　　教师出示平抛运动演示仪，演示小球的平抛运动。

　　教师：为了便于大家观察，我们用相机拍了平抛运动的轨迹，如图 4-8 所示。

图 4-8　平抛运动轨迹

　　教师：对于这个曲线运动的特点，我们该怎么研究呢？（提示：还是回忆研究匀变速直线运动时的方法。）对于平抛运动，打点计时器好像派不上用场了，那我们该如何记录位置和时刻信息呢？请同学们设计记录方案。

　　学生 1：研究匀变速直线运动时是借助纸带记录小车的位置信息和时刻信息。我们能不能给平抛的小球拖上纸带？我们可以借用那个实验的思想，利用相机代替打点计时器，每隔 0.01 秒给小球拍一张照片，记录它在某个时刻的位置。

学生 2：拍摄录像，然后一帧一帧播放、截屏，再叠加在一起。

教师带领学生现场操作：用频闪照片记录小球做平抛运动的时间信息和位置信息，每隔相同时间拍摄一张照片，再将这些照片合成在一张照片中，如图 4-9 所示。

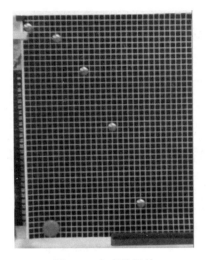

图 4-9　合成的照片

教师：记录了小球的位置和时刻信息后，我们已经发现，记录的这些小球位置不在一条直线上。我们该如何研究这个复杂的运动呢？请大家讨论。

学生讨论：可以应用运动的分解把曲线运动转变为直线运动进行研究。

教师：没错，就是我们刚刚学过的运动的分解。因为平抛物体的初速度沿水平方向，合外力在竖直方向，我们就尝试着把平抛运动分解为水平方向的运动和竖直方向的运动进行研究。

教师：把提前印好的频闪照片发给大家，请尝试寻找平抛运动在水平和竖直方向上的运动特点。

学生进行活动、交流、分享。

学生：因为我们忽略小球的空气阻力，相当于水平的速度是一直存在的，竖直方向的重力加速度是不变的。竖直方向的速度越来越快，到最后水平的速度跟竖直向下的速度相差越来越悬殊，小球的轨迹也就越来越趋近于直线。但是因为水平速度永远存在，所以它是无限趋近于直线，但是永远不是直线。

教师追问：小球一直做什么运动呢？

学生：曲线运动，轨迹是抛物线。

教师追问：如果我们用运动分解的方法来研究这个平抛运动，在水平方向和竖直方向上小球分别在做什么运动呢？说说你判断的依据。

学生：根据小球受力的情况，水平方向不受力做初速度为 v_0 的匀速直线运动；竖直方向只受重力，且没有初速度，所以竖直方向做自由落体运动。

教师：还有同学通过其他方法判断得到小球在两个方向做什么运动吗？

学生：建立平面直角坐标系，我看到每一个点的横坐标的差距都是五格。这说明水平方向在相等时间内的位移相等，小球做匀速直线运动。竖直方向的位移基本上是 1：3：5：7……的关系，说明竖直方向上小球做匀加速直线运动。如果我们知道了闪光时间间隔，就可以算出竖直方向的加速度，应该接近重力加速度。

教师：同学们用到了很多以前学过的动力学知识，分析得非常棒！

拓展：同学们，通过我们的共同努力，大家设计出研究平抛运动的方案，并研究出平抛运动的特点。根据今天我们学到的研究方法，你还能设计一个研究斜抛运动的方案吗？斜上抛的物体到底能飞多高啊？它又能飞多远呢？有什么规律呢？希望同学们课下继续探究。

[简评]

本节课巧妙地运用了学生已有的知识、经验和技能，引导学生在知识、技能、实验方法、物理方法和观念等方面实现了迁移。第一是知识的迁移。学生在研究平抛运动的两个分运动时用到以往学习的匀变速直线运动规律、匀速直线运动规律、运动合成的知识。第二是技能的迁移。学生在学习直线运动时掌握了一项技能——根据纸带上的时间、位移信息判断物体运动的性质。在本节课中，教师引导学生运用这项技能，通过平抛频闪照片上的时间、位移信息，判断出平抛运动在水平方向上是匀速直线运动，在竖直方向上是初速度为零的匀加速直线运动。第三是实验方法的迁移。本节课伊始，学生就将记录匀变速直线运动轨迹的打点计时法迁移到研究平抛运动的轨迹，采用录制视频等时截取得到频闪照片，获得时间、位移信息后进行深入研究。第四是物理方法和观念的迁移。学生学习运动的合成与分解时已经初步理解了合运动与分运动的概念，并且通过小船过河等问题学会了运用平行四边形定则求解合运动或者分运动的速度和位移。教师引导学生在已有的这些方法、观念的基础上，再审视一个新的复杂运动——平抛运动，并设法将这个复杂的运动简化为比较熟悉的、简单的直线运动。这就达到了"举一反三"，进而"触类旁通"。

<h3 style="text-align:center">案例六：激发兴趣　促进迁移</h3>

——让课堂导入妙趣横生①

打造开放灵动的高效课堂应从导入开始，一个好的课堂导入能把学生带入一种心所向往的教学境界。

一、游戏导入

初中学生的愉悦心理强。一个趣味横生的游戏不仅能够激发他们的学习兴趣，而且能够给他们创设一个良好的英语交流环境。如交际式游戏"Lucky Dog"，大家抽签决定一位学生坐在教室前面的"Hot chair"，根据当天话题展开问答，如"Family""Weather""School day""Past life"等。全班学生向 Lucky Dog 提出的问题像风暴一样袭来。学生问答的气氛非常热烈，这样既调动了学生学习的积极性，同时又给学生创造了具有一定情境的交流环境。再如"幸运52"也是常做的一个好游戏，学生可以互猜单词、句子、情景等，用英语进行问答和交流活动。一节课一开始就在学生的盎然兴致中得到很好的开展。

二、歌曲导入

英语课前，教师放一首英文歌。在学习一般过去时的时候，教师可以让学生学唱"Yesterday once more"；学习一般将来时的时候，教师可以播放"My heart will go on"；学习季节和月份时，教师可以让学生欣赏"Seasons"等。优美舒畅或活泼轻快的曲调，不管是新歌还是老曲，总会使学生心情愉悦。这种美的熏陶自然会激发起学生内心深处对英语学习的渴望，同时也唤起他们已有的知识和生活经验。

三、谚语格言导入

学生将自己准备好的谚语格言提前写在黑板上，标注生词的音标，带领全班同学学习、朗读和记忆。每天一则，天天积累，课课学习，时间长了每位学生就会收

---

① 案例作者为北京工业大学附属中学田欣老师。

获一本厚厚的格言笔记，收获一个属于自己的词汇库、美文集。学生可以根据内容进行分类，如关于"时间"的格言："Time and tide wait for no man."" Time flies like an arrow.""A lazy person loses his time. A diligent person values his time."关于"朋友"的格言："A friend is a present you give to yourself.""Friendship is one of the rare and beautiful things in life."关于"健康"的格言："The first wealth is health."" Early to bed and early to rise makes a man healthy, wealthy and wise."" An apple a day keeps the doctor away."这些都是学生学习生活中常见的话题。格言警句的学习，对于他们写作素材的积累都有很大的帮助。

四、故事及绕口令导入

在课前，教师可以安排学生轮流讲一个英文小故事。故事不长，所含的新词不多。学生在英语语言中领悟到生活的快乐，或在愉快的笑声中开始新的学习任务。另外，教师可以带领学生快速大声地朗读一些绕口令句子，如"She sells seashells on the sea shore"，并展开竞赛，比一比谁读得最快、最准确。学生在轻松的气氛中开始学习当天的主要内容，学习兴趣与课堂气氛不断高涨。

［简评］

导入可以千姿百态，千变万化。巧妙的导入，如同桥梁，联系着新课与旧课；如同序幕，预示着后面的高潮和结局；如同路标，引领着学生的思维方向，吸引着学生的注意力，从而激发学生强烈的求知欲，形成主动的学习状态。如案例中提到的利用英文歌曲唤起旧知，引出新知；利用格言激趣、励志，丰富积累；利用小故事活跃气氛，锻炼语言运用技能等。因此"教人未见意趣，必不乐学"，"知之者不如好之者，好之者不如乐之者"。

案例七：情感的力量
——发现闪光点　创造成功的机会①

有一位高二的女生，学习成绩暂时有点落后，行为习惯也不太好。上课时，她

---

① 王玥、吴明奎：《每一个孩子都是一颗冉冉升起的太阳》，选自连瑞庆、马成瑞：《以人为本，关爱每一位学生——两种思维的理论与道德理想教育浅谈》，167~171页，北京，教育科学出版社，2010。

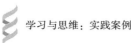

会像刺猬一样把自己全身的刺竖起来，与教她的教师作对。把家长找来，结果她跟家长比跟教师闹得还严重。对于这样的学生，教师选择采取冷处理。在一次课间，王老师无意间发现了她随便写下的一点文字，就随口说了一句"看来你还挺有文采的，字也很漂亮"。没想到她竟然脸红了，那节课她也上得出奇好。从那以后，王老师就有事没事找她聊天，聊聊她最近爱做的事、喜欢看的书。王老师又加了她的QQ号，去她的空间看她写的日志。有一次她问王老师："您去我的空间，怎么不给我留言呢?"于是王老师便找了一个机会，在她的空间对她说了一些鼓励性的话。第二天，她就写了一篇很长的日志，说她头一次觉得老师是如此关注她，关心她，以后一定会好好表现，不会让老师失望的。升入高三，王老师成了她的班主任，她也不是当初那个叛逆的学生了。取而代之的是一个学习上很努力、很勤奋的高三学生。

[简评]

教师的言行举止可能会对学生成长产生相当重要的影响。以上案例中的王老师，坚持以情感激励为主。对于成绩暂时落后的这位学生，王老师在尽力挖掘她身上的闪光点，肯定她哪怕是小小的一点进步，让她享受成功的喜悦。正是这宝贵的成功，使她树立起信心，并且将这种信心逐渐迁移到学习中，迁移到生活中。

案例八：兴趣和自信心的迁移
——学生有差异　教育无"差生"①

在父母眼里，小陈在初中当过班委，非常优秀。高一新生军训时该生积极活泼，训练认真。但是新学期开始后该生的学习态度有点不端正，加之不爱运动，上课犯困，第一次月考的成绩不太理想。部分科任教师反映该生学习不踏实，在理科学习方面存在困难。经过与该生接触和谈话，教师得知：他认为自己成绩还不错，对高中学习的困难没有充分的准备，在轻松的玩耍中懒散地度过了整个暑假，初中所学的基础知识也遗忘不少。从高一年级上学期开始，理科的难度就比初中大了很多，对逻辑思维能力的要求也很高。他的基础不太好，加之没有良好的学习习惯，

---

① 钟永辉：《学生有差异　教育无"差生"》，选自连瑞庆、马成瑞：《以人为本，关爱每一位学生——两种思维的理论与道德理想教育浅谈》，171～176页，北京，教育科学出版社，2010。

因此成绩不佳。

　　在一次课中，教师讲得绘声绘色，学生也听得聚精会神，而小陈却一直低着头在画什么。教师走到他的身边，他全然不知；教师把图从他手上拿走，他有点茫然。下课后他立即到办公室承认自己的错误，但这时教师只说让他回去想一想，并没有多加批评。教师发现他的图画得非常好，而且做事非常专注。再次见面时，教师依然只字没提他的错误，却肯定了他的绘画能力，并让他把图做一些移动和转动进行观察，引导他把这种观察方法迁移到学习化学中的"同分异构体"。最后，教师请他好好准备一下，给同学们讲解烷烃的同分异构体和一卤代物的种类，教给同学们如何找对称结构，并讲讲如何在掌握知识的同时发展审美能力。面对教师的宽容，小陈非常感动，不仅对自己课堂违规行为有了深刻的认识，而且回去做了非常认真的"备课"，出色地完成了教师布置的任务。高一化学元素和化合物部分有大量的方程式需要记忆，学生在学习时会觉得内容太多、太难记。而教师发现小陈却记得很好。他经过归纳整理，对方程式进行了分类。教师便及时肯定他的学习方法，并鼓励他保持下去。同时教师还从网上查找一些好的学习方法和提高成绩的成功经验推荐给他，让他谈谈自己身边同学的例子，并结合自身情况再谈认识。这样他渐渐学会了反思，并能对自己的学习状况做出恰当的总结。小陈逐渐端正了学习态度，能积极地与教师、家长配合，与同学进行交流，并在发挥自己强项的同时，勇于挑战自己的弱项，最终取得了全面进步。

　　[简评]

　　人们都知道"失败是成功之母"；而在转变后进生的过程中，"成功是成功之母"更具有可操作性。本案例所描述的是经历多次失败打击的学生，他非常需要一次成功的体验来提升信心和斗志，激发他的进取心，给他继续前进的勇气。案例中的教师正视学生的差异，同时发现并巧妙地抓住学生小陈的绘画特长，结合自己任教学科帮助小陈把绘画中需要的"移动、转动"等观察方法迁移到化学的学习上，从正面进行引导，给小陈创造发挥特长、体验成功的机会，促进小陈一点点进步。作为班主任，教师要善于抓住契机，在思想、学习、生活上关心、爱护、引导和帮助后进生，促进他们自信心的迁移，最终实现全面发展。

案例九：问题引领下的初高中的知识衔接
——解三角形两个定理的教学探究①

本案例教学内容来自人教版高中数学教材必修 2 第六章第四节。

一、三角形知识的回顾与问题拓展

解三角形问题，涉及六个量的确定，即利用已知量来确定未知量。在授课过程中，教师首先让学生思考，在三角形的六个量中，究竟知道几个量才能计算出其他的量。

学生在简单讨论之后得出初步结论：至少需要知道三个量才能计算其他的量。

此时，有学生提出反对意见，说如果知道的三个量是三角形的三个内角，是无法确定三条边的。

教师问其原因，学生说可以利用初中的相似三角形的知识解释：三个内角完全相同的三角形是相似三角形，可以有无数个，因此无法进行定量的计算。

于是刚刚得到的结论得到进一步的修正：在已知的三个量中，至少有一个是三角形的边长。

那么究竟已知什么形式的边角关系，才能有确定的计算结果？问题又一次摆在了学生的面前。

进一步讨论后，学生提出初中判定两个三角形是否全等时，有边角边（SAS）、角边角（ASA）、角角边（AAS）、边边边（SSS）这样的方法。这说明要将一个三角形唯一确定下来，已知的量可以是两边一角、两角一边，或者是三条边。

教师进一步追问：是否上述三种情况都有唯一解。有学生补充：已知两边一角时，角必须是两边的夹角，如果是其中一条边的对角，结果不确定。因为初中学习的知识指出当满足已知两边以及一边的对角时，三角形有可能不全等。

通过讨论分析，在正弦定理与余弦定理的新课讲授前，学生就对解三角形问题形成了以下的初步结论。

结论 1：已知三个角时，有无数个结果（后续课不必再讨论）。

结论 2：已知两角一边时，有唯一结果。

结论 3：已知两边一对角时，结果可能不唯一。

---

① 案例作者为北京工业大学附属中学王欣老师。

结论 4：已知两边一夹角时，结果唯一。

结论 5：已知三边时，结果唯一。

二、正弦定理、余弦定理适用范围的探究

学习正弦定理后，教师让学生观察定理的形式，讨论前面提出的"结论 2"至"结论 5"这四类问题。学生指出，正弦定理可以解决已知两角一边、两边一对角、两边一夹角这三类问题。

当已知两个角时，无论知道的是哪两个角，利用三角形内角和定理，都可以知道第三个角，即等式中的三个分母都可以计算；而又已知了两条边，因此只有一个未知边需要确定，无论知道的是哪两条边，利用定理都可以求出第三条边，且结果唯一。当已知两边一对角时，利用定理中的等式，可以求出另一已知边所对角的正弦值。但根据正弦值求角，必修 4 中三角函数的知识指出，角可能是锐角也可能是钝角，若是直角则只有一种结果；然后根据两个角的正弦值，可以确定第三个角的正弦值，从而确定第三条边，使这类问题得到解决。当已知两边一夹角时，如知道边 a，b 与夹角 C，可以通过等式正弦定理求出 $sinA$，从而求出三角形的其他量，但是计算量明显比前两种类型大。学生需要结合两角差的正弦公式以及同角三角函数关系 $sin^2A + cos^2A = 1$ 解方程。当已知三条边时，无论定理中的三个分式哪两个组合在一起的方程，都有两个已知条件和两个未知数，因此无法求解。

至此，学生将发现的四类问题的解决方法概括如下：已知两角一边时，用正弦定理；已知两边一对角时，用正弦定理，但结果可能不唯一；已知两边一夹角时，用正弦定理，但计算量大；已知三边，正弦定理无法解决。

学习余弦定理后，教师让学生观察定理的形式，进一步讨论前面提出的四类问题。学生发现，已知三角形的三条边时，可以用余弦定理解决问题。且已知两边一夹角时，也是用该定理解决更快，只需代入公式，计算量小，且结果唯一。因此这类问题的解决可以舍弃正弦定理。

至此，学生将正弦、余弦定理的适用范围完善，并概括如下：已知两角一边时，用正弦定理解决，且结果唯一；已知两边一对角时，用正弦定理解决，但结果可能是一解，也可能是两解；已知两边一夹角时，用余弦定理解决，且结果唯一；已知三边时，用余弦定理解决，且结果唯一。

[简评]

高中的教学内容大多都涉及与初中知识衔接的问题。三角形是生活中常见的几何图形，应用比较广泛。学生在初中阶段对于三角形的学习，主要停留在定性阶段，任务是判断两个三角形是否是同一个三角形（全等），很少有定量的研究，不能满足实际生活的需要。因此，高中阶段的解三角形就是对初中关于三角形知识的完善。在本案例的教学中，教师采用问题引导，从提出解三角形需要知道哪些已知量才能求出其他量开始，充分利用学生头脑中已有的知识和经验，层层深入，让学生主动参与其中，一个问题解决，另一个问题马上出现。在问题的引领下，学生不断完善自己得到的结论，真正实现了温故推新，自然生成。

案例十：温故知新
—— 美术教学中用多种方式引发学生回忆①

教师可以用多种方式引发学生回忆旧知识，如有意识地保存一些学生的作品，到下一学期的色彩课时再一次拿出来观看；让学生在原有知识上继续学习，弥补由于课时少，前一个学期学过的知识，到了下一个学期基本上都忘记的缺憾。例如，"美丽的染纸"一课中，重点是引导学生认识三原色和三间色。三原色和三间色知识在"色彩斑斓的窗户"一课中要继续应用。因此，在上"色彩斑斓的窗户"一课时，教师先出示"美丽的染纸"一课的作业引发学生对知识的回忆，为这节课的知识迁移做铺垫。"色彩斑斓的窗户"一课是设计一种窗户的造型，并用原色和间色画出玻璃的颜色。在"美丽的染纸"一课的作业引发的知识迁移的基础上，本课的重点已经不是对原色和间色的认识，而是原色和间色色彩搭配传递出的信息和感受。此外，教师利用直观教学、设置教学情境、课前观察等手段可以帮助学生回忆知识和经验。例如，在"我们在游乐园"一课中，教师这样带着学生创作：教师画了两位学生的动态形象，让学生观察人物的动态表情，想象他们正在做什么；然后教师添加过山车车头的形象。学生立刻看出是游乐园，是过山车。这时教师带着学生回忆自己玩时的感受，再让学生说说游乐场里的游乐项目及自己最喜欢的活动，说说内

---

① 刘金华：《小学美术教学难点的研究与实践》，选自温寒江、董素艳：《化解教学难点　教会每一个学生》，137～150 页，北京，教育科学出版社，2010。

心的感受。教师通过这个引导，使学生能够回想起活动时的情景和感受，在欣赏游乐场的照片、了解其他游乐设施和场景等时，使学生头脑中已经能呈现丰富的场景。类似这样的内容，还有"海洋馆""运动场"等。

[简评]

教师要善于帮助学生回忆与新知识相关的旧知识。这就要求教师备课时不仅要准备好一节课，还要熟悉整册及全套教材，掌握知识的内在联系和逻辑结构。正如《学习学》下卷所讲，通常要做到"四看"：一看新旧知识的联系，弄清学习新知识涉及哪些旧知识(经验)；二看学习新知识涉及哪些技能；三看学习新知识运用哪些思维方法；四看学生是否已掌握相关旧知识(经验)、技能和思维方法。①

案例十一：创设情境，调动经验
——在活动体验中构建基因突变概念②

本案例教学内容来自人教版高中生物教材必修 2 第五章"基因突变及其他变异"第一节。课前准备：教师提供简单道具让学生进入角色并设计任务，让学生以医生的身份对镰刀型细胞贫血症病例进行诊治。

一、病例分析，初识概念

学生描述镰刀型细胞贫血症的症状。教师提供镰刀型细胞贫血症病例的各项检查结果，如图 4-10、图 4-11、图 4-12 所示。

一份不完整的病理报告

病名：镰刀型细胞贫血症
主要症状：易疲劳，发烧，肌肉疼痛；红细胞容易破裂，使人患溶血性贫血，严重时导致死亡。
镜检对比：

正常红细胞　　　患者红细胞

图 4-10 病理报告

---

① 温寒江：《学习学》下卷，190 页，北京，教育科学出版社，2016。
② 案例作者为北京工业大学附属中学岳进老师。

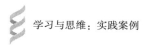

活动一： 确诊

核酸分析

蛋白质	正常	异常	【病因分析】
氨基酸	谷氨酸	缬氨酸	直接原因：
mRNA	G A A	G U A	谷氨酸→缬氨酸
DNA	C T T	C A A	根本原因：
	G A A	G T A	碱基对替换

医师结论：镰刀型细胞贫血症是由基因突变引起的疾病

图 4-11　蛋白质的检查结果

一份不完整的病理报告

缬氨酸—组氨酸 —亮氨酸—苏氨酸—脯氨酸—谷氨酸—谷氨酸—赖氨酸—……
（正常血红蛋白 β 链）

缬氨酸—组氨酸 —亮氨酸—苏氨酸—脯氨酸—缬氨酸—谷氨酸—赖氨酸—……
（异常血红蛋白 β 链）

图 4-12　核酸的检查

根据提供的情境，学生完成活动 1：分析信息的基础上，尝试确诊结果。

在此过程中，教师启发学生运用"基因与性状关系"的原理逐层分析和推理，进行合理归因：蛋白质的结构改变是镰刀型细胞贫血症的直接原因，控制该蛋白质合成的基因中一个碱基对发生了替换则是根本原因；或者基因的结构变化导致了镰刀型细胞贫血症的发生。这样学生获取对基因突变的初步认识。

二、探讨病症的分子机制，深化概念

在以往的教学中，教师往往对于碱基对替换会引起的氨基酸的改变，点到为止。为什么由谷氨酸变为缬氨酸，红细胞的形态就改变了呢？教师让学生模拟医生完善病理报告，探讨病症的分子机制，进一步深化基因突变的内涵。

首先，教师给出相关资料：谷氨酸带负电，具有极性，亲水；而缬氨酸不带电，具有非极性，疏水。接着教师引导学生观察图片，如图 4-13 所示。

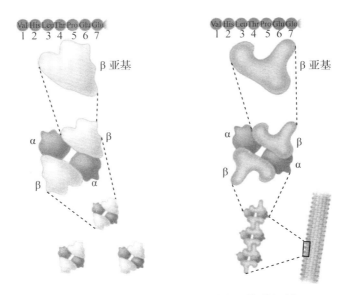

图 4-13　正常与异常血红蛋白的空间构成机制

其次，教师让学生进一步明确病理基础：谷氨酸被缬氨酸代替，使高度水溶的分子表面出现一个疏水区域。在脱氧时，缬氨酸附近出现一个"粘接区"，易与"对应区"（脱氧血红蛋白特有）相结合，再如此继续即可形成很长的线状凝集物；它再横向缔合成镰化纤维，从而使红细胞变成镰刀状。由于内容比较抽象，为了让学生更好地理解结构的物质基础，教师播放动画视频。

活动 2：用图片、视频等形式解释出现病症的机制后，引导学生完善病理报告，从而使学生用分子、细胞、个体水平构建对镰刀型细胞贫血症的系统认识。动画的使用让学生对基因突变概念的本质有了更科学、更直观的认识，突破了重点和难点，也体现了生物学科中结构和功能相适应的观点。

三、变换例证分析，丰富概念

首先，教师提供不同情况的新病例。具体描述为：有甲、乙、丙三个人，因为工作环境长期接触放射性物质，甲患镰刀型细胞贫血症，乙、丙不患病。现检测这三人的早幼红细胞中第 11 号染色体上血红蛋白基因，发现甲、乙、丙三人的基因都发生了突变，如图 4-14 所示。

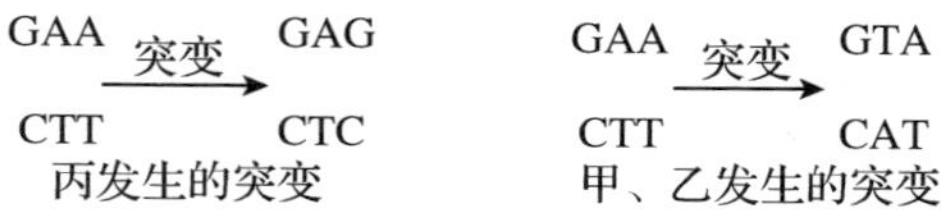

GAA 突变 GAG　　　　GAA 突变 GTA

CTT ──→ CTC　　　　CTT ──→ CAT

丙发生的突变　　　　甲、乙发生的突变

图 4-14　甲、乙、丙三人的基因突变

活动 3：组织学生进行探究活动，模拟医生会诊研讨，并回答以下问题：①乙和丙发生了基因突变，为什么不患病？② 三人所发生的基因突变是否都可以传递给后代？③ 案例中诱发基因突变的因素是什么？你还知道哪些因素也可诱发基因突变？④ 本案例在工作和生活中给你哪些启示？

通过会诊讨论，大家认识到：甲、乙、丙三人都发生了基因突变，其中丙发生突变后由于转录出的密码子仍然翻译出了正常的氨基酸，所以并未使其发生相关疾病。这说明密码子的兼并性是生物在长期进化过程中的一种适应性；而乙虽然和甲发生了相同的变异，但是表现型是基因和环境因素共同作用的结果。即基因突变并不是一定引起性状的改变，且只有发生在生殖细胞的突变才能传递给后代。这让学生对基因突变有了新的认识，并在此基础上归纳出诱发基因突变的因素，引导学生健康生活，引导学生认同科学知识对生活的贡献。

其次，教师提供豌豆的圆粒和皱粒的形成机制、囊性纤维病的发病机理等实例，让学生进一步认识基因突变不仅表现为单个碱基对的替换，还会涉及多个碱基对的增添或者缺失，丰富对基因突变内涵的认识和理解，完善基因突变的概念。

[简评]

生物学概念是形成生命观念的基础和纽带，构建概念的方式多种多样。活动体验能够深化学生对概念的具体感知，增进概念的意义理解，能够使平面的、静态的文本信息变成立体的、动态的结构层次，从而活化概念。教师基于学生熟悉的生活背景、基于真实的自然现象和问题创设学习情境，以此为"桥梁"，帮助学生在已有知识的基础上建立新知识的生长点。即当学生以医生的身份对镰刀型细胞贫血症病例进行诊治时，他们自动调用了已有知识——"基因与性状关系"的原理，并用此进行逐层分析和推理、合理归因，从而获取基因突变的初步认识。这种角色定位和模拟活动能够激发学生的内在认知需求，让他们产生自主学习和解决问题的欲望，通过对真实问题的判断和决策，实现了概念的真正构建。而这样的概念也是利于学生后续学习中产生广泛迁移和链接的概念。

案例十二：为培养迁移能力奠基

——小学低段英语学习中听的习惯养成①

低年级的学生，虽然年龄上、生理上属于听觉思维发展的关键期，但却不善于总结方法。这就需要教师予以扶持，帮助学生养成习惯，习得方法。

一、课堂上倾听、重复

教师组织教学时，要向学生不断渗透这样的理念：听，除了听录音外，更主要的是倾听教师的语言和同学的发言。教师让某位学生回答问题时，也是其他学生最容易"偷懒"的时候。因个人的学习特点不同，有些学生需要更多次重复刺激才能记住知识点。教师要用语言提示学生重复他人的发言，把握机会多练习。

以北京市义务教育课程改革实验教材第 5 册第 21 课的"Look and read"为例，这一部分主要认读西餐的相关单词 French fries，ketchup，a hamburger，chicken nuggets 的发音，需要学生多加练习才能够准确掌握。教师在反馈学生个人的认读情况时，会采用个人发言的形式。这时，其他学生也要进行跟读、重复。这样一来，在个体反馈的同时，每位学生就有更多的机会进行反复操练和对比模仿。如果学生在一年级时能够养成这个好习惯，就能解决课堂上学生操练时间不够充裕的问题。同时，这也为意义操练奠定了良好的基础。

在教学初期，教师对学生说"比一比谁练习的次数最多"，可能这时还是有一些学生不知道如何做。教师发现有的学生嘴在动在跟着说时，就抓住契机予以表扬。这样学生就知道，自己应该跟读别人的答语，这也是为自己争取练习的机会。同样，在句子语法点巩固练习时，教师要培养学生利用间隙不断练习的学习习惯。

二、采用不同方法听录音

学好英语的前提是要有充足的听的积累。因此，在课上给学生足够的时间进行听力储备是非常必要的。学生容易对单纯的听录音产生厌倦，教师要想尽方法引导学生听。在每堂英语课上，教师会使用录音机，帮助学生建构语音，进行听力训练，但听录音不只是让录音机说一句，学生重复一句。比如跟读录音时，教师就在

①　王洋：《利用迁移理论，化解英语教学难点》，选自温寒江、董素艳：《化解教学难点　教会每一个学生》，206~213 页，北京，教育科学出版社，2010。

学生跟读一句后按暂停键，并立刻叫学生重复。这样一来检测部分学生读的效果，二来学生的注意力会很集中，打消学生滥竽充数的侥幸心理。此外，教师还要变换各种方式，在每次录音跟读时分配不同的任务。例如，跟读第一遍时，教师让学生模仿语音、语调停顿；锁定一句话后，让学生反复聆听，听这句话哪里有停顿，哪里有抑扬顿挫，然后模仿。对比重复几次后，学生才能知道，在听录音时应该注意什么。跟读第二遍时，教师使用小技巧吸引学生听，随时调整音量的大小，控制学生的注意力。跟读第三遍时，教师让学生分角色读，用调整音量大小的方式，由录音机担任对话中的一个角色，并控制学生的速度和节奏，简单有趣的人机对话就开始了。学生为了赶上录音，也能很好地控制说话的语音、语速。

三、养成注视讲话者的习惯

在课堂上听别人讲话时，眼睛要注视讲话者，这是一种礼节，也有利于提高倾听的质量。心理学研究表明，当"视""听"对象不一致时，两者便会互相干扰，降低信息接收和理解的质量。一年级学生会犯视听不一致的毛病，倾听时特别容易受视觉的干扰而分散注意力。另外，注视讲话者，也可以提高发言者的质量。当人处在被关注的氛围下，就能更好地发挥。因此我们一定要在教学中坚持培养学生"注目"倾听的习惯。

四、养成边听边思考的习惯

注视讲话者是为了听明白讲话者的话，但仅停留在明白的层面上还不够，还要听懂。听懂就要求倾听者一边听一边思考，思考对方的观点是否正确，是否有序，是否合理，说明是否恰当准确，思考自己是否从中生成新的观点等。同时，倾听既然是一个互动过程，那么倾听完后，不论是教师还是学生，都要及时反馈自己的观点。当别人的观点与自己不相符时，要尽快举手发言，汇报自己的想法。例如，小组汇报后，其他人要予以评价：You are very good! You are good! ……一位学生回答问题后，其他学生要反馈：You are right! I am not agree with you! ……

[简评]

什么是习惯？习惯是由于重复或多次练习而巩固下来的变成需要的行动方式，如人们长期养成的学习习惯。良好的习惯有利于个体和集体生活的安排，不良习惯则起有害影响。

可见，习惯是一种稳定的、自动化的行为，习惯也是一种特殊的技能。因此习惯不仅能产生迁移，好的习惯也为广泛的学习迁移奠定基础。听、说、读、写是语言学习的四项基本能力。其中第一步就是"听"。在本案例中，教师在小学低段英语教学中，耐心引导，潜移默化，帮助学生从"会听"入手，有意识地进行英语思维活动，积累促进学习迁移所需要的方法，增强学习意识，提高学习质量。教师还利用暂停、跟读、分角色读的方法促使学生在听录音过程中模仿并构建正确的语音、语调，进而帮助学生在大脑中积累规范的语音语调表象，同时建立起良好的听、说习惯，为学生的英语学习乃至其他语言的学习奠定基础。

案例十三：积累表象，促进迁移
——小学美术教学实践①

一、生活体验积累

由于受年龄特征和认知特点的影响，有些学生对日常生活往往司空见惯，缺少有意识的观察记忆。教师可以鼓励学生多参与社会实践活动，利用周末和假期参观游览，在学校积极参加各种活动。例如，美术教师要引导学生留意周围的景和物，关心身边的人和事，每次活动后尝试收集整理所见所闻。这样学生会怀着童心对世界充满着好奇，对事物情有独钟，甚至突发奇想。他们会在发现体验生活的乐趣中，为创作作品积累丰富的感性材料。平时生活中的很多内容，都可以成为绘画中的素材，如下雨、下雪、刮风、打雷、闪电、四季的变化、落叶等。在一年级"下雨了"一课中，教师可让学生模仿下雨时打伞的动作和躲雨的动作，回忆自己下雨时的亲身体验，用肢体动作表现小雨到大雨、无风到有风、雨水线条的变化和表现方法，把生活中自己的观察和感受表现在画面中。又如在"风筝"这一课中，有些学生没有放过风筝，如果教师将重点放在描摹风筝上，学生会感到困难，兴趣不足；如果教师在出示了一些风筝的作品后，带着学生去放一放风筝，研究它的制作要领，观察风筝在空中飘的样子，观察色彩、图案的变化

① 刘金华：《小学美术教学难点的研究与实践》，选自温寒江、董素艳：《化解教学难点　教会每一个学生》，137~150 页，北京，教育科学出版社，2010。

情况。这时，学生自己就会有愿望做一个自己喜欢的风筝；学生就可展开联想和想象，描画出自己心中的风筝。这节课就变成了发展学生创造力和想象力的课堂。每一个有创意的风筝，每一个热闹的场面描绘都是学生认真观察与丰富想象力相结合的表现。还有"汽车站""厨房一角"等课，都需要学生对平时生活的观察和记忆。

二、摄影摄像记录

小学中年级以上的学生如果有条件的话，可以在平时多运用摄影和摄像的方法，及时记录发生在身边的事情、美丽的景物、有特点的人物形象等，有助于在进行创作时及时调出记录内容。这些内容可以用于与教师、同学欣赏交流，也可以帮助自己回忆，对绘画创作有很大的帮助。如"画画古树""北京的城楼"等课都采用了拍摄或录像的方法。

三、写绘画日记

所谓绘画日记，就是学生用语言文字配合图画，记录生活中有意义或有趣的事情。从左右脑的分工来看，右脑是感觉并支配颜色线条、构图等一系列的绘画方式的，而语言和文字主要受左脑控制和支配。绘画日记是语言文字与绘画的结合，是左右脑功能有机结合的产物。写绘画日记，是以开发右脑为突破口，促进左右脑协调发展的一种有效方式。有学生在除夕绘画日记里，既画了自己贴"福"字的图画，又写道："今天我帮奶奶贴福字，福字象征年年丰收，万事如意，非常吉祥。"还有学生在绘画日记中画了一片片红叶和利用红绸打成蝴蝶结的贺年卡，并写道："在这个美好的秋天里，我献给老师一幅画，是一片片红叶落在地上，还有一张贺卡。一片小红叶代表的是一朵小花，小花朵就是我们。这幅画是说，老师就像辛勤的园丁给我们一朵朵小花浇水、上肥，让我们好好学习，好好成长，将来为我们的祖国做贡献。最后我祝老师们身体健康，天天快乐！"

［简评］

在认识发展的过程中，个人的知识(概念、表象)不断积累丰富着。丰富的知识是思维的基础，思维一般是把新旧知识联系起来加工的。没有丰富的思维材料，再好的加工方法也是徒劳的。作家、诗人要有丰富的语言储备。画家要有丰富的表象积累，他们走遍名山大川。例如，画家刘海粟一生 10 次登上黄山，常看常新，常画常新。本案例的教师在美术教学中注重引导学生观察生活、记录生活，帮助学生进行表象积累。表象积累越多，联想就越丰富；联想越丰富，思维就越敏捷。此外，在思维活动过程中，学生通过对众多表象的比较，还可以去粗取精，去伪存真，可以抓住事物的基本特征和本质，进而产生广泛的迁移。在本案例中，教师带领学生放飞形象各异的风筝。学生观察风筝在空中飘的样子，观察色彩、图案的变化情况，渐渐地抓住风筝的结构、骨架、图案、色彩的基本特征，建立起"风筝表象"，再通过联想和想象描绘出自己心中的风筝。

案例十四：联系整合　比较阅读
——提升学生语文素养的教学实践①

在高中语文教学中，教师可以尝试打破教材的现行序列，根据学生的实际情况，将分布在不同级段的零散的篇目整合成不同的专题单元，引导学生运用名著阅读的学习方法和成果开展专题学习，帮助学生形成认识上的梯度，进而实现思维的纵深化发展。

一、鲁迅作品专题的教学

第一步，教师将教材《忆韦素园君》《纪念刘和珍君》《为了忘却的纪念》三篇课文打通，通过比较阅读，指导学生分别理解鲁迅先生所说的"泥土与石材"和"名园的美花""高楼的尖顶"的含义。第二步，在此基础上，教师让学生比较阅读鲁迅杂文《未有天才之前》，深入理解鲁迅先生痛感中国急需产生天才的泥土，呼吁民众成为培养天才的泥土，倡导"在中国第一要韦素园式的人物多"的观点。第三步，教师让学生深入理解在《忆韦素园君》《纪念刘和珍君》《为了忘却的纪念》三篇课文中作者反复提及的"纪念与忘记"，联系阅读《呐喊》中的《呐喊自序》《头发的故事》《药》《狂人日记》《风波》等篇目，启发学生思考鲁迅先生在向读者倡导应该纪念什么，又永志不忘什么，进一步深入理解鲁迅先生作品中深厚的思想内蕴。

二、名著阅读《欧也妮·葛朗台》和《红岩》的教学

第一步，在高二年级上学期，教师结合课文《守财奴》的讲解，指导学生阅读

---

① 案例作者为北京工业大学附属中学罗安捷老师。

《欧也妮·葛朗台》。学生从中认识到资本主义上升时期资本家嗜金如命的贪婪本性。同时教师联系鲁迅先生的名篇《祝福》和《娜拉走后怎样》，引导学生思考如何认识金钱，树立正确的金钱观。第二步，在高二年级下学期，教师开展名著《红岩》的学习。《红岩》是一部以描写重庆解放前夕残酷的地下斗争，特别是狱中斗争为主要内容的长篇小说。这部作品以惊心动魄的斗争画面和崇高的革命精神，刻画了具有共产主义精神和革命气节的英雄群体形象。在这部名著的阅读过程中，教师集中让学生探讨了英雄的话题。何谓英雄？学生通过分析许云峰、江雪琴、成岗等人物，总结为为他人、为社会、为国家负重前行、无惧牺牲的人物。由此，学生形成了他们崇高的信仰。在崇高信仰的支配下，人物展现了勇于牺牲、坚忍、勇敢、机智、团结、忠诚、顽强、顾全大局、严守纪律、乐观等一系列优秀的精神品质。第三步，教师引导学生将《红岩》与《欧也妮·葛朗台》进行比较阅读。阅读《红岩》时，教师提到的最多的一个词语是"信仰"。教师引导学生思考探究在《欧也妮·葛朗台》中，葛朗台的信仰是什么？随后以"信仰"为切入口，教师引导学生研究两种信仰下人物不同的品质及影响，并且思考造成人性鲜明对比背后的深层次原因。这次阅读让学生清晰地看到以"精忠报国、创造幸福未来"为信仰的英雄群体展现了坚忍、乐观、勇于牺牲等一系列优秀的精神品质，最终造福他人、造福民族、造福国家。而以"金钱"为信仰的老葛朗台，贪婪吝啬、专制霸道、自私自利、痴迷金钱等，制造家庭悲剧，害人害己。造成二者巨大差异的深层次原因就是信仰的不同。可见，虽然信仰自由，但是信仰有正确与错误、高尚与卑劣之分。所以，只有正确且高尚的信仰才能为自己、为社会带来幸福。经过这一步的学习，学生更加深入地理解了两部名著的内涵，同时懂得了读书的道理，也真正理解什么是人类美好生活的伟大和永恒，什么是我们的向往和追求，如同美好心灵的欧也妮一样，有个美好而又伟大的灵魂。学生在这堂阅读课上，久久沉浸在获得崭新感悟的思维中，心潮起伏。

[简评]

孤立的单篇教学如同孤立的知识点教学，量的提高不一定能带来质的飞跃。只有在知识点间建立有机的联系，形成新的认识生长点，才能使学习内容由点连线，由线成面，从碎片到整体。这样才能拓宽学生的视野，加深学生的理解与认识程度。在本案例中，教师将具有相同或相似的思维要素、思维方法的教学篇目进行整合，开展专题教学和比较阅读，引导学生反复运用已经掌握的方法由表及里、由此及彼地对篇章进行深入分析，促进学生实现知识和阅读能力的迁移。

案例十五：巧用类比
——磁感应强度概念建立的教学①

本案例教学内容来自教科版高中物理教材选修 3-1 第三章"磁场"第三节。

一、情境引入

家养的鸽子可以从离家几十、几百甚至上千公里的地方飞回家里；燕子等候鸟每年都在春秋两季分别从南方飞回北方，又从北方飞到南方；一些海龟从栖息的海湾游出几百、几千公里后又能回到原来的栖息处。它们是如何辨别方向的？大量的和长期的观察研究表明，这些生物从原居处远行后再回到原居处，的确是与地球磁场有关。当科学家在这些生物周围加上额外的较强磁场时，它们辨别方向的本领就受到了影响。由此可知，磁场是有强弱的，如何表述磁场的强弱呢？

二、建立磁感应强度的概念

（一）引导学生对比电场和磁场

问题 1：我们怎样才能知道丝绸摩擦过的玻璃棒周围有没有电场？以及某点电场的强弱呢？我们用什么物理量来描述电场的强弱？它是如何定义的？

学生：用检验电荷检验，如果电荷受电场力，说明该处有电场；如果同一个检验电荷在这点受力比在其他点受力大，就说明这一点的电场更强。

教师：我们用电场强度来描述电场的强弱，用比值定义，即 $E = F/q$。

问题 2：我们怎样才能知道周围空间有没有磁场呢？

学生 1：用小磁针检测，如果小磁针 N 极偏转，则说明有磁场。

学生 2：如果小磁针 N 极指向了磁场的方向的话，它就不会偏转了，所以应该拿着小磁针在不同方向上进行检测。

教师肯定第二位学生的回答，带领学生列表比较电场和磁场，如表 4-2 所示。

----

① 案例作者为北京工业大学附属中学郑蔚青老师。

表 4-2　电场和磁场的比较

内容	电场	磁场
场源	带电体周围有电场	磁体周围、电流周围有磁场
基本性质	对放入其中的电荷有力的作用，电荷具有电势能	对放入其中的磁极和通电导线有力的作用
研究工具	检验电荷	小磁针
方向规定	正电荷受电场力的方向为电场强度的方向	规定静止时小磁针 N 极所指方向为该点磁场的方向
强弱和方向的描述	电场线 电场强度 $E=F/q$	磁感线 ？

进一步说明：既然我们用电场强度来描述电场的强弱和方向，也应该有一个物理量来描述磁场的强弱和方向，这个物理量叫作磁感应强度。

(二)设问启发学生思考，引导学生类比电场来研究磁场

问题 1：在电场中，我们通过电场对电荷的作用力来了解电场的性质。磁感应强度的大小能否从小磁针受力的情况来研究？

学生：不能。因为小磁针不会单独存在一个磁极，小磁针静止时，两个磁极所受合力为零，所以无法从小磁针受力的角度确定磁场的强弱，即无法定义磁感应强度的大小。

问题 2：如何研究磁感应强度的大小呢？

启发思考：磁场对磁极有力的作用，磁场对通电电流也有力的作用。无法从小磁针受力的情况研究磁感应强度的大小，转换一下思路，是否可从电流在磁场中受力的角度去研究？现在我们需要通过磁场对电流的作用力了解磁场的性质。

问题 3：磁场对电流的作用力大小跟哪些因素有关呢？

学生猜想：磁场对电流的作用力可能跟磁场的强弱有关，跟导线与磁场方向有关，跟电流的大小有关，跟导线的长度有关，等等。

(三)分组实验，动手探究

实验前让学生明白：在物理学中，把很短一段通电导线中的电流 I 与导线长度 L 的乘积 IL 叫作电流元。但要使导线中有电流，就要把它连接到电源上，所以孤立的电流元是不存在的。

实验 1：确定通电导线受磁场的作用力与导线放置方位的关系。

结论：通电导线⊥磁场方向(图 4-15 中的 A)——作用力最大。

通电导线//磁场方向(图 4-15 中的 B)——作用力为零。

通电导线与磁场方向有夹角(图 4-15 中的 C)——作用力介于零和最大值之间。

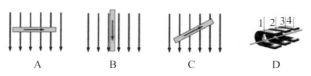

图 4-15 通电导线受磁场的作用力与导线放置方位的关系

实验 2：研究通电导线与磁场垂直的情况。三块相同的蹄形磁铁并列放置(如图 4-15 中的 D)，可以认为磁极间的磁场是均匀的。将一根直导线悬挂在磁铁的两极间，有电流通过时导线将摆动一个角度。通过这个角度，我们可以比较磁场力的大小。分别接通"2，3"和"1，4"可以改变导线通电部分的长度，电流由外部电路控制。具体实验是保持磁场和导线中的电流不变，改变通电导线的长度，如图 4-16 所示。

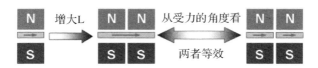

图 4-16 改变通电导线的长度

结论：在电流和磁场不变时，导线越长，导线所受的安培力就越大。

实验 3：保持磁场和导线的长度不变，改变通电导线的电流，如图 4-17 所示。

图 4-17 改变通电导线的电流

结论：在导线的长度和磁场不变时，电流越大，导线所受的安培力就越大。

教师：精确的实验表明，通电导线在磁场中受到的磁场力的大小，既与导线的长度 L 成正比，与导线中的电流 I 也成正比。即与 I 和 L 的乘积成正比，用公式表示为 $F \propto IL$，引入比例系数 B，写成等式为 $F = BIL$。

问题：B 有何物理意义呢？在不同的蹄形磁铁的磁场中重复上面的实验。

学生发现：在同一磁场中，不论 I，L 如何改变，比值 B 总是不变的；在不同的磁场中，I，L 相同，但比值 B 是不同的。可见，B 是由磁场本身决定的，在电流 I、导线长度 L 相同的情况下，电流所受的磁场力越大，比值 B 越大，表示磁场越强。

(四)与电场强度的定义类比，引入磁感应强度的定义

在磁场中垂直于磁场方向的通电导线，所受的磁场力 F 跟电流 I 和导线长度 L 的乘积 IL 的比值叫磁感应强度，即 $B=F/IL$。

学生阅读教材总结归纳：第一，磁感应强度 B 是表示磁场强弱的物理量。如果导线很短，B 就是导线所在处的磁感应强度。第二，在国际单位制中，磁感应强度的单位是特斯拉，简称特，国际符号是 T。第三，磁感应强度是矢量。在磁场中的任一点，小磁针北极受力的方向，即小磁针静止时北极所指的方向，就是该点的磁场方向，即磁感应强度的方向。

［简评］

场是一种看不见、摸不着的弥漫在空间中的物质，场对放置在场中的物体有相对应的力的作用，电场与磁场都具备了这样的基本特征。在本案例中，教师在学生已经熟悉电场强度的比值定义方法后，引导学生运用类比方法来研究与电场相似的磁场的力的性质，并用同样的比值定义法定义磁感应强度。这样处理学生比较容易接受，同时也让学生顺理成章地了解到类比这种思想方法的重要性与深刻性。类比法是物理学研究中常用的一种方法，也是一种非常好的教学和学习方法，在高中物理课堂教学中具有广泛的应用。

第三节　案例评述

两种思维学习论的学习基本过程原理指出：学习是一种认识过程，思维是这一过程的中心，技能(内化技能、外化技能)是它的两翼，知识是认识的主要结果。①

---

① 温寒江：《学习学》下卷，161 页，北京，教育科学出版社，2016。

其中内化技能是指客观事物的信息经过感官活动内化为思维，外化技能是指思维活动及其结果又通过感官活动表达出来。

通过学习和实践研究，我们认为，学习者的学习一般遵从以下几个环节，如图4-18 所示。

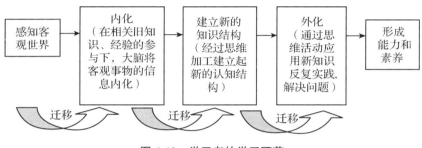

图 4-18 学习者的学习环节

在这几个环节中，迁移总是存在的。例如，旧知到新知的过程有迁移，应用新知解决问题的过程还有迁移。教师在课堂教学中需要设置好迁移的背景和条件，帮助学生主动运用迁移。

通过本章的案例我们不难发现，这些授课教师善于运用迁移，也注重培养学生的迁移能力。通过与教师交流发现，他们在备课中似乎都遵循如下程序。

第一，教学内容分析。教师基于核心素养确定教学内容。要清楚本节课的教学内容在本章、本模块教材中的地位，与之前学习过的哪些知识相关，对今后将要学习的哪些知识有铺垫和启发作用。要清楚本节课的内容是哪些概括化知识的有机组成部分，可以培养学生的哪些思维能力。要清楚认知迁移中相同的思维要素有哪些；可能产生负迁移影响的错误前概念有哪些；教学的重点和难点分别是什么。

第二，学情分析。教师需要分析学生的知识基础，即相关知识掌握的情况；分析学生的年龄特点、思维发展状况和能力基础；分析学生学习相关内容时有可能产生的问题以及如何避免。

第三，教学过程设计与教学方法选择。教师需要基于学生的大量经验或常识创设情境，引导学生加工观察到的现象，概括出事物的共同属性，抽象出事物的本质特征，或通过数据分析形成关于概念、规律的结论；需要通过概念和规律的逐步学习、系统反思和迁移应用促进学生思想观念的形成；需要进行迁移教学的设计；需要把握好迁移、感悟、升华的时机。

通过这些案例，我们还可以总结出如下促进学习迁移的课堂教学基本环节。

一是复习回顾。教师引导学生复习先前学过的知识，尤其是对能为本节课的迁移提供线索的那部分知识或技能要进行重点巩固。

二是创设情境。教师要设置情境，引出问题，促使学生产生解决问题的强烈愿望。

三是迁移探究。教师要在旧知的基础上寻找"生长点"，温旧推新。

四是掌握新知。教师要帮助学生通过内化建立新的知识结构，或者"顿悟"出概念和规律。

五是实践应用。教师要引导学生弄清楚基本知识的思想内涵，应用所学知识解决实际问题。

六是巩固升华。教师要精选出有利于巩固概念和规律的问题，使学生在课后通过知识的应用，进一步完善知识体系，使其上升到系统高度，实现知识的升华。

第五章
促进高阶思维发展的
实践案例

本章概述

随着社会和时代的发展，核心素养在全球范围内成为教育领域关注的热点。同时，作为核心素养重要组成部分的高阶思维能力也备受瞩目，各国纷纷提出将高阶思维能力作为学校教育的重要培养目标之一。高阶思维一般是指布卢姆教育目标分类学中的分析、评价和创造，也就是在学生解决复杂问题时所用到的思维。促进学生高阶思维能力发展的最好方式是与各学科的教学相结合。那么，在各学科的课堂教学中，如何促进学生高阶思维能力的发展？本章第一节首先对高阶思维提出的背景和高阶思维的含义进行了简单介绍；第二节通过呈现小学数学、初中数学、小学英语、小学语文和高中物理5个学科的实践案例，说明如何在教学中促进学生高阶思维能力的发展。

第一节 理论基础

一、高阶思维提出的背景

为了应对信息化社会带来的挑战，全球 21 世纪技能教育改革运动兴起，各国逐渐从注重基础性的读、写、算的"3R"技能转向了重视以"高阶、多维和复杂"为主要特征的"4C"技能(批判性思维、交流、合作和创造)。2005 年，欧盟(European Commission)发布的《终身学习核心素养：欧洲参考框架》指出，创造性、批判性思维和问题解决等都是终身学习者必备的素养。① 2016 年 9 月，《中国学生发展核心素养》研究成果正式对外公布。该框架把培养"全面发展的人"作为教育目标，具体分为文化基础、自主发展和社会参与三个方面，其综合表现为科学精神、学会学习、实践创新等六大素养。② 其中"科学精神"维度下的理性思维、批判质疑、勇于探究，"实践创新"维度下的劳动意识、问题解决、技术应用方面所形成的实践能力、创新意识和行为表现，都指向了高阶思维。在教育实践领域，核心素养作为教育热点问题，已经成为学校教育的培养目标。高阶思维能力是核心素养的重要成分③，核心素养的落实必然需要关注高阶思维能力的培养。

二、高阶思维的含义

高阶思维，英文为 Higher Order Thinking Skills，目前在学术界尚无统一界定，

---

① 师曼、刘晟、刘霞等：《21 世纪核心素养的框架及要素研究》，载《华东师范大学学报(教育科学版)》，2016(3)。
② 林崇德：《构建中国化的学生发展核心素养》，载《北京师范大学学报(社会科学版)》，2017(1)。
③ 王小明：《布卢姆认知目标分类学(修订版)的核心素养思想探析》，载《现代基础教育研究》，2018(1)。

较为常见的是基于教育目标分类学提出的高阶思维概念。大多数教育目标分类理论对构成思维活动的认知过程都进行了由低到高的排序，"高阶"一词的英文表述higher用的是比较级，说明高阶思维概念是相对低阶思维而言的。布卢姆教育目标分类学最早提出此概念。该理论认为，学生的认知水平由低到高分为识记、理解、应用、分析、综合和评价 6 个层次，其中后三个层次属于高阶思维。2001 年在L. W. 安德森（L. W. Anderson）等人完成的修订版中，六个层次分别被修改为记忆、理解、应用、分析、评价、创造。① 其中，后三个层次"分析、评价、创造"被称为较高阶的思维。1987 年，美国研究委员会发表了一份研究报告。该项研究的主要负责人 L. B. 雷斯尼克（L. B. Resnick）认为难以确定高阶思维的精确定义，但是这种高阶的思维在实践中却能够被识别。她总结出高阶思维的七个特征：非算法性质的、复杂的、需付出努力的、细致入微的判断、多准则的应用、不确定的已知条件、自我调控和有意识的实施。②

国内学者钟智贤对高阶思维进行了一系列的研究，将高阶思维定义为：发生在较高认知水平上的心智活动或认知能力，它在教学目标分类中具体表现为分析、综合、评价和创造。③ 高阶思维在各学科中的表现不同，是分析、评价、创造在学科学习中的具体体现。

一般认为，高阶思维是不同类型的较高级和较复杂思维的总称，是一个更加上位的概念，包括问题解决、批判性思维、创造性思维、元认知等思维类型。

问题解决是面对某个问题情境时，学习者利用已有知识和经验，主动探寻并找到问题解决方案的过程。国际学生测评项目（PISA）对问题解决能力的界定是当没有明确解决方法时，个人运用其认知理解并解决问题的能力。④

批判性思维是一个主动思考的过程，首先是对已有观点和结论进行质疑，目的是更为准确、深刻和全面地认识事物，其本质是怀疑、分析和批判。从思维方式的

---

① ［英］L. W. 安德森、D. R. 克拉斯沃尔、P. W. 艾雷辛等：《学习、教学和评估的分类学：布卢姆教育目标分类学修订版》，25~27 页，上海，华东师范大学出版社，2008。

② Resnick, L. B., *Education and Learning to Think*, Washington, D. C.: National Academy Press, 1987, p. 24.

③ 钟志贤：《促进学习者高阶思维发展的教学设计假设》，载《电化教育研究》，2004（12）。

④ 王洁：《PISA2012 问题解决评估框架分析及其对教学改革的启示》，载《外国中小学教育》，2013（10）。

层面来看，包括全面、开放、谨慎、自省、反思、力求理解、相信理性等；从思维技能的层面来看，包含解释、分析、评估、推理、说明和自我调控等技能因素，其中分析、评估和推理是批判性思维最基本的技能。①

　　创造性思维是创造过程中的思维活动，主要是两种思维（抽象思维、形象思维）新颖的、灵活的、有机的结合。其内涵如下：创造性思维包括两种思维；创造性思维是新颖的、灵活的。其灵活性的特点表现在思维的多角度、多方向以及变通性、发散性和跳跃性等方面。新颖性是指学生在解答问题、进行实验或科技制作时，不是根据教师讲的和书本上说的，而是自己独立思考得到的一种新方法、新方案、新结果。② 创造性思维是两种思维（抽象思维、形象思维）的辩证统一，是更高层次的思维。③

　　元认知是指个体对自身的认知过程、结果或相关事物的认知，并在认知过程中监测和控制自己的认知活动。④ 元认知分为元认知体验、元认知知识和元认知监控三部分，其实质是个体对认知活动的自我意识和自我调节。⑤

第二节　实践案例

一、案例导读

　　促进高阶思维发展的教学，从教学目标的确立、教学活动的实施到教学评价的实施，都需要遵循相应原则。在教学目标分析阶段，教师所确立的教学目标要能清晰体现出对高阶思维的关注；在教学策略选择阶段，教师需要选择能促进学生高阶思维发展的策略；在教学实施阶段，教师要关注学生本身而非教学，创建以学生为

① 董毓：《批判性思维三大误解辨析》，载《高等教育研究》，2012(11)。
② 温寒江、陈爱苾：《学习学》上卷，67~71页，北京，教育科学出版社，2016。
③ 杨春鼎：《形象思维学》，190页，合肥，中国科学技术大学出版社，1997。
④ Flavell, J. H., "Metacognitive Aspects of Problem Solving," In *the Nature of Intelligence*, ed. L. Resnick, Hillsdale, NJ, Lawrence Erlbaum Associates, 1976, pp. 231-236.
⑤ 董奇：《论元认知》，载《北京师范大学学报(社会科学版)》，1989(1)。

中心的、协作的、有技术支持的学习环境，为学生的思考而教；在最后的评价阶段，教师需要选择使用合适的、指向高阶思维的方式评价学生的学习。本章的案例将从不同层面和不同角度对促进高阶思维发展的教学进行阐释。

（一）信息技术工具和导学卡的合理使用

信息技术可以使数学教育有足够多的时间在高层次思维水平上进行。① 运用信息技术促进学习者高阶思维能力的发展，是当前高阶思维教学研究的新视角，也是信息化教学研究的核心。研究表明，信息技术及其所构成的新型学习模式，能有效地促进学习者高阶思维能力的发展，而定位于促进高阶思维发展，也正是信息技术应用和信息化教学模式开发的价值与前景所在。② 详见本章的案例一。

"导学卡"是促进学生数学高阶思维发展的一种有益的教学工具。教师在对教学内容凝练提升的基础上，将事实性的学习内容转述整理为探究性问题，设置具有逻辑性的问题，强调探索活动中的反思、质疑、评价，具体应用于教学要具有合理性、灵活性，突出功能性和个性化。导学卡以"操作探究类问题""联想证明类问题""反思质疑类问题""引申思考类问题""迁移变异类问题"等问题为核心，以相对固定的回答范式做依托。当然，基于不同教学内容，导学卡的设计应该有相应的变化。详见本章的案例二。

（二）关注元认知发展

在思维结构的各要素中，监控系统（元认知）起着整体控制、协调的作用。它的发展水平直接制约着其他方面的发展，同时也集中反映出一个人思维和智力水平的高低。引导学生关注自己的思维过程是培养高阶思维能力的策略之一。让学生了解自己的思维过程，更加负责任地进行思考，提高学生的反思能力、归纳概括能力、发现问题能力、提出问题能力等是培养高阶思维能力必不可少的教学关注点。详见本章的案例三。

---

① 潘巧明、张维忠：《计算机技术与数学创造性思维培养》，载《数学教育学报》，2002（4）。
② 钟志贤：《促进学习者高阶思维发展的教学设计假设》，载《电化教育研究》，2004（12）。

(三)解决真实、开放、复杂的问题

问题就是这样一种情境：某个人希望达到一定的目标；但是初次尝试失败；往往有多种方案可供选择。[①] 此外，教师通过问题创设的任务需要有一定的难度、开放性和真实性，能够激发学生的求解欲望，使学生把分析、评价、创造自觉运用到问题求解过程中，这样才能激发学生的高阶思维活动。详见本章的案例四和案例五。

(四)开展多种高阶认知活动

不同策略可以促进发展高阶思维的不同方面。教师可以在一节课中综合运用适当的组织形式使学生经历多种高阶认知活动，也可以在一节课中重点运用某种策略有针对性地提升学生高阶思维的某个方面。在本章的案例六中，教师在一节课内以"高阶思维的培养"为核心，在每个环节合理运用多种策略，如画概念图、辩论活动等，使学生的英语高阶思维得到发展；在案例七中，教师运用了促进高阶思维发展的提问技能；在案例八中，教师采用提供学生经历分析过程和充分表达的教学策略；在案例九中，教师使学生经历数学知识的形成过程，体会数学学科特点及数学对象的本质特征。

(五)创设进阶情境，整体设计内容

根据学生的认知特点，创设合适的问题情境和教学活动，有时还需要设置一个问题支架，唤起学生的知识和方法，然后再提出更高阶的问题，在问题解决中实现学生思维的迁移和跃迁。详见本章的案例十。高阶思维的重要特征之一是关联能力，在学习中将各学科的知识点整体沟通、融会贯通就是一个较高层次的目标。在教学中，教师可以将相关知识内容进行联系并结构化，帮助学生建立联系的思维，并综合解决问题。详见本章的案例十一。

综上所述，本章各学科的案例详见表 5-1。

---

① 邵志芳：《思维心理学》，123 页，上海，华东师范大学出版社，2001。

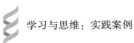

表 5-1　促进高阶思维发展的实践案例一览表

高阶思维教学策略	案例	案例名称	学科
信息技术工具和导学卡的合理使用	案例一	运用信息技术促进高阶思维发展——周长和面积关系的探究	小学数学
	案例二	运用导学卡促进高阶思维发展——乘法分配律	小学数学
关注元认知发展	案例三	引导学生关注自己的思维过程——数形结合解决问题	小学数学
解决真实、开放、复杂的问题	案例四	在操作、猜想、验证中提升高阶思维——一张纸中的数学	小学数学
	案例五	利用项目式学习培养问题解决能力——做棋盘	初中数学
开展多种高阶认知活动	案例六	基于高阶思维培养的读写结合——"多维阅读"绘本 Baxter	小学英语
	案例七	有效提问引发质疑和批判——小兔运南瓜	小学语文
	案例八	有效提问引发分析和判断——大还是小	小学语文
	案例九	在观察、猜想、验证中发展思维——图形的旋转	初中数学
创设进阶情境，整体设计内容	案例十	创设情境，发展提出问题能力——物理总复习课（一）	高中物理
	案例十一	整合与比较，实现深度学习——物理总复习课（二）	高中物理

二、案例呈现

案例一：运用信息技术促进高阶思维发展

——周长和面积关系的探究①

在以往的教学中，学生只研究在周长相等的情况下，正方形和圆这两个图形哪

---

① 案例作者为北京市门沟区大峪第二小学邓春香老师。

个面积更大。本节课通过设计一个实际生活中的数学问题引导学生进行探究。问题如下：学校计划在校园后面的小公园内开辟出一块地种药材，准备了 24 米的围栏。要使面积尽可能大，你有什么好办法？你发现了什么？

实际上，该题目具备明显的开放题特点，结论的开放性较大。学生会想到，除正方形和圆之外还有可能围成什么图形，如正六边形、正八边形等。在本案例中，教师呈现事先由学生制作好的图形并进行总结，此题就转变为"在周长相等的情况下，正方形、正六边形、正八边形和圆，哪一个图形围成的面积最大？为什么？"

本案例教学内容来自北京版小学数学教材四年级下册第五单元。在教学过程中，教师引导学生三次应用 Flash 进行了探究，如图 5-1 所示。

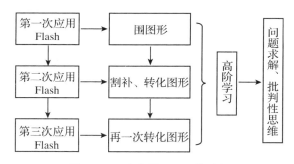

图 5-1　三次应用 Flash 的过程

一、第一次应用 Flash

为了方便观察比较，教师让学生在方格图中操作图形。学生打开 Flash，选择一条线段，然后再将这条线段复制 4 条。学生首先将第一条线段平均分成 3 段，围成三角形；将第二条线段平均分成 4 段，围成正方形；将第三条线段平均分成 6 段，围成正六边形；将第四条线段平均分成 8 段，围成正八边形；将最后的线段围成圆。

图形制作完成后，学生开始观察，初步判断哪个图形的面积大。因为图形在方格背景中，所以通过数方格的方法，学生能初步判断出哪个图形的面积最大。接着学生利用所给数据计算、分析、推理，比较出哪个图形的面积最大。在这一活动中，学生遇到了困难：围成正六边形后，把正六边形平均分成 6 个三角形来计算面积，但不会计算三角形的高；计算正八边形的面积时也存在同样的困难。这时教师引导学生进一步思考：我们探索图形中的规律时，遇到困难后有什么好办法？师生一起回顾圆面积的探索过程……启发之下，学生想到把这些图形转化为另一种图形，以便比较。

二、第二次应用 Flash

在 Flash 编辑状态下，学生展开了又一次深入的探究活动。他们把三角形分成更小的三角形，转化为梯形；把正六边形、正八边形都转化为平行四边形；最后把正方形转化为平行四边形。

三、第三次应用 Flash

由于 Flash 的灵活便捷，学生在此基础上，把转化后的图形再一次进行转化，都转化为长方形。操作探究后，学生眼前一亮，观察转化后的图形通过比高就能判断了，发现这几个长方形的高越来越大，围成圆的面积最大，由此得到研究的结论，如图 5-2 所示。

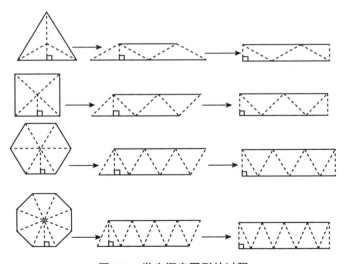

图 5-2　学生探究图形的过程

[简评]

信息技术与学科教学的深度融合是当前亟待解决的问题。随着信息技术的飞速发展，信息技术必将在数学教学中得到越来越广泛的应用。不少研究表明，在课堂教学中合理运用信息技术是促进学生高阶思维发展的教学策略之一。例如，Flash 应用于小学课堂教学带来的变革，最大的价值是使看起来挑战性很强的任务变为可能，通过分析不确定因素，帮助学生引发高阶思维，在活动中发展高阶思维。在本案例的活动中，学生通过信息技术的帮助，经历了对图形相似性和差异性的分析，关联已知和未知的图形特点，通过渐进的过程和稳步的改善，把图形的转化过程逐渐演变成一种更好状态；学生的思维得到了延展，想象和创造的空间也就更大。这样的教学特别有助于学生空间想象能力和推理能力的发展。

案例二：运用导学卡促进高阶思维发展

——乘法分配律①

研究表明，合理的任务或问题的设计可以促进学生高阶思维的发展。具有合理而灵活功能和个性化设计的导学卡，能够凸显概念认知的焦点，使矛盾清晰化、思维过程可视化，也引导学生的思维逐渐走向深入，关注批判性思维和创造性思维的培育。在本课中，教师使用导学卡，以问题为中心，重视知识结构，引导学生抓住核心、感悟关联，从多个方向探寻知识背后所隐藏的道理，通过多种途径探究解决问题的方法，强调反思、质疑、评价、迁移、创造。

本案例教学内容来自北京版小学数学教材六年级下册第五单元。表 5-2 是本课中导学卡的问题设计框架。

表 5-2　"乘法分配律"导学卡的问题设计框架

问题设计	问题类型及设计意图	典型句式（回答范式）	高阶思维要素
环节一： 你能用两种方法列出综合算式计算表格中商品的价格吗？ （购买商品表格：上衣每件64元、裙子每条82元、桌子每张185元、椅子每把125元；购买数量：5件、5条、8张、8把）	操作探究类问题：组织知识、建构意义、建构方法。	我观察（联想）到…… 我的问题解决过程是……	问题解决

① 案例作者为北京市门沟区大峪第二小学邓春香老师。

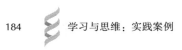

续表

问题设计	问题类型及设计意图	典型句式（回答范式）	高阶思维要素
环节二： 1. 为什么能用两种方法进行计算？ 2. 你能从其他角度解释这两个算式相等吗？	反思质疑类问题：启发学生对他人的观点进行质疑，对他人的作品进行分析、评价，培养批判性思维，逐渐深化知识建构的层次。	关于你的方法，我有如下疑问…… 关于我学到的知识，我有如下疑问……	批判性思维
环节三： 1. 你能写出几个这样的等式吗？ 2. 这些等式有什么共同的规律？	联想证明类问题：列举更好的实例、发现更好的方法，建立知识间的联系；阐释相似点、归纳、演绎、运用法则推断结论；联想、迁移，寻找解决问题的新方法。	我还可以改变方法，再次操作探究……	问题解决、创造性思维
环节四：你能用具体情境表示出 $(7+5) \times 4 = 7 \times 4 + 5 \times 4$ 吗？	追根溯源类问题：立足问题背景和生活原型，采用操作实物感知、联系知识源头、几何图形支撑、各种图示表示的方法，数形结合，把所学知识纳入知识体系，把握数学知识之间的内涵逻辑，在寻找联系中进行整体建构，在思维表征中培养高阶思维。	我学习的新知识和新方法有…… 我发现了……	问题解决、批判性思维
环节五： 你能根据乘法分配律，得到新的公式并验证吗？ （甲−乙）×丙＝甲×丙−乙×丙 $(a+b+c) \times d = a \times d + b \times d + c \times d$ $(a+b-c) \times d = a \times d + b \times d - c \times d$	引申思考类问题：从已有的结论中通过适当的联想、变换，形成新的想法，在猜想、归纳、分析、证明、应用中发展推理能力；这种规律的再发现过程，对于学生的迁移、推理、创造性思维有极大的促进作用。	我认为…… 因为…… 从这个角度我想……	批判性思维、创造性思维
环节六： 你还能提出哪些新的问题？	迁移变异类问题：抽象、阐释主题所蕴含的意义，阐述自己的观点；进行知识间的联系，形成脉络体系。	我认为如果……，那就……	创造性思维

[简评]

促进学生高阶思维的发展，即培养学生的分析、论证、反驳、筛选、利用信息的能力，这需要开发相应的数学高阶思维能力的活动或任务，使学生经历高阶思维活动的过程。数学学习是一个思维活动过程，也是一种创造性的实践过程。在本课中，导学卡的问题设计、问题类型及设计意图、典型句式（回答范式）的结构，帮助教师在教学中指向发展学生的问题解决、批判性思维和创造性思维等高阶思维。具体来说，教师在教学中引导学生对知识进行感知、理解、内化、概括，对概念特征进行准确刻画，使学习对象间产生联系，通过导向性问题设计引发学生层层深入理解概念。学生通过分析和总结，及时指出他人在问题解决方法上的不足和缺陷，通过修改完善或另辟蹊径重新设计，然后再重新予以评价，催化出多种转化方法，最终概括出乘法分配律。

在本课的教学中，教师以基于高阶思维培养的、规范化的导学卡为抓手，以"操作探究类问题""反思质疑类问题""联想证明类问题""追根溯源类问题""引申思考类问题""迁移变异类问题"等突出问题为核心，以相对固定的回答范式做依托，通过几个模块的教学活动，拥有相对稳定的课堂架构，借助层层深入的问题设置，凸显学生、教师的语言与行为，让学生高阶思维的培养落在实处。

案例三：引导学生关注自己的思维过程
——数形结合解决问题①

当学生在学习中遇到问题时，教师会问："你是怎么想的，哪里不明白呀？"此时学生经常不知道如何回答教师的问题，因为他可能已经忘记自己是怎么想的，或者不能根据自己的思维过程发现症结所在。究其原因，是学生没有形成关注自己思维过程的意识和能力。根据"'深度学习'落实核心素养"中提出的要求，学生应当反思：自己正在做什么？如何做的？为什么要这样做？是不是有什么错误？如何才能做得更好？② 本案例教学内容来自北京版小学数学教材五年级下册第二单元。本案例展示了如何培养学生关注自我思维过程的能力。

---

① 案例作者为北京市门沟区大峪第一小学刘文波老师。
② 郑毓信：《以"深度教学"落实数学核心素养》，载《小学数学教与学》，2018(2)。

教师提出问题：奇数与偶数的和是奇数还是偶数？奇数与奇数的和是奇数还是偶数？偶数与偶数的和是奇数还是偶数？然后教师开展了以下三个环节的教学。

一、阅读与理解

（一）抓重点词，回顾奇数、偶数的定义

教师：通过阅读，你知道了什么？

学生：似乎无从下手，不知道答什么。

教师：再读读，你发现哪几个词反复出现？什么是奇数、偶数？

（二）借用字典，图示奇数、偶数的定义

教师：字典是怎样解释奇数和偶数的？

出示信息：偶，即双数；成对的（跟"奇"相对）……

教师：读一读，"成对"是什么意思？用正方形摆出"成对"的意思。

如果有 n 行，每行有 2 个，偶数怎么表示？

如果有 m 行，每行有 2 个，偶数怎么表示？

教师追问：偶数摆出的都是什么图形？

教师：再读一读，"相对"是什么意思？

学生：跟偶数相对，偶数是双的，奇数是"单蹦儿"的。

教师：用正方形摆出"相对"的意思，也就是"单蹦儿"的意思。

教师：在这幅图中，能找到 $2n$ 吗？现在奇数怎么表示？能找到 $2m$ 吗？现在奇数怎么表示？（图略）

追问：奇数摆出的都是什么图形？奇数和偶数摆出来的图形有什么不同？

（三）明确问题，转换问题形式

教师：你还能读出什么信息？

学生：第一个问题是两个奇数相加的和是奇数还是偶数？第二个问题是两个偶数相加的和是奇数还是偶数？第三个问题是奇数加偶数的和是奇数还是偶数？

	奇数？		奇数？		奇数？
奇数+奇数=		偶数+偶数=		奇数+偶数=	
	偶数？		偶数？		偶数？

二、分析与解答

(一)独立尝试，小组讨论

教师：你想用什么方法研究呢？自己先想一想。

把你的方法记录(写或画)在纸上。

和小组的同学说说你的想法。

(二)全班交流，概括规律

1. 用举例法解决问题

学生1：1+3=4　　　　学生2：2+2+4　　　　学生3：1+2=3

　　　　1+5=6　　　　　　　4+4=8　　　　　　　3+6=9

　　　　3+7=10　　　　　　 6+6=12　　　　　　 9+8=17

　　　　……　　　　　　　　……　　　　　　　　……

小结：举例法是我们学习数学常用的方法，它把问题具体化了。

2. 用图示法解决问题

学生1：偶数加偶数，偶数都是成对的，一对再加另一对是两对，两对也是成对的，符合偶数的属性，所以偶数加偶数等于偶数。奇数加奇数，一个奇数是几个对，还多出来一个；另一个奇数也是一个对，还多出来一个；这两个多出来的组合在一起，可以变成一个对，这样的话加起来就是3个对，没有多出来的，所以奇数加奇数是偶数。奇数加偶数，奇数是几个对，还余出来一个；偶数就是单纯的几个对，加起来有几个对；这样还余出来一个，符合奇数的特性，所以奇数加偶数等于奇数，如图5-3所示。

学生2：这个是奇数加奇数，当这两个奇数的图形加在一起，可以看出多出来的这个和多出来的这个(手势比画)拼在一起就成了一对；总共有5对，5+5=10，10就是偶数。这个是偶数加偶数，上边是3对，没有多出来的；下边也是3对，没有多出来的；然后得到一个齐头齐脑的长方形，所以得出偶数加偶数的和是偶数的结论。最后一个是奇数加偶数，这个奇数多出来一个剩两对，这还有3对；加在一起是一个长方形，还多出来一个"单蹦儿的"，所以奇数加偶数的和是奇数，如图5-4所示。

教师追问："你说的齐头齐脑是什么样的？单蹦儿的是什么样的？你能用什么方式表达这个意思？"

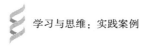

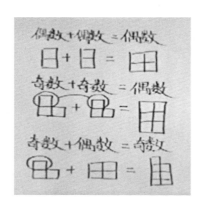

图 5-3　学生 1 的做法　　　图 5-4　学生 2 的做法

学生再次根据图形进行说明。

小结：图示法也是我们学习数学常用的方法，它更加直观形象。

3. 用说理法解决问题

提问：你能用奇数、偶数除以 2 的余数来解释这些规律吗？

学生从奇数、偶数除以 2 的余数进行了阐述，思维清晰，有理有据。

4. 用字母推导法解决问题

①偶数+偶数用字母如何表示？$2n+2m=2(n+m)$，n，m 都是偶数，所以 $2(n+m)$ 也是偶数。

②奇数+奇数=？$(2n+1)+(2m+1)=2n+1+2m+1=2n+2m+1+1=2(n+m)+2=2(n+m+1)=$ 偶数。

③奇数+偶数=？$2n+(2m+1)=$ 奇数。

小结：3 个用字母表示的式子就代表了黑板上这些想表达的内容，是不是非常简单明了？六年级时我们会继续研究。

(三)沟通渗透，学习数学思想

教师：同学们使用了举例法、图示法、说理法、字母推导法解决了问题。看看这几种方法，你能在图示法中找到 1+3 和 2+4 吗？你能在图中找到 $2n+2m$ 吗？（手势比画）你能在图中找到 $2n+1+2m+1$ 吗？

教师：你能结合图说说为什么奇数+奇数=偶数？为什么偶数+偶数=偶数，奇数+偶数＝奇数吗？

小结：（手势比画）这就是数形结合的方法，多么奇妙！在学习数学的过程中，我们会经常用到数形结合的方法。

三、回顾与反思

教师：看到 9768＋19101 式子，你首先想到什么？然后想到什么？接着想到什么？

结论是否可以推广？我们研究了什么问题？怎样研究的？

回顾学习过程，哪个环节给你留下的印象最深刻？你还想说什么？

［简评］

首先，教师的问题设计引领学生关注自己的思维过程。元认知是一种高阶思维能力的组成部分，涉及学生对自我思维过程的觉察。促进高阶思维发展的教学需要教师对学生这一能力的引导。在本节课中，教师一直围绕着学生关注自己思维过程的框架来提问：你知道了什么？还知道什么？由此能够想到什么？怎样做更好？第一个环节的问题是"你知道了什么？""字典中是怎样解释奇数和偶数的？"第二个环节的问题是"你能用什么方式表达这个意思？"第三个环节的问题是"结论是否可以推广？我们研究了什么问题？怎样研究的？"

其次，教师为学生展现自己的思维过程提供了机会。在三个环节中，教师分别使用了三个策略：一是在了解的过程中孕育思维过程；二是在多种表征中表达思维过程；三是在交流中丰富思维过程。在本节课中，教师利用提问引导学生一直在想：我要得到什么结论？怎么得到呢？对不对呢？怎样解释更好呢？在与同学的交流中，不少学生寻求到了更好的方法，由此提高了元认知能力，即数学学习或数学解题的计划、监控和调节能力。

案例四：在操作、猜想、验证中提升高阶思维
——一张纸中的数学①

在小学数学课堂教学中，教师经常会设计学生动手操作的活动，目的是让学生

---

① 案例作者为北京市房山区教师进修学校王玉彬老师。

经历知识形成的过程。但是，存在的问题是，学生动手操作、交流的时间长，思维含量不够，对活动的反思和提高流于形式。数学课程标准提出的积累活动经验，除了包括动手操作的经验外，还包括思考的经验。如何基于操作经验，让学生深入思考，从而发展抽象思维是非常重要的。

本案例教学内容来自北京版小学数学教材，是在六年级学完"圆柱和圆锥"内容后的一道练习题的基础上开发的，任务是探究用同一张纸围成大小不同的圆柱（首尾顺次相接，没有重叠）的体积大小。

在学习过程中，全班学生表现出浓厚的兴趣。首先是在操作方面，学生迫不及待想拿一张纸试一试，左看看，右看看，直观感受两个圆柱的不同；其次，在思考"粗圆柱"和"细圆柱"之间有什么相同之处时，学生比较容易发现侧面积是相同的。但是在体积的比较上，学生凭直觉能发现粗圆柱的体积较大，但说明理由时，却很难表达清楚。因此，教师需要运用合适的教学策略促使学生的思维进阶和发展。

一、提出猜想

教师：用一张长方形纸首尾相接围成一个圆柱（不重合也没有空隙），可以怎么围？围成的两个圆柱有什么异同？（如图5-5所示）

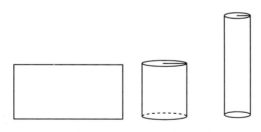

图 5-5　长方形纸及围成的圆柱

设计说明：本活动的目的是激发学生的探究欲望，让学生提出猜想。学生有两种围法。一是以长方形的长边为圆柱的底面周长，这样围成的圆柱较矮；二是以长方形的短边为圆柱的底面周长，这样围成的圆柱较高。教师引导学生观察两个圆柱的异同，即侧面积相同，表面积不同，体积不同；引导学生关注两个圆柱的体积并比较大小，从而提出猜想，即较矮圆柱的体积较大。

二、验证猜想

(一)四人小组合作

学生分别用两张完全相同的纸首尾相接围成两个不同的圆柱,计算它们的体积并在学习单上记录,如表 5-3 所示。

表 5-3　学习单

类别	侧面积(平方厘米)	底面周长(厘米)	底面半径(厘米)	高(厘米)	体积(立方厘米)
粗圆柱					
细圆柱					

我们的发现:_____

(二)展示汇报,初步得出结论

设计说明:本活动的目的是让学生自主探究围成的圆柱体积的大小规律。

1. 围圆柱环节

每个小组有两张完全相同的长方形纸:长 25.12 厘米,宽 18.84 厘米。在一般情况下,学生能围成 6 种不同的圆柱:如果不裁剪,直接围,能出现两种;如果沿着宽对折,能围成两种;如果沿着长对折,能出现两种。可能还会有其他裁剪和组合方式,从而出现更多不同的圆柱。由于计算体积涉及的计算比较烦琐,学生需要准备计算器。

2. 汇报环节

学生以小组为单位汇报自己所做圆柱的相关数据。教师引导学生按照一定顺序排列数据,观察思考并得出结论:侧面积相同,底面半径(底面周长)越大,体积越大。

三、验证结论

教师:用同样一张纸围成的两个不同圆柱,较矮的圆柱体积较大,这是为什么呢?你能尝试用字母表示这张纸的长、宽,并表示出圆柱的体积吗?(如图5-6所示)

图 5-6　用字母表示纸的长、宽

$a>b$

$$V_1 = \pi\left(\frac{a}{2\pi}\right)^2 b = \frac{a^2 b}{4\pi} = \frac{a \cdot ab}{4\pi} = \frac{aS}{4\pi}$$

$$V_2 = \pi\left(\frac{b}{2\pi}\right)^2 a = \frac{b^2 a}{4\pi} = \frac{b \cdot ab}{4\pi} = \frac{bS}{4\pi}$$

教师：观察两个式子有什么特点，比较大小。

设计说明：本活动的目的是让学生对操作得出的结论进行代数验证。学生用字母表示出两个圆柱的体积，并比较两个代数式的大小。学生可能遇到的困难：①使用除法计算圆柱的半径，给后续计算造成困难。例如，$a \div 2 \div \pi$，$b \div 2 \div \pi$，后面就无法计算半径的平方了。②比较 $a^2 b$ 与 $b^2 a$ 的大小存在困难。教师要引导学生在侧面积一定时，也就是当 ab 的乘积是一个定值时，发现这两个表达式的异同，从而比较出大小。

四、谈谈新收获

教师：回顾本节课的内容，你有哪些新收获和发现？

设计说明：本活动的目的是帮助学生系统回顾本节课的内容，了解本节课内容的学习价值，与旧知识建立联系，展望新知识特别是与中学相关知识及所需的数学思想和能力，同时形成总结与反思的习惯。学生可能的表现：①用字母表示很简单。②用字母表示，可以发现其中的规律。

教师：用同样一张纸围成两个不同的圆柱，为什么侧面积相同时，较矮的圆柱体积比较大呢？对于用其他大小的长方形纸围成的圆柱存在这样的关系吗？

学生：用字母表示这张纸的长和宽，表示出体积再看看。

学生自己尝试把长方形纸的两边分别设为 a 和 $b(a>b)$，然后用字母 a 和 b 分别表示出较矮圆柱(以 a 为底面周长)和较高圆柱(以 b 为底面周长)的体积。

$$V_1 = \pi\left(\frac{a}{2\pi}\right)^2 b$$

$$V_2 = \pi\left(\frac{b}{2\pi}\right)^2 a$$

此时，学生想要比较出 V_1 和 V_2 的大小，仍然存在困难。

教师：你们遇到了什么困难？

学生：还是看不出谁大谁小，需要化简。

教师：一个数的平方是什么意思？能把这里的平方展开来写吗？

学生把上下两个式子中的 $\left(\dfrac{a}{2\pi}\right)^2$，$\left(\dfrac{b}{2\pi}\right)^2$ 展开，然后再上下对比，进行比较。

$$V_1 = \pi \cdot \left(\frac{a}{2\pi}\right)^2 \cdot b = \pi \cdot \frac{a}{2\pi} \cdot \frac{a}{2\pi} b = \frac{a \cdot a \cdot b}{4\pi}$$

$$V_2 = \pi \cdot \left(\frac{b}{2\pi}\right)^2 \cdot a = \pi \cdot \frac{b}{2\pi} \cdot \frac{b}{2\pi} a = \frac{b \cdot b \cdot a}{4\pi}$$

教师：看最后这个式子，V_1 和 V_2 什么是相同的？什么是不同的？

学生 1：分母都是 4π，分子都有 a 和 b。

学生 2：那还是看不出谁大谁小。

教师：同学们，刚才我们做成的这些圆柱，虽然形状不一样，体积大小不一样，但是什么是不变的？

学生 3：哦，我明白了。侧面积相同，也就是 ab 的乘积是一定的。

学生 4：哦，原来是这样。我知道了上面的圆柱 a 乘 ab，下面的是 b 乘 ab，所以上面的体积大，也就是 $V_1 > V_2$。

［简评］

在这节课中，学生用同一张纸围成不同的圆柱，通过对这些圆柱的半径、侧面积、表面积和体积的观察，发现其中的变化量和不变量，从而初步得出结论：圆柱的侧面积相同，越粗（底面积越大），体积越大。在本节课中，学生综合运用了小学所学到的圆柱表面积、体积、用字母表示数等知识，结合观察、思考和交流，探究其中的规律，经历操作、猜想、计算、验证的过程，感受不完全归纳的思想方法；通过探究圆柱底面周长与体积的关系并用字母表示，进行代数式比较，发展初步的抽象思维能力和推理能力。

当说不清理由时，学生还能想到可以通过代数推理的方法来实现。用字母表示出这张纸的长、宽，然后用代数式表示出围成的两个圆柱的体积，再对这两个代数式比较大小，就可以非常严谨地说明这个问题了。

本节课的操作是为了引出推理，同时它也成为推理的一部分，提高了操作探究的思维含量。课堂上，操作探究是为了让学生直观地感受和初步猜想规律。由于小学生的年龄特点，他们很喜欢动手，兴趣很浓。但是，数学课不能仅仅满足于操作，还要启发学生进一步思考，让学生由操作展开推理，从更一般的角度、更抽象的角度思考数学规律，使学生主动思考，发展数学高阶思维。

案例五：利用项目式学习培养问题解决能力
——做棋盘①

国际学生测评项目是从问题情境中提出一个或几个组合问题考查学生解决问题的策略和能力。目前学生的问题解决能力在各国课程中都受到重视。项目学习，也称为基于项目的学习，或者项目教学法、设计教学法等，英文简写为 PBL（Project Based Learning）。其主要特点是有驱动问题和任务作品，让学生在学习时会接到小组的驱动问题。在这个过程中，学生进行小组合作，制订小组的计划完成任务。项目的驱动问题和作品都比较生活化、实际化，但是学生要想完成这个作品就一定要用到具体知识，并在合作学习中学到知识。这种项目学习模式会大大提高学生的学习兴趣、合作能力、沟通能力、问题解决能力、创造力等，解决所学知识与生活实际脱离的问题。

本案例是一个寒假作业，学生以项目学习的方式开展学习。以下是教师布置的学习任务"巧手巧心做棋盘"。

一、引入项目学习主题

教师：嗨，同学们好，你们喜欢玩跳棋吗？跳棋是一种较古老、较普及的智力游戏，如图 5-7 所示。

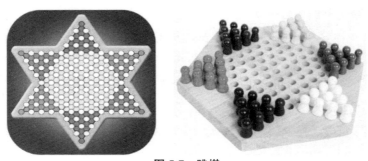

图 5-7　跳棋

①　案例作者为北京医学院附属中学辛华老师。

关于跳棋的第一本书早在 1531 年就已经在威尼斯出版。跳棋老少皆宜，可以由二至六人同时进行。棋子分为六种颜色，每种颜色有 10 或 15 枚棋子。每一位玩家使用跳棋一个角，拥有一种颜色的棋子。

跳棋的游戏规则很简单，棋子的移动可以一步步在有直线连接的相邻六个方向进行。如果相邻位置上有任何方的一个棋子，该位置直线方向下一个位置是空的，则可以直接"跳"到该空位上。"跳"的过程中，只要相同条件满足就可以连续进行。谁最先把正对面的阵地全部占领，谁就取得胜利。

二、明确项目学习任务

教师：现在，就请同学们自己制作一个跳棋盘吧！

制作跳棋盘，你觉得需要思考哪些环节？你打算怎么做？

①棋盘的形状是什么样的？

②棋盘上各个棋子摆放的位置特征及各位置间的关系是怎样的？

③制作方法有哪些？

教师：如果不允许大家画跳棋盘，而是要求大家用一张正方形纸片通过折叠，折出一个棋盘呢？图 5-8 就是一位学生将正方形纸片折叠，折痕的交点处就是棋子的位置。

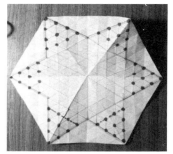

教师：请你想想看，该如何折叠？试试看，请在空白处写出关键步骤。大家可以从棋盘的中心入手思考。

三、交流项目学习成果

教师：图 5-9 是一位学生的作品。他是用蛋糕盒

图 5-8　学生折出的棋盘

里的泡沫板自制跳棋盘。把你的作品的照片也贴上来吧，让我们为你点赞！

图 5-9　教师提供的示例

图 5-10 是两位学生的作品。

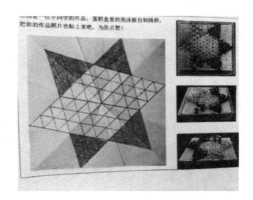

图 5-10　学生作品节选

[简评]

这是一个真实的数学问题，开展的方式是数学项目学习。乍一看，似乎学生需要完成的数学任务并不难，但是真正完成该任务却需要学生具有一定的高阶思维能力。因为，其中不仅蕴含着丰富的数学知识，还需要有解决真实问题的能力。在完成任务的过程中，学生需要逐一分析，解决跳棋盘上的棋眼个数、小三角形的个数、路径总长度等问题，涉及平行线、数的计算、寻找规律以及用字母表示数等数学知识。学生需要从局部观察到整体观察，从采用几何方法到采用代数方法，从分类讨论到动手实践，可以说是一个诊断和发展学生高阶思维很好的活动载体。同时，该项目的问题情境也可以看作是一个表现性评价的任务。教师可以在此基础上开发表现性评价的量规，并在学生展示交流环节以教师评价、学生自评和生生互评的方式展开评价，真正做到以表现性评价促进学生数学高阶思维的发展。

案例六：基于高阶思维培养的读写结合
——"多维阅读"绘本 Baxter①

本节课的教学对象为小学六年级学生，选择的教材是外研社英语分级读物"多

---

① 案例作者为北京航空航天大学实验学校小学部邓丽娟老师。

维阅读"第九级的绘本 Baxter。故事的梗概是大狗 Baxter 的主人 Max 要从农场搬到城里居住，因城里的公寓太小无法带其同往。Baxter 不舍主人，追上搬家货车，来到公寓中，但因活动空间实在太小，Baxter 和 Max 都不开心。后来发现隔壁奶奶 Polly 家有个很大的院子，于是 Max 将 Baxter 寄放在 Polly 家，问题得到了解决，大家都很开心。整节课围绕为大狗 Baxter 选择合适居所这一主题展开，通过阅读绘本和制作故事地图对故事内容进行梳理，深入分析 Baxter 遇到的难题及解决方案。然后，教师设置情境，引导学生结合自身生活经验为大狗 Baxter 选择宜居地并在辩论中陈述理由，最后给大狗 Baxter 的主人 Max 写一封建议信。下面将节选几个主要环节来探讨本节课对学生高阶思维能力的培养。

一、读前分析预测，培养分析推理能力

在读前环节，首先，教师出示绘本封面(遮住标题的中文翻译)并提问：What can you see in the picture？学生通过观察推测出主人公是大狗 Baxter。接下来，教师出示故事的第一幅图片(如图 5-11 所示)，运用"S-T-W"(See-Think-Wonder)模式，引导学生通过看图、预测、提问的方式进行深入思考，引发学生对故事内容的期待。教师将这一过程中学生表述的核心词和提出的问题记录在黑板上(如图 5-12 所示)。

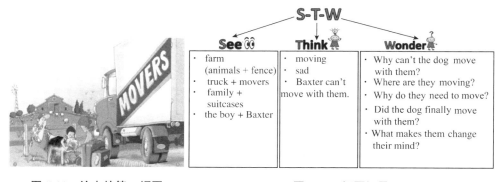

图 5-11　绘本的第一幅图　　　　　　　　图 5-12　问题记录

二、读中梳理线索，培养分析判断能力

学生阅读完故事后，教师挑选出三幅关键图片进行提问(如图 5-13 所示)，帮助学生聚焦故事的主要发展线索，为后面制作故事地图做好准备。

图 5-13　绘本的三幅关键图片

例如，教师就中间的图片提问：How did Baxter feel？Why？学生关注大狗 Baxter 的情绪并联系上下文推断原因。此时学生依据图文推断出：I think maybe Baxter was not happy because in the story it says that he had to go back to Barney when his paws got better. He couldn't live with Max. 针对最后一幅图，教师提问：In the end，how did Baxter feel？Why？学生通过对图片进行观察和对整个文本的关注，分析出：I think Baxter was happy because he could live with Max and play in the garden. Besides，sometimes he could visit Barney on the farm.

三、读后制作故事地图，培养综合概括能力

教师将学生分成四人一组，把故事地图的框架发给学生，让学生在小组内共同讨论每一项内容，然后进行分工。每人负责将其中的 1~2 项内容写在纸条上，并贴在相应位置。之后，学生以小组为单位，在班级展示制作的故事地图并进行汇报（如图 5-14 所示）。

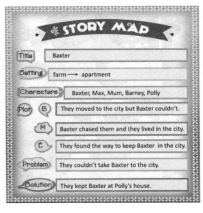

图 5-14　故事地图

四、开展辩论，书写建议，培养分析评价能力

（一）讨论主旨，深度思考

教师就故事结尾的主旨句"This dog has the best of the world"提问，引导学生进行深度学习和思考，从学科育人的角度帮助学生在解决问题的过程中学会换位思考，深入剖析最后的解决方案对每个人的意义。学生的回答如下。

学生1：I think that means the dog is very lucky because he can play in Polly's garden and still see Max every day.

学生2：Baxter and Polly become good friends. Polly is not lonely anymore.

学生3：For mom，it's a good solution too because she feels happy for Baxter and Max.

学生4：For Barney，he can still see him once in a while.

（二）创设情境，开展辩论

教师创设如下情境：If Polly cannot keep Baxter anymore，which would be a better choice for Baxter? To live in the apartment or on the farm? 学生先独立思考，简要写下论点和论据（如图5-15所示），然后展开辩论。

教师在黑板上以思维导图的形式记录下学生所表达观点中的关键词（如图5-16所示），为学生后面的书写环节铺设语言支架。

> **Topic Sentence:**
> It's better for Baxter to live
> ☐ in the apartment.
> ☐ on the farm.
> ● Reason 1 _____
> ● Reason 2 _____
> ● Reason 3 _____
> **Conclusion:**
> I think/believe/am sure that it's better for Baxter to live
> _____ .

图5-15　论点和论据的记录单

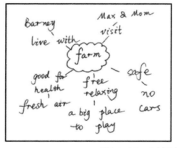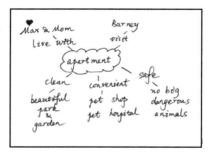

图5-16　以思维导图的形式记录关键词

在辩论环节，部分学生的发言如下。

学生1：I think it's better for Baxter to live on the farm because there is fresh air and green grass，and it's good for his health.

学生 2：I don't agree with you. There are pet hospitals in the city and it's more convenient to buy things, like dog food.

学生 3：I believe that Baxter should live on the farm, so he can have a bigger place to play and he will be happier. He can also make friends with other animals there.

（三）书写建议，陈述理由

"说"与"写"同为语言输出，能彼此促进。通过辩论环节的思想积淀和语言积累，学生意犹未尽，产生了写的迫切愿望。于是，教师让学生结合辩论环节中自己的所思所想，参考其他同学分享的想法，借助板书上的思维导图以及信件模版（如图 5-17 所示），为大狗 Baxter 的主人 Max 写一封建议信，并向其陈述理由。

Dear Max,
It's better for Baxter to live in ____.
Firstly,……Secondly,……Thirdly,……
I think the better choice for Baxter is to live _____.

图 5-17　信件模板

[简评]

首先，教师利用可视化的思维工具让学生养成思考习惯，形成思维方式，有助于培养学生分析、理解、判断及推理的思维品质。特别重要的是，一位学生看到的东西可能会启发其他学生发现新东西，其他学生的知识能得到延伸和补充。合理的可视化思维工具能够培养学生的观察力和推测力，丰富其多元思维方式，发展其分析推理能力。

其次，学生通过聚焦三幅关键图片，思考文中主人公对不同居所的态度和想法，培养通过自主思考对信息进行比较与分析的能力，为后面的辩论和写作环节做好了铺垫。

再次，学生通过制作故事地图，自主梳理了故事发展脉络，厘清了故事中的主要问题及解决方案。在这一环节中，学生从文本中筛选出有效信息并将其浓缩凝练成简短的语句，加深了对文本的理解，提升了信息记忆与转换能力，通过自主学习实现了"以写促学"，其分析梳理、综合概括的思维能力得到提升。

最后，在讨论主旨的过程中，教师引导学生从不同人物的角度来看待这个问题，学会在解决问题时换位思考，找到解决问题的最佳方案，促进了学生思维的多元发展，也实现了学科育人目标。在开展辩论的过程中，教师创设富有挑战性的问题情境，引导学生在语言支架的辅助下，就大狗 Baxter 的寄居场所展开辩论。每位学生都会找到不同视角，产生不同构思，创造出不同的词块。同时学生调动自己的生活经验和知识储备，围绕同一辩题形成思想交锋。在激烈对抗的立论和驳论中，学生能提出与众不同的想法，能与他人一起分析、评估、修正新想法，丰富了人生阅历和思维方式。其思维的深刻性、论证性和敏捷性都在不知不觉中得到提高，发散性思维、批判性思维、逻辑思维和创新思维得到了有效的锻炼。在充分"说"的基础上，学生在写作过程中对自己的所学、所思、所感进一步进行了凝练和升华，其创新的能力获得有效提高。

案例七：有效提问引发质疑和批判
——小兔运南瓜①

"小兔运南瓜"是统编版小学语文一年级上册的口语交际课。口语交际重在交际过程，课堂上教师需要营造一种平等、轻松的交际氛围，鼓励学生把自己想说的话说出来。每位学生从思维到表达的过程是独立的，保护他们的想法，鼓励学生个性化地表达，让大脑动起来，让想法活起来。

在教材中，"小兔运南瓜"一课采用看图补白编故事的形式，配有三幅插图。其中第二幅图的内容空缺，留给学生想象的空间。在教学中，教师通过师生交流、生生交流的方式，鼓励学生大胆说出小兔是怎样把南瓜运回家的。以下是课堂相应的教学片段。

一、提出问题，引导学生表达和质疑

师：孩子们，我们怎么帮小兔啊？快想想，小兔会用什么办法把这么大的南瓜运回家呢？想好了就把你的办法说出来，和大家分享好吗？

生：小兔可以把南瓜抱回家，也可以背着南瓜回家。

师：小兔真能干，可是她能抱得动这么大的南瓜吗？还有什么好办法？

生：小兔可以找其他动物借一辆手推车，把南瓜放到车上，推回家。

师：这个办法可以吗？

有的学生点头，也有学生提出了质疑："找谁去借车，怎么把这么重的南瓜放

---

① 案例作者为北京育才学校孙丽老师。

到车上呢？"

二、激发思考，在想象和讨论中解决问题

师：是啊，看来把这么大的南瓜运回家真不是一件容易的事。还有谁能想到什么好办法吗？

生：可以请动物朋友们来帮忙，大家一起帮小兔把南瓜运回家。

有学生听了这位学生的发言，用力地点了点头。

生：我同意他的办法，可以请小牛、山羊、小熊来帮忙。

师：看来你们俩的想法相同，是请别人来帮忙把南瓜运回家。

生：小兔可以用一块长木板撬动南瓜。

听了这位学生的发言，大家议论起来："这样会把南瓜碰坏的，不行！""小兔到哪儿找木板呢？她有这么大的力气吗？"

还有学生结合自己的生活实际，想到家里搬运比较重的东西时都是请爸爸帮忙，因为爸爸的力气最大。于是，他说："小兔请兔爸爸来帮忙，把南瓜运回家。"

还有学生说："我有一个办法。把南瓜立起来，南瓜可以像车轮一样。小兔轻轻一推，南瓜就能向前滚动，这样南瓜就能被小兔运回家了。"

生：这个办法好！

经过一番讨论，很多学生都认为"把南瓜竖起来，滚回家"是一个比较简单可行的办法。

为这幅空白图画进行补白，发展的是学生的想象力。在师生交流的过程中，教师鼓励学生大胆表达自己的想法。其实小兔把南瓜运回家可以采用多种不同的方法，如下。

①寻求朋友帮助。

②借助工具搬运。

③根据形状，找到相似点，像车轮似的滚回家。

低年级学生从众心理较强，课堂上教师应引导学生大胆表达自己的想法，结合自己的生活经验，发表不同的想法。其实，无论是哪种运南瓜的方法，都是没有固定答案的，要根据不同的情况来判定：可以请同伴帮忙；如果路平好走，自己推回家也是可行的办法；用小车推回家；开车运回家……

[简评]

心理学研究表明，人只有在宽松的环境中，才能使自己的思维变得活跃起来，才会大胆地说出自己的想法。学生是学习的主体，课堂上要让学生的思维动起来，让他们自由发表意见，进行讨论，营造出一个民主和谐的口语交际氛围。想象是一种形象思维，想象是一种立足现实而跨越时空的思维。学生能结合以往的知识与经验，在头脑中形成创造性的新形象，把观念的东西形象化，把形象的东西丰富化，从而使创造活动顺利展开。在课堂上，教师为学生创设了自由想象的空间，学生的想象力也得到了发展。

《义务教育语文课程标准（2011 年版）》指出："充分发挥师生双方在教学中的主动性和创造性。""尤其要注重激发学生的好奇心、求知欲。发展学生的思维，培养想象力，开发创造潜能，提高学生发现、分析、解决问题的能力，提高语文综合应用能力。"本节课紧紧围绕口语交际开展教学。在师生、生生的交流过程中，教师特别重视对学生富有创新的想法给予热情的肯定、评价；对学生的标新立异、异想天开要加以保护，这样的设计才能符合学生思维的成长特点，才能把学生的思维推向更高的层次。

创新思维本质上是以发散思维、侧向思维、逆向思维等为主的非逻辑思维类型。教师在课堂教学中，要注意保护学生的创造性思维，鼓励他们提出不同的解决问题的办法，表达自己的想法，并用自己的视角去思考、去解决问题，要引导和鼓励学生产生持续的质疑精神。只有这样的良性循环，学生的创新精神才能得到最大程度的发挥。

案例八：有效提问引发分析和判断
——大还是小①

《大还是小》是统编版小学语文一年级上册第七单元的一篇富有儿童情趣的文章，讲述了一个孩子对"大"还是"小"的认识。文章的内容浅显易懂，同时富有教育意义。通过"有时候大"和"有时候小"的比较，学生感知成长，并在潜移默化中

---

①　案例作者为北京育才学校孙丽老师。

懂得如何"变大"，表达了学生希望自己快快长大的愿望。本节课的教学难点是体会"我"自相矛盾的内心世界。教师通过有效的提问引发学生进行分析和判断，发展学生的高阶思维能力。

一、感知作者是"大还是小"

学生在初步读懂课文的内容后，教师继续问："文中的小作者在什么情况下觉得自己很大，在什么情况下觉得自己很小？"教师帮助学生梳理文章的主要内容，让学生进一步感知"大"还是"小"。

学生自由说："他自己穿衣服的时候，他自己系鞋带的时候，他觉得自己很大。"

"他够不到按钮的时候，他听到雷声喊妈妈的时候，他觉得自己很小。"

学生找到答案后，教师随即小结："遇到自己能做到、能独立完成的事情，就会觉得自己很大；遇到自己做不到、不能独立完成的事情，就会觉得自己很小。文中的小作者多么希望自己不要长大，又希望自己快点长大，这样就能做很多事情啦！"

二、结合自身实际，说说自己是"大还是小"

教师接着追问："请你想一想你什么时候觉得自己很大？什么时候觉得自己很小？"

有的学生说："我帮助妈妈照顾妹妹，给妹妹喂饭，给她讲故事的时候，我觉得自己很大。"

有的学生说："妈妈让我一个人睡觉，我睡在自己的房间里，有点害怕，觉得自己很小。"

还有学生说："我把自己攒的零花钱捐给贫困山区的小朋友，让他们和我一样能好好读书，我觉得自己很大。我坐地铁时，够不到上面的扶手，我觉得自己很小。"

三、分析自己"大还是小"的原因

教师提问："你们结合生活中的自己，谈出了自己对'大'还是'小'的认识，那么文中的'我'还有生活中的'你们'为什么一会儿说自己大，一会儿又说自己小？到底是大还是小？"教师再一次把问题抛给学生。

"我"希望自己不要长大，是因为＿＿＿＿＿＿＿＿；有时候盼着自己快点儿长大，是因为＿＿＿＿＿＿＿＿。

这一环节的设计意图是用问题引路，用问题引发学生的深入思考，培养学生带着问题读书思考的学习习惯，避免教师的分析讲解代替学生的阅读实践，放手让学生在积极主动的思维活动中理解文意。教师通过这样的质疑问难，引发学生的思考，充分调动学生的思维活动，因为课堂是属于学生的，就该鼓励他们把自己的所思、所想、所知说出来。

[简评]

《义务教育语文课程标准（2011年版）》提出："必须根据学生身心发展和语文学习的特点，爱护学生的好奇心、求知欲，鼓励自主阅读、自由表达，充分激发他们的问题意识和进取精神。"在本案例中，"大"和"小"是一组数量关系，它们是相对的。在阅读中，学生先从文本内容入手分析作者认为自己什么情况下"大"，什么情况下"小"，与作者产生共鸣。再通过分析与综合、类比与概括，学生将自己生活中某些场景用语言描述出来，进一步认识自己的"大与小"，把形象思维与抽象思维训练有机结合起来，同时有意识地培养做出判断的能力，培养批判性思维能力。

质疑问难是开启学生思维的金钥匙，勇于探究是解决问题的途径，能言善辩是批判性思维的最好展现，超越创新是批判性思维的最高境界。虽然学生的入学时间不长，刚刚开启学习的旅程，但是要把小学语文课堂变成培养学生质疑能力的主阵地，培养学生出色的批判性思维能力，是一个长期而艰难的过程，需要教师在教学实践中一以贯之，从低年级开始不断摸索、大胆创新。

案例九：在观察、猜想、验证中发展思维
——图形的旋转①

"图形的旋转"是北京版九年级下册第二十三章第二节的数学内容，它是在学生学习了图形的旋转之后的再学习。本节课的内容既是对前面知识的深化和应用，又是今后利用变换思想学习几何综合的预备知识。通过本节课的学习，学生感受从特殊到一般的数学思维形成过程，感悟用运动的观点研究图，并在画图过程中通过图形的运动观察、分析、感受变化过程中的不变量和不变关系，探究、归纳旋转变

———————————
① 案例作者为北京市房山区北潞园学校陈秀丽老师。

换的基本性质，并能利用旋转的性质解决问题；感受从具体到抽象、从特殊到一般的数学思维过程，并体会其价值。

本节课的教学过程分为三个活动：观察图形、画图交流和应用提升。活动一"观察图形"中，首先让学生通过观察说出△ABC如何运动得到△ADE。教师利用几何画板进行直观演示，目的是让学生体会图形的运动变化，归纳出旋转变换的定义，力求培养学生的分析能力、识图能力、归纳概括能力和数学语言的表达能力。活动三"应用提升"中，通过对一道中考题进行简化，让学生辨析三种变换的特征，体会图形的变换可能是多种变换的组合，提高识图能力和空间想象能力。活动二"画图交流"是本节课的重要环节，以下进行重点说明。

一、点的旋转

问题：把点A绕点B顺时针旋转60°得到点E，画图确定点E的位置，如图5-18所示。

活动说明：本活动的目的是通过画出旋转后的点，让学生理解图形的运动和作图依据。学生掌握画出旋转后图形的技巧，为后续画出旋转后三角形的技巧和归纳性质做准备。教师先让学生想象点B旋转后的位置，提升空间想象能力；再让学生分析如何画图，提高分析能力；最后再动手画，提升画图的能力。

图 5-18 点的旋转

学生对于两点在水平线上确定始边画角很容易。但是所给的两点不在水平线上时，学生再用量角器对始边、终边如何确定会存在困难。原因是学生对于角的概念和量角器的使用方法掌握得不牢固。教师可以在学生独自画图后，采用师生互助的方式让学生查漏补缺。若学生借助圆规画图，教师可追问其想法；若没有，教师可引导并追问该做法的依据。确定旋转后的图形的实质是确定关键点旋转后的位置，要借助线段的旋转确定点的旋转。学生可以从两个角度理解图形的运动变化：一是由定长找点A的位置，联想到圆，然后再确定旋转方向和角度方向；二是由旋转方向和角度利用圆确定长度。教师初步揭示画旋转图形的依据是圆的定义。整个过程是在教师的启发下完成，让学生经历画图的三步骤（想象、分析、画图），为后续的三角形旋转做好方法上的铺垫。

二、三角形的旋转

问题：如图 5-19 所示，把△ABC 绕点 C 逆时针旋转 140°得到△DEC，画出三角形△DEC。

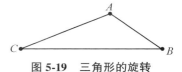

图 5-19　三角形的旋转

归纳 1：画旋转图的方法。

观察活动二的图形，确定旋转前后的变量和不变量。

归纳 2：旋转变换的性质。

活动说明：本活动的主要目的是归纳旋转变换的两个性质。整个教学环节让学生体会新知识的形成过程，再次提高学生的空间想象能力、画图能力、识图能力、归纳及表达能力，让学生感受从特殊到一般的数学思维形成过程及转化的数学思想。

学生可能的表现及教师可采用的策略：由于此图是逆时针旋转 140°，此要求对学生的思维认知本身就是一个障碍。学生多习惯顺时针旋转且旋转角度为锐角的情况。此外，图中的线段较多，确定始边、终边还需辨析。

教师可先让学生尝试，当发现学生出现问题时再加以引导：①对旋转后图形的位置进行想象。②思考画出旋转后图形的关键因素有哪些，再让学生动手操作，从而归纳画图技巧，也为归纳旋转变换的性质做好铺垫。研究旋转变换的性质时，教师给出探究的方向，确定旋转变化中的变量与不变量。学生结合几何画板的演示、根据探究方向，独立思考后再进行小组交流，得出结论。叙述旋转变换的性质时，学生还会存在描述不准确的现象。此时师生共同合作完善，从而让学生提高归纳概括能力和空间想象能力，体会从具体到一般的思维形成过程。

［简评］

抽象能力和推理能力是数学学科高阶思维能力的重要组成部分。本节课的教学设计，重视学生已有知识基础和已有经验，引导学生经历观察、分析和动手操作的过程，由感性认识上升到理性认识，发展学生的逻辑思维能力。在探索旋转变换的性质时，教师引导学生通过动手画图并借助几何画板，从点的旋转到图形旋转，体会图形的运动过程，积累用运动的观点分析几何图形的经验，体会从特殊到一般的思维认知过程，经历观察、归纳、猜想、验证的数学学习过程，从而发展学生的合情推理能力和抽象概括能力。这样既有思想方法的渗透，又能培养学生良好的思维品质。

学生的主动思考是产生数学高阶思维的一个重要特征。在本案例中，教师注重加强对学生学习方法和研究方法的引导，提出好的问题，设计自然的教学过程，给学生留白，给学生足够的时间和空间思考、探索、交流，让学生在经历观察操作、抽象概括和应用推广中发展高阶思维。

案例十：创设情境，发展提出问题能力
——物理总复习课(一)①

在复习课上，尽管学生已经具备一定的知识基础和思维方法，但他们对已有知识和方法往往认识不清，理解不透，从而不能很好地提取和灵活运用。这就需要教师充分利用启发式教学，创设问题情境，让学生进行必要的思维训练，促使学生运用已有知识和经验全面分析问题，灵活解决问题，为学生创造思想方法迁移的机会。本案例是人教版高三年级物理教材总复习第一轮复习动量与能量综合专题的内容。

一、情景分析，讲练结合

设计意图：教师带领学生分析"子弹打木块"模型情景，让学生梳理并应用基础知识和规律解决问题。

例题：如图 5-20 所示，设质量为 m 的子弹以初速度 v_0 射向静止在光滑水平面上的质量为 M 的木块，并留在木块中不再穿出，设子弹所受阻力恒为 f。一起讨论以下问题。

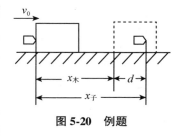

图 5-20 例题

①想象物理过程，分析子弹、木块的受力情况，说一说它们各做什么运动，最终它们怎样运动。试着在 v-t 图像上描述一下子弹、木块的运动情况。子弹、木块组成的系统动量守恒吗？机械能守恒吗？

②子弹与木块相对静止时，它们的速度 v 大小是多少？

③子弹在木块内运动的时间 t 是多少？

④子弹从接触木块到与木块相对静止，发生的位移 $x_子$ 是多少？

① 案例作者为北京工业大学附属中学郑蔚青老师。

⑤木块发生的位移 $x_木$ 是多少？

⑥子弹打进木块的深度 d 是多少？

⑦子弹与木块组成的系统损失的机械能是多少？系统增加了多少内能？

学生四人一组，针对以上问题进行研究求解。每组派出代表，到黑板上演示解题过程。

二、情景变式，练习设问

设计意图：培养学生提出问题和解决问题的能力，培养发散思维和批判性思维。

变式挑战：一质量为 M，长为 L 的木板 A 静止在光滑的水平面上（如图 5-21 所示），一质量为 m 的小滑块 B 以水平速度 v_0 冲上木板 A 的左侧，滑块与木板间的滑动摩擦因数为 μ。请同学

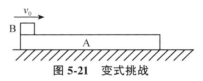

图 5-21　变式挑战

们四人一组，充分思考根据已有情境可以设计出哪些问题，并尝试解答。

学生的思维活跃，他们设计出以下问题。

①A 和 B 的加速度分别是多大？

②如果 B 没有滑出 A 板，求它们最终速度 v 和 B 在 A 板上的滑行时间 t。

③如果 B 没有滑出 A 板，分别求 A 和 B 的动能变化量 $\triangle E_{kA}$ 和 $\triangle E_{kB}$。

④如果 B 没有滑出 A 板，分别求系统机械能损失 $\triangle E_{kB}$ 和系统因摩擦而产生的热量 Q。

⑤如果 B 没有滑出 A 板，分别求 A 和 B 的动量变化量 $\triangle p_A$ 和 $\triangle p_B$。

⑥如果 B 恰好没有滑出 A 板，那么 B 的初速度 v_0 的范围是什么呢？

⑦如果增大 B 的初速度 v_0，A 板的最终速度会随之如何变化呢？

由于学生提出的第七个问题很新颖也具有挑战性，教师帮助学生把这个问题聚焦到图像，提出："A 板的最终速度随 B 的初速度 v_0 变化的图像可能是下图的哪一种呢？"（如图 5-22 所示）

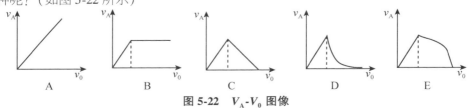

图 5-22　V_A-V_0 图像

[简评]

灵活应用"三大观点"即动力学观点、能量观点、动量观点解决力学问题是高中物理的重要方法。在高三年级一轮复习到"动量守恒定律及应用"这部分内容时，由于学生经过先前的学习和复习已经对牛顿运动定律、动能定理及机械能守恒定律、动量定理及动量守恒定律有了一定的认识并能单独应用这些规律解决一些问题，因此教师选择了"子弹打木块"这一典型模型，引导学生通过运动情景分析、受力分析，综合运用"三大观点"。

教师选取"子弹打木块"作为典型题目，同时围绕牛顿运动定律、动能定理及机械能守恒定律、动量定理及动量守恒定律等重要知识点，先行提出一系列问题，让学生在问题的引导下逐步展开分析。教师借助预设问题的方式展示自己是如何进行分析的。这一系列问题就是教师给学生搭建的"脚手架"，为学生提供一条分析的路径，引导学生在回答问题的过程中学会提出问题。

然后，教师又选择另外一道典型题目，将学生分组。学生通过合作尝试自己提出问题，并展开分析。教师对学生所提问题逐一进行点评，与学生交流：为什么要提出这个问题？问题还可以如何变化？在题设条件发生改变的前提下，如何提出问题？等等。在提出问题、分析问题和解决问题的过程中，教师逐步培养学生解决问题的能力，培养他们的发散思维和批判性思维。

案例十一：整合与比较，实现深度学习
——物理总复习课（二）①

在高中物理总复习中，有些教师习惯用增加练习量的方法达到巩固知识、训练技能的目的，但是这种做法往往耗时低效。如何运用迁移原理提高复习课的效率并取得更优的效果？本案例的教师进行了尝试。总复习是一种深度学习，是一种上位的学习，是一种"既见树木又见森林的学习"。通过总复习，学生能够更加深入地理解高中阶段所学的基础知识和基本方法，从而进一步领悟学科思想，形成终身学习所必备的能力。本案例是人教版高三年级物理教材总复习第一轮复习力学实验专

① 案例作者为北京工业大学附属中学郑蔚青老师。

题的内容。

一、观察和分析

教师带领学生观察几条真实又不太相同的"实验纸带"（如图 5-23 所示），引导学生分析每条纸带上的点迹特点。

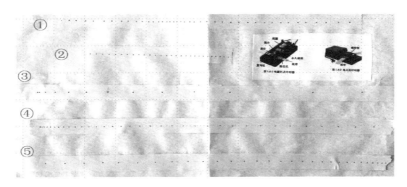

图 5-23　实验纸带

二、对比和归纳

教师给出四个实验的装置图，如图 5-24 所示。

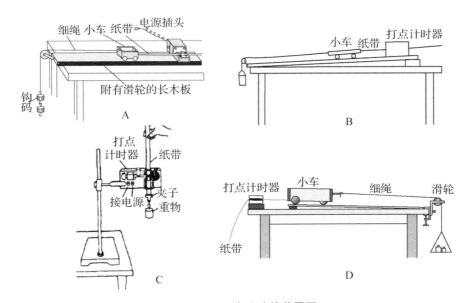

图 5-24　四个实验的装置图

学生通过对比学习的方法回忆并梳理四个实验——"研究匀变速直线运动""验证牛顿第二定律""探究动能定理""验证机械能守恒定律"分别与哪个装置图相对应，并列表整理四个实验的实验装置、原理、注意事项等内容，如表5-4所示。

表5-4　四个实验的介绍

实验名称	实验装置	原理及注意事项	测量的量	数据处理
研究匀变速直线运动				
验证牛顿第二定律				
探究动能定理				
验证机械能守恒定律				

这一环节是要培养学生在真实情境中提出物理问题，形成猜测和假设，利用科学方法获取和处理信息，形成结论，以及对实验探究过程和结果进行交流、评估、反思的能力。

三、巩固应用

学生通过分析典型模拟题和高考真题，巩固已有的实验技能，培养运用已学过的知识和方法制定方案、通过实验解决问题的能力。

四、拓展提升

教师引导学生从实验条件和实验误差分析的角度再次做对比复习。例如，教师提出如下问题供学生思考。

①"验证牛顿第二定律""探究动能定理""验证机械能守恒定律"实验都涉及了摩擦力或者空气阻力的问题，请你对比梳理摩擦力或者空气阻力对这几个实验分别产生什么影响。

②"验证牛顿第二定律""探究动能定理"实验均涉及 m 和 M 的质量关系问题，请你对比梳理 m 和 M 的质量关系分别对两个实验产生什么影响。

[简评]

《北京高考物理考试说明》要求用到打点计时器和纸带的实验有"研究匀变速直线运动""验证牛顿第二定律""探究动能定理""验证机械能守恒定律"。这几个实验有着相似的思维材料和思维方法，即打点计时器的使用和纸带分析的方法、实验原理、操作步骤、实验关键点都是相通的。根据这些实验的基本原理和操作方法，教师可以拓展延伸让学生研究更多的力学问题，比如利用纸带直接测量时间和位移，由此计算研究对象的加速度、瞬时速度。若结合其他物理量的测量，还能计算动能、势能、力、动摩擦因数、功率等，因此我们常说纸带是"万能"的。

在本案例中，教师采用了"整合"方式，用"万能纸带"串联起力学实验，使本模块内的知识建立起联系。这样的处理既整合了知识，又提高了复习课教学的效率，解决了复习课存在的重复低效的问题，最主要的是使学生能够培养联系和对比的习惯，发展物理高阶思维。

第三节　案例评述

一、高认知任务或问题是促进学生高阶思维发展的前提条件

促进学生高阶思维的发展，就是要培养学生的分析、论证、反驳、筛选、利用信息的能力。这需要开发相应的教学活动，让学生经历高阶思维活动的过程。换言之，发展高阶思维需要高阶活动予以支持。

一般认为，可以在高阶思维问题的解决中促进学生的问题解决能力、批判性思维(以分析和评估能力为特征)、创造性思维(以创造能力为特征)的发展，即高阶思维通常发生在问题解决的过程中，因此基于问题的教学是最常见的培养学生高阶思维的教学方法。[1] 在教学中，教师可以创设会产生多种答案或多种解决方法的开放性问题或者现实生活中的结构不良问题。本章呈现的 11 个案例中的学生面临的问题基本上都符合以上特点。例如，在案例四中，如果教师在课堂教学中设置的问题定位于巩固圆柱、圆锥的相关知识和计算，那就变成一节非常普通的复习课；而案例四的教师以一张纸为教学素材，提出一个真实的数学问题，将教学目标设置为探究规律并用代数的方法验证规律。可以看出，后面的教学设计中学生面临的挑战

---

[1]　刘儒德：《问题式学习：一条集中体现建构主义思想的教学改革思路》，载《教育理论与实践》，2001(5)。

更大，思维的含量更高，学生的实际获得也就更多。

二、教师的有效提问是课堂教学中促进学生高阶思维发展的重要因素

在课堂教学中，教师通过提问"为什么"和"如何"来引导学生的高阶思维活动。教师也可以向自己提问题："怎样引导学生从始至终想问题、经历问题解决的全过程？如何帮助学生进一步思考？如何得到结论？本节课中除了学生得到了问题的结论外，是否激发了学生的质疑批判和创新思考？"在案例三、案例七和案例八中，教师都做出了很好的示范，让学生在互动交流中产生思维碰撞，使他们的思路变得清晰，思维得以深化。在案例三中，教师在整节课都在实施启发式教学策略，充分展示学生的思维过程，注重学生解题过程的自我监控和优化，提高了学生的元认知能力，培养了学生的批判性思维。可以说，高阶思维的学习过程就是思维经验积累的过程。在案例二中，导学卡具有突出的问题线索作用。教师设置了批判性思维、创造性思维和问题解决能力等反映不同高阶思维方面的问题。学生在强烈动机的驱使下展开探索，在长期的思维倾向引导下逐渐形成多元化的思维路径，提高问题解决能力，培养批判性思维、创造性思维。

三、充分利用信息技术促进学生高阶思维的发展

信息技术支持下的教学可以使教师巧妙抓住学生的认知生长点，引发思维的碰撞，让学生在解释与质疑中澄清概念，完善认知，产生新方法，发展高阶思维，帮助学生建立新知识与已有知识的联系，产生有意义的联想和领悟，发现原来很多知识与方法都是有共性的、相通的。案例一呈现出信息技术操作对学生思维发展的重要价值。互动反馈技术在教学中的应用，以问题的提出、发现、讨论为起点，让学生的思维变得可见。循着可见的思维，学生可以进行解释、洞察、自评、质疑、想象、迁移等学习活动，实现了高阶思维中"分析、综合、评价"三个层次的学习，有效培养了高阶思维。

四、整合知识、建立联系，在深度学习中实现高阶思维发展

深度学习中的主要认知活动就是高阶思维。高阶思维的过程以建立联系为主，在此基础上达成对学习内容的深度理解和批判性理解，进而解决陌生情境或复杂情境中的问题。案例十和案例十一的内容都是高三物理复习课，呈现了如何在复习课中引导学生整合知识、建立联系，在深度学习中实现学生高阶思维的发展。物理复习课的目的主要是唤醒——回忆起物理事实、概念、规律的基本内容；重组——寻找知识之间横向、纵向的联系；应用——直接应用、综合应用、灵活应用；反思——思考自己在知识、技能、方法上存在的不足；迁移——在形成知识结构、掌握系列方法的基础上能够举一反三，触类旁通。在这两个案例中，教师引导学生有效运用"整合、类比、发散"等迁移方法，实现了深度的学习，值得借鉴。

五、探究学习和项目式学习有利于培养学生的高阶思维

已有研究表明，探究学习、项目式学习等体现建构主义教育思想的教学方法也是培养学生高阶思维的有效途径。①② 例如，案例五显示了项目式学习中学生在解决真实问题中综合运用数学知识并完成作品的过程。制作一个跳棋盘看起来似乎不难，但是在实际解决问题过程中，学生需要具有较为综合的数学知识、数学思维和动手能力。又如，案例四是探究用同一张纸围成的不同的圆柱体积哪一个最大的问题。学生在观察和操作中进行猜想，通过数据进行验证，最终通过字母表达式进行比较，得出一般的结论和解释，充分体现了学生高阶思维发展的过程。学生由最初的猜想到动手做圆柱计算验证结论，这是数学推理的起始阶段：从有限的、特殊的例子中得出结论，具有一般性吗？这个结论对其他的圆柱适用吗？学生用字母表示

---

①　Madhuri, G. V., Kantamreddi, V. S. S. N., & Prakash Goteti, L. N. S., "Promoting Higher Order Thinking Skills Using Inquiry-Based Learning", *European Journal of Engineering Education*, 2012(2), pp. 117-123.

②　Purba, S. O., Manurung, B. R. M., *Effect of Project Based Learning and Cooperative Type Group Investigation (GI) Learning Strategies on Higher Order Thinking Ability in Biology Course*, In Proceeding Biology Education Conference: Biology, Science, Enviromental, and Learning, 2016, pp. 207-211.

长方形纸的长和宽，然后用代数式分别表示出两个不同圆柱的体积，从而比较出它们体积的相对大小。学生经历了从猜想、计算验证、用字母表示数、代数验证的完整过程，将操作融合在推理过程中，提高了操作活动中的思维含量。

总之，在促进高阶思维发展的教学中，教师可以让学生参与非常规问题解决活动，让他们经历知识形成过程以及问题解决的全过程，鼓励学生建构自己的知识，使学习对学生具有意义。教师要关注学生本身而非教学，创建以学生为中心的、协作的、技术支持下的学习环境，为学生的主动思考而教；引导学生形成整体和联系的能力，实现深度学习；尝试在自己的教学中使用项目式学习和探究学习，通过驱动问题体现探究性、开放性、应用性和质疑性，促进学生高阶思维的发展。

第六章
基于学习理论的实践
改进案例

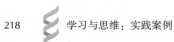

 **本章概述**

　　合理运用学习理论可以提高中小学学科教学的有效性。案例研究是教师专业发展的一种重要途径，如何通过案例研究体现基于学习理论的教学思路是本章主要内容。在案例研究过程中，教师首先发现教学设计与实施中的问题，基于一定的理论进行改进和优化，通过"原始课—改进课"的改进过程，对教学过程进行反思总结。本章呈现了小学数学、小学语文、小学英语、小学美术、小学体育和高中物理6个学科7个实践案例的改进过程，并对整个案例进行分析。

第一节　发展形象思维　培养空间观念

——小学数学"探索图形"①

一、案例导读

数学是研究客观世界中数量关系和空间形式的学科。图形与几何的学习更要依靠图形，通过右脑的直觉表象转化为左脑语言逻辑来学习。

学完人教版小学数学教材五年级下册第三单元"长方体和正方体"后，教师安排了一个"探索图形"的综合实践活动。本活动是探索多阶正方体表面涂色问题中存在的规律，加深学生对正方体的面、棱、顶点等特征的认识和理解。发现多阶正方体表面涂色中的规律，需要学生亲自观察、操作、分类、想象，丰富感性认识，在头脑中慢慢形成表象，在丰富表象的支撑下探索出图形分类计数问题中的规律，转化成语言并总结出结论。本节课就是发展学生的形象思维、培养学生的空间想象能力的最佳时机。

明确目标后，教师开始对本节课展开研究，经过反复磨课、试讲和改进，引导学生通过多感官参与，不仅发现了正方体表面涂色中的规律，同时还清楚知道规律背后的道理，培养了学生的形象思维和空间观念。下面呈现的是原始课及改进后的实践案例。

---

① 案例作者为北京市昌平区回龙观中心小学赵伯静老师。

二、案例呈现

(一)原始课

1. 教学目标及重难点

(1)教学目标

①通过研究多阶正方体染色问题，进一步认识和理解正方体的特征。

②通过观察、分类、列表等活动经历探究过程，能总结出分类计数问题中的规律，培养空间观念。

③体会化繁为简解决问题的策略，从而积累数学思维的活动经验。

(2)教学重难点

本课的教学重点是通过观察、分类、列表等活动培养空间观念，积累数学思维的活动经验。教学难点是发现正方体染色问题中存在的规律，并运用规律解决问题。

2. 教学过程

表 6-1 "探索图形"的教学过程

教学环节	教师活动	学生活动	设计意图
谈话引入	出示一个小正方体。 提问：它是什么形体？正方体有什么特征？	观察、回答	让学生回顾正方体的特征。
探究二阶、三阶、四阶正方体的染色问题	分别出示二阶、三阶、四阶的大正方体，提出问题。 1. 每个大正方体是由多少个小正方体拼成的？ 2. 把每个大正方体表面分别染上颜色，每个小正方体会有几个面被染上颜色？ 3. 都是大正方体中的一部分，为什么每个小正方体染色的面的多少却不同？ 4. 观察二阶的大正方体，每个都是几面染色？	观察 思考 回答 观察 回答	让学生从关注块数，到关注染色面数，感受位置不同染色面的多少就不同，为后面探究做好准备。 让学生感受二阶的特殊性。

续表

教学环节	教师活动	学生活动	设计意图
探究二阶、三阶、四阶每个大正方体三面、二面、一面、没有面染色的正方体的块数	1. 出示二阶、三阶、四阶正方体图片，让学生观察，独立完成下面的表格。 2. 方法不同，有一个一个数的；有一排一排数的；还有按不同位置数的。但都能数出每种各有多少块。 提问：你们喜欢哪种方法？为什么？ 用课件演示，不同位置的正方体闪烁。	1. 观察、独立完成。 2. 小组内交流，说说自己是怎样想的。 3. 全班交流，各小组推荐最好的方法向全班同学介绍。	让学生通过观察、思考、交流，不仅知道三面、二面、一面、没有面染色的正方体各有多少块，而且通过对比知道各种染色分别在什么位置。
思考五阶、六阶正方体的染色问题	1. 五阶、六阶的大正方体，每种情况又各自有多少块？ 2. 观察这些数据，你有什么发现？ 3. 十阶的正方体，各种染色的又有多少块呢？	1. 自己尝试着思考，完成下表。 2. 全班同学交流。 观察、发现、交流，发现规律。 尝试完成。	让学生进行延伸，巩固对各种涂色位置的认识，同时培养学生的空间想象能力。 培养学生观察、系统思考问题、概括的能力。 培养学生利用规律解决问题的能力。

表格（探究二阶、三阶、四阶）：

正方体	三面染色的块数	二面染色的块数	一面染色的块数	没有面染色的块数
二阶				
三阶				
四阶				

表格（思考五阶、六阶）：

正方体	三面染色的块数	二面染色的块数	一面染色的块数	没有面染色的块数
四阶				
五阶				
六阶				

续表

教学环节	教师活动	学生活动	设计意图
课后小结	通过观察二阶、三阶、四阶等大正方体，进行分类、列表、想象，我们不仅知道了每个大正方体中各种块数是多少，发现不同位置的小正方体染色面的多少还不一样多，并发现了其中存在的规律，利用规律轻松解决了更复杂的正方体染色问题，看来化繁为简还是一种很好的解决问题的办法。长方体染色问题有什么特点呢？课后同伴之间去探究，期待你们有更多的发现！	倾听 回顾 思考 固化	让学生掌握探究方法；感受数学的魅力，激发探究的欲望。

3. 教学反思

整节课的设计基本上是按照教科书中呈现的方式进行的。有些学生在课堂上没有学习动力，只是为了完成学习任务，被动地观察。

从课堂学习结果来看，只有部分学生能清楚知道每种情况下小正方体在大正方体中的位置，能快速数出来或者算出来。但有部分学生还存在一定困难。课下对这些学生调研时，教师问："学习时遇到了哪些困难？"学生回答："电脑上提供的是立体图形，看不见的地方脑子里还是想不出来；而且看电脑屏幕也没法做标记，一会儿就数乱了。"

课后教师让学生解决十阶的大正方体中各种染色的有多少块的问题，给学生 10 分钟的时间。其中只有 12.7% 的学生是用课上总结的规律计算出来的；还有 35.2% 的学生只完成了一部分。其他学生只写对 3 个面的有 8 位，其他学生感觉无从下手。

出现这样的情况后，教师从学生访谈中已经找到了答案，光观察肯定是行不通的，怎么办？于是教师找来温寒江先生参与主编的《开发右脑——发展形象思维的理论和实践》一书进行认真阅读，得知：①初次观察只看到事物的现象，获得对事物表面的、非本质的认识，它是一种感知觉，属于感性认识。当要深入地观察某一事物，就要把现在的观察同过去的多次观察所获得的表象联系起来，并且不断地进行比较、补充、修改和概括，才能抓住事物的本质特征。②图像虽然比较形象，但反映出的却是静止、刻板、无声无色、不可感的。只通过观察，学生很难在头脑中想象出动态的过程。③小学生的思维正处于由具体形象思维向抽象逻辑思维过渡的阶段。动手操作活动正是在数学知识的抽象性和学生思维的形象性之间架起一座桥梁。④从学习金字塔来看，动手实践对学习内容的平均保存率能达到75%。根据以上理论依据，让学生在充分动手操作的基础上学习知识，并了解知识的来龙去脉，培养空间观念才是最佳途径。有了这些理论的支撑，教师开始对本节课的内容进行重新思考，再次设计。

(二)改进点设计

1. 教学目标及重难点的改进

教学目标和重点由原来的通过观察、分类、列表等活动探究，增加了动手操作、想象等活动帮助学生探究；教学难点由发现正方体染色问题中存在的规律，并运用规律解决问题调整为真正明白规律背后的道理，培养理性思考的习惯。

2. 教学环节的改进

首先，探究三阶正方体染色问题。本环节增加动手拼摆环节，让学生以小组为单位将打散的三阶蓝色积木块重新拼摆复原。在复原过程中，学生不仅发现小正方体中染色面的数量不一样多，而且会遇到困难，即怎样拼摆都难以拼成一个完整的三阶蓝色大正方体。教师适时向学生提供三阶的立体图像，让学生静下心来认真观察，把视觉表象和动觉表象结合起来，促使学生头脑中的表象不断地调整、校正、形成。

其次，探究四阶正方体染色问题。教师为每位学生提供四阶正方体立体图像作为小助手。学生借助小助手把拼摆积木时在头脑中建立的比较模糊的表象结合眼前的图像再进行观察，找出各种染色面所在位置，进而解决问题。

最后，思考十阶正方体染色问题。教师为每位学生提供一张白纸辅助其建立头脑中的表象。画一画、勾一勾、算一算，可以帮助学生把头脑中的表象呈现出来，还可能帮助学生把形象思维转化成抽象思维。

3. 教学策略的改进

一是多感官参与活动。由原来只用眼睛观察、大脑思考调整为用眼睛观察、动手操作、同伴间交流、用耳倾听、用脑思考，让学生的多种感官参与到活动中来，真正达到综合实践活动的目的。

二是充分利用信息技术。由原来电脑课件只是小正方块的闪烁调整为小方块完全动起来，并配上音乐，真实地将过程呈现在学生的眼前。

(三)改进课

1. 教学目标及重难点

(1)教学目标

①通过研究多阶正方体染色问题，进一步认识和理解正方体的特征。

②通过观察、操作、分类、想象等活动经历探究过程，发现分类计数问题中的规律，培养空间观念。

③在探究中明白规律背后的道理，培养主动思考问题的能力，从而积累数学思维的活动经验。

(2)教学重难点

本课的教学重点是通过观察、操作、分类、列表、想象等活动培养空间观念，积累数学思维的活动经验。教学难点是理解正方体染色问题中规律背后的道理，培养理性思考问题的能力。

2. 教学过程

表 6-2　改进后的"探索图形"的教学过程

教学环节	教师活动	学生活动	设计意图
探究三阶正方体染色问题	谈话引入，出示魔方：它有什么特征？ 你们能复原它吗？魔方不好复原的原因是什么？ 出示未拆包装的三阶蓝色积木：让我们打开看看。(现场拆，积木块散开。)你们还能把它们进行复原吗？ 出示操作要求： 在拼的时候遇到哪些困难？ 你打算怎么办？ 分发立体图片模型，进行深入探究，有什么发现？ 出示课件：动态验证。 再给大家一次复原机会，你们能快速拼成吗？	回顾 尝试复原 思考 以小组为单位尝试复原积木。 交流各自的困惑；寻找解决问题的办法。 以小组为单位观察模型。 思考 反馈发现结果。 再次动手操作。	让学生回顾正方体的特征，为复原三阶积木做准备。 在动手操作过程中，让学生感受到里面有秘密。 遇到困难时，让学生有意识寻找解决问题的策略；激发学生思考和探究的欲望。 让学生带着困惑探究，探究动力十足。 让学生发现不同位置的涂色面不同。 让学生巩固对不同位置积木颜色上的特点的认识，感受先思而后行的重要性。

续表

教学环节	教师活动	学生活动	设计意图
深入探究四阶正方体染色问题	提出问题：四阶正方体三面、二面、一面、没有面染色各有多少块呢？请你借助模型照片，自己探究各种不同染色的各有多少块。你是怎样得到的？	1. 自主探究。 2. 小组交流。 3. 全班反馈。 4. 尝试归纳。	借助模型引领学生思考，观察对比，概括出各种情况的染色的位置，从而抓住染色问题的本质特征。
思考十阶正方体	想一想：如果是十阶的正方体，各种染色的又有多少块呢？如果遇到困难，可以动手画一画。 全班反馈，寻找学生的不同作品，呈现学生不同的思维方式。	动手尝试。 1. 借助模型。 2. 发现规律。 3. 借面想体。 4. 空间想象。	让学生把感性认识上升到理性认识，把形象引向抽象，使探究不断深入，促进学生空间观念的形成和抽象思维的发展。让学生不但发现了规律，体验到探究的方法，还感受到探究的乐趣和价值，把思维引向深入。
思考长方体	小结：长方体染色问题有什么特点呢？课后同伴之间去探究，期待你们有更多的发现！	课后探究。	激发学生后续学习的动力。

3. 教学反思

在动手拼摆蓝色积木的过程中，学生的兴趣非常高。从开始时没有整体思考，同伴间不会合作，造成拼摆失败，到静下心来借助立体图形图片和三阶正方体"小助手"，学生在任务的驱动下认真观察，发现了里面藏着的秘密(三面、二面、一面分别在什么位置上)。最后学生顺利完成了拼摆任务，同时在完成任务的过程中，使多个小正方体拼成的大正方体的表象在头脑中慢慢形成。

在前面动手操作探究四阶正方体后，学生的空间观念并没有完全形成，所以此时教师没有再让学生动手操作，而是给学生提供四阶立体图形的图片。这样一个"小助手"，帮了学生不少忙。学生在图上标出各种符号，顺利地探究出了三面、二面、一面正方体的个数。教师再配上动态的、变化的、动感的，而且还配有声音的课件，比较真实地把染色过程呈现在学生的眼前。观察时，学生感受到就像给正方体从前后、左右、上下脱下了一层外衣，这时剩下的是二阶正方体。

探究十阶大正方体时，教师为每一位学生提供了一张白纸，让学生根据自己的需求随便使用。别小看这一小小的变化，它发挥了重要的作用：一小部分学生在纸上自己"创造"出不规则的十阶正方体，看不见的现在可视化了，成了学生手中很好的脚手架。还有一部分学生没有画出整个十阶正方体，而是画出 10×10 的平面图形。当问其为什么这样画时，有学生说这样就能帮助自己想象出整个正方体的样子。还有学生说画十阶正方体太麻烦了，自己已经知道每种染色的小正方体在什么位置，有一个面就足够了。还有学生利用前面三阶、四阶发现的规律去推理，利用几个简单算式就推出来了。更有学生直接写出得数，完全可以在头脑中想象出十阶正方体的样子，问题就轻松得到解决了。没有想到简单调整后却产生较好的效果。

三、案例分析

数学是一门抽象性、逻辑性很强的学科，而小学生的思维正处于由具体形象思维向抽象逻辑思维过渡的阶段。丰富的表象正是在数学知识的抽象性和学生思维的形象性之间架起的一座桥梁。本案例的教师拿出大量时间，让学生把 27 块小正方体拼成一个大正方体，并在头脑中建立表象，以小组为单位动手拼摆。当学生遇到困难时，教师又适时向学生提供三阶的立体图像，让学生静下心来认真地观察，把视觉表象和动觉表象结合起来，使学生头脑中的表象不断地调整、校正。教师再一次让学生动手操作进行拼摆，这次的拼摆不同于第一次。如果说第一次更多的是感性认识，凭的是感觉，而这次多了一些思考，多了一些理性认识。探究四阶大正方体问题时，由于此时学生的表象并未完全形成，教师又为学生提供了四阶的立体图像，让学生去观察探究。这时的观察不再是感性认识的观察，而是理性认识的观察，是一种形象思维。人们要认识客观事物的本质，在感知的水平上是不能实现的，必须要在感性认识的基础上上升到理性认识。人们通过思维活动才能达到对事物内部规律性的联系及其本质的认识。

丰富的表象才能让学生的形象思维得到发展。本案例的教师在学生动手操作之后两次利用多媒体动态课件进行验证，借助不同颜色方块的闪动和小正方体动态剥离的过程，使学生头脑中的表象又加深了一步，再让学生把不同染色的正方体的位置进行总结概括，这些无疑会在学生的头脑中留下深刻印象。可见运用现代教育媒体，可以把以语言为思维材料的抽象思维很好地转化成以表象为思维材料的形象思维，便于学生理解。

　　学生要真正理解这些图像，必须运用形象思维，经过联想、想象的活动，才能掌握图像所表达的微观的、动态的现象及其意义。学生探究十阶正方体染色问题时，教师为每位学生提供一张白纸。这张白纸发挥出神奇的效果，将不同学生的联想和想象清晰地呈现出来。学生只有通过想象，建立起模型，才能真正理解规律背后的道理。

　　在几何教学中，必要的操作是必需的，但如果仅仅停留在操作层面或依赖操作是远远不够的，因为数学最终是要走向理性思考的。本案例的后段教学又跳出具体直观的操作，向相对抽象、更为一般层面的认识方法上迈进，将认识和推理提高到新的水平；把感性认识上升到理性认识，把特殊转变到一般，把形象引向抽象，使探究不断深入，促进学生空间观念的形成和抽象思维的发展。学生不但发现了规律，而且体验到化繁为简探究的方法，并感受到探究的乐趣和价值。

　　本节课不仅让学生学到了知识，而且让学生更加深入地了解了知识的来龙去脉，更好地培养了空间观念，达到事半功倍的效果。

第二节　以观察促想象　培养学生说话、写话能力
——小学语文"吹泡泡"①

一、案例导读

　　观察对于儿童尤为重要，它是人的一种基本的认识活动。人们有目的、有计划、深入地观察，抓住事物的本质特征和规律性的联系时，是一种思维活动，主要是形象思维。观察是儿童说话、识字、阅读、写作的基础，是儿童认识世界的第一来源。

　　《观察·说话·写话》是北京育才学校小学部研发的校本教材，也是"学习与思

————————————

　　①　案例作者为北京育才学校孙丽老师。

维"课题的研究成果之一。"泡泡王国的故事"是该校本教材二年级下册中的一课，旨在让学生在活动中通过观察把吹泡泡的过程说清楚并想象泡泡的样子。想象是人们在头脑中把原有表象加工改造成新的表象的思维方法。想象是一种思维活动，发展学生的想象力，也是形象思维训练的重点。

苏联教育家苏霍姆林斯基说："在低年级，观察对于儿童之必不可少，正如阳光、空气、水分对于植物之必不可少一样。"①温寒江先生将观察和认知的关系形象地比喻为："观察是思维的外衣。"可见，观察是获得智慧最重要的来源。没有观察就没有认知，就没有充分的想象，观察是儿童写作的基础和源泉。"泡泡王国的故事"一课，就是让学生从观察动态事物入手，培养学生的想象力，从而发展学生的思维。

本案例的教师把这节观察、说话、写话课的题目调整为"吹泡泡"，更直接地揭示学生观察体验活动的主题，使主题更加突出。经过反复磨课、试讲和改进，下面呈现的是原始课及改进后的实践案例。

二、案例呈现

(一)原始课

1. 教学目标及重难点

（1）教学目标

①能仔细观察吹泡泡的步骤与过程，并能按先后顺序用"先……然后……接着……最后"的句式表达出来。

②能想象泡泡的样子，会用"有的像……有的像……有的像……"表达。

③能把自己的感受、想象及认为新奇有趣的内容表达出来。

（2）教学重难点

本节课的教学重点是能通过观察描述出吹泡泡的动作，有顺序地表达出来。教学难点是能表达自己的感受、想象及认为新奇有趣的内容。

_____

① ［苏联］B. A. 苏霍姆林斯基：《给教师的建议》，杜殿坤编译，47 页，北京，教育科学出版社，1984。

2. 教学过程

表 6-3　"吹泡泡"的教学过程

教学环节	教师活动	学生活动	设计意图
创设情境，引入课题	1. 师：从前，有个泡泡王国。王国里每天都会发生很多有趣的故事。(板贴题目) 一天，城墙上张贴了一个告示，只见告示上写着：泡泡学校要招收一批新学员，欢迎小伙伴们来报名。 同学们，你们愿意成为泡泡学校的一员吗？ 2. 师：要想成为泡泡学校的一员，需要会什么吗？	生：愿意。 生：要会吹泡泡。	创设情境，初步激发学生观察的兴趣。
明确要求，参与活动	(一)活动前的注意事项 师：吹泡泡时要注意些什么呢？ (二)活动中的观察体验 1. 师：招收新学员的考试就要开始了！谁来读一读活动提示？ 2. 出示活动提示。 3. 让学生分组进行活动体验。 活动提示：两人一组，边吹边观察吹出的泡泡什么样？摸一下，泡泡会怎么样？ (三)合作后的快乐分享 1. 师：我们的教室真的成了一个泡泡王国，你们看到的泡泡什么样？(板贴：吹　看　摸　想) 2. 师生交流。 (板贴：形状　数量　颜色) 师：自己试一试，说一说。 指名说。 3. 师：你们觉得泡泡像什么？ 同桌的两位同学练习说一说。 指名说。 4. 师：谁摸了一下泡泡，你有什么发现？ 5. 师：你能完整地说一说吗？先自己试一试。 6. 指名说，说后师生互评。	(生发言略) 生：我吹出了圆圆的泡泡。 生：泡泡一串一串的。 生：有的泡泡圆，有的扁。 生：泡泡圆圆的像一个个小圆球。 生：泡泡破了。	帮助学生明确活动的要求，引导学生边体验边观察。 结合生活实际展开想象，让学生把自己的观察说得更加具体。

续表

教学环节	教师活动	学生活动	设计意图
引导想象，说出感受	1. 师：听说泡泡们一点自由活动的时间都没有，咱们帮帮他们吧！ 2. 师：想一想，泡泡们会飘到哪儿？会做些什么呢？ 3. 师：泡泡还会飘到哪儿？还会做些什么呢？ 4. 师：吹泡泡时，你是什么心情啊？	生：飘到太阳。 生：泡泡会飘到操场上，和小伙伴们一起游戏。 生：高兴、开心……	边听边想，促使学生大胆想象，发展学生的想象力。
动笔写作，留住快乐	1. 师：祝贺你们成为泡泡学校的新成员，谁能完整地说一遍？ 2. 师：要想把这有趣的快乐的画面留住，怎么办呢？ 3. 让学生写话。 4. 指名读，师生评改。	生：完整叙述。 生：动笔写下来。 （生完成写话。）	引导学生说一段完整通顺的话。 让学生完成写话，分享交流。
总结全课	师：今天，我们玩了"吹泡泡"的游戏，愿这快乐永远留在你的心中！		
板书设计	泡泡王国的故事 吹　看　摸　想　　　　　形状 有的……有的……　　　　数量 有的像……有的像……　　颜色		

3. 教学反思

爱因斯坦说："想象力比知识更重要，因为知识是有限的，而想象力概括着世界上的一切，推动着进步，并且是知识进化的源泉。严格地说，想象力是科学研究中的实在因素。"[1]《学习学》上卷也指出：想象是人们在头脑中把原有表象加工改造成新的表象的思维方法。[2] 本案例的教师在设计教学环节时充分利用了校本课程

---

[1]　《爱因斯坦文集》第一卷，许良英、范岱年编译，284 页，北京，商务印书馆，1976。
[2]　温寒江、陈爱苾：《学习学》上卷，98 页，北京，教育科学出版社，2016。

资源，围绕课题创设了一个比较大的教学情境：泡泡王国的泡泡学校要招收新学员。在此情境下，学生直接参与活动，体验吹泡泡时看到了什么。在授课过程中，学生的兴趣点在吹泡泡，并没有在体验的过程中认真地观察和思考。没有充分的观察，学生的表达就不会准确。

观察是一种思维活动。深入的观察会常常伴随着丰富的想象。随着对学习学理论的深入研究，我们发现在授课过程中教师创设的情境使教学目标及教学重难点不够清晰。表象是想象的材料，有了丰富的表象积累，才能产生想象。那么学生在体验的过程中能不能通过一次次的活动，再现画面，丰富表象积累，从而为想象奠定更加扎实的基础。想象是人类智能的重要组成部分，是人类生活中不可缺少的智慧。可以说没有想象就没有创造。带着这样的思考，教师改进了教学设计。

（二）改进点设计

1. 教学目标的改进

再次研读教材内容后，教师根据学生的实际重新制定了教学目标，从知识与能力，过程与方法，情感、态度、价值观三个维度进行了修订，更加突出学生的多种感官参与，注重学生的参与和实际获得。

2. 教学环节的改进

第一，参与体验的环节，突出观察的主体地位。先由一位学生示范吹泡泡的过程，其他学生一起观察。这样使学生知道观察什么，可以从哪些角度去观察。然后学生再分组活动，在活动中继续观察，并利用自己的观察在头脑中形成表象。学生在活动后的交流分享中激活这些表象积累，拓展想象的空间。

第二，采用学生示范集体观察、小组活动分组观察、借助图片观察想象、营造氛围再次想象等环节，使学生的观察不断深入，表象积累更加清晰，激活学生的想象空间，通过学生的有序表达，促进学生思维的发展。

3. 教学策略的改进

一是更加突出评价的作用。教学中教师充分运用评价引导学生开展深入的学习，支持学生参与学习活动。

二是充分利用信息技术。课前教师创设丰富的学习情境，通过播放短片激发学生的学习动机和学习兴趣。

三是使用鼓励性语言。课堂上师生共同参与到活动中，教师引导学生大胆表达，使他们的主体性得到充分的发挥。

（三）改进课

1. 教学目标及重难点

（1）教学目标

①运用多种感官参与活动，在活动中观察吹泡泡的过程，会用"有的……有的……还有的……""……像……"等句式把看到的、想到的用自己的话说清楚。

②能运用生活中积累的语言，通过小组说、同桌互相说等方式，把自己看到的、想到的和自己的感受及觉得新奇有趣的内容写下来。

③激发自主表达的愿望，逐步形成勤于观察、乐于表达的好习惯。

（2）教学重难点

本节课的教学重点是通过观察能准确地用表示动作及先后顺序的词语把吹泡泡的过程说清楚。教学难点是能运用生活中积累的语言，把自己看到的、想到的和自己的感受及觉得新奇有趣的内容写下来。

2. 教学过程

表 6-4　改进后的"吹泡泡"的教学过程

教学环节	教师活动	学生活动	设计意图
创设情境，引入课题	课前播放学生吹泡泡的活动照片。 随机采访一位学生：你觉得吹泡泡好玩吗？ 师：我看你们吹出的泡泡圆圆的，还闪着五彩的光，看得出你们非常喜欢吹泡泡。今天我们就在观察、说话、写话课上一起来——吹泡泡（板贴题目：吹泡泡）	生：特别好玩。	课前收集学生吹泡泡的照片，做成短片播放。 创设情境，导入新课，激发学生学习的兴趣。

续表

教学环节	教师活动	学生活动	设计意图
体验活动，重在观察	(一)示范指导，回顾方法 1. 师：谁愿意先来？ 2. 师：请其他同学仔细观察他是怎么做的？指名一人吹泡泡。 师：看，他在——拧瓶盖，然后——蘸了蘸泡泡液，接着—— 谁能说说他是怎么做的？其他同学认真听，看看他说清楚了吗？ 生说，说后评价。 师：你们觉得哪儿说清楚了？ (板贴：仔细观察　表达有序) 师：他说话时运用了"先、然后、接着"这样的表示先后顺序的词，让我们听得特别清楚。 师：说话时准确地运用动词，能用上表示先后顺序的词把过程说清楚，这是我们已经学会的方法了。还记得我们观察课上，观察静物时一般都从哪些方面进行观察吗？ (二)分组活动，体验观察 1. 师：我们也可以看泡泡的形状、观察它的颜色，还能观察什么呢？一会儿你在吹泡泡时一定会有发现。 2. 师：请同学们两到三人一组，边吹边观察。你吹的泡泡什么样？有什么不同的发现？ 3. 让学生分组进行活动体验。 (三)交流分享，规范语言 1. 师：你看到了什么样的泡泡？(板贴：看) 2. 师生交流。 预设： 师：你观察到了泡泡的形状和它的变化。(板贴：形状)还有谁吹出了不一样的泡泡？ 师：这个词语用得好，你说的是泡泡的数量。(板贴：数量)你看到的泡泡都是什么样的啊？	(生发言略) (观察方法：看、摸、闻、尝等) 生：还能看看吹出几个泡泡…… 学生分组体验。	引导学生认真观察，能运用动词和表示先后顺序的词自主表达。 引导学生回顾已经掌握的观察方法，为后面的观察体验活动做好铺垫。 让学生分组体验，边体验边观察，初步感受吹泡泡的快乐。 在师生、生生交流中梳理观察方法，指导学生准确地运用语言进行表达。

续表

教学环节	教师活动	学生活动	设计意图
体验活动，重在观察	师：你能用"有的……有的……"这样的连接词把不同形状的泡泡都说清楚了，真了不起。（板贴：用词准确） 师：谁还有不一样的发现？ 师：泡泡有颜色，这个发现了不起。（板贴：颜色）还有什么新发现吗？ 3. 师：看来，每位同学吹的泡泡都不一样。同学们不仅看到了它的形状、颜色，有些同学还看到了泡泡的变化。（板贴：变化）你能连起来把看到的泡泡的样子说一说吗？让同桌的学生互相练习说。 4. 指名说，评价。 5. 师：刚刚我们吹出了那么多的泡泡，不一会儿就一个都看不见了。摄影师把精彩的瞬间拍下来了，你们看这一个又大又圆的泡泡像什么？〔板书：（　）像（　）〕 师：吹出两个连起来的泡泡像什么？ 师：一串串的泡泡又像什么呢？ 师：你们的想象可真丰富。这一串串的泡泡在空中飘着，多美啊！	学生自主发言。 生：泡泡圆圆的像一个个小圆球。 生：泡泡像一个个小气球。 生：一个泡泡圆圆的像妈妈头上扎的丸子头。 生：泡泡像两个连起来的小葫芦。 生：两个泡泡连在一起像个小雪人。 生：一串串的泡泡像紫葡萄。 生：一串串的泡泡连起来像一串糖葫芦。	引导学生把自己的观察体验说出来，在说话过程中规范学生的语言表达，让学生练习说完整话，从颜色、形状、数量、大小等方面来说清楚自己吹出来的泡泡的样子。 进一步规范学生的语言，借助图片引导学生展开想象，启发学生合理地想象，用"……像……"的句式来练习说话，突破教学难点。

续表

教学环节	教师活动	学生活动	设计意图
引发想象，说出感受	1. 师：泡泡们飘啊飘啊，它们会飘到哪里去呢？ 2. 看图片，边听边想：泡泡们会飘到哪里去？会做些什么呢？ 3. 师：你觉得泡泡还会飘到哪里去？还会做些什么呢？ （板贴：想） 4. 师：这么多美丽的泡泡，带着你们美好的想象会到世界各地去旅行。（板贴：想象合理）泡泡们是什么心情？在刚刚吹泡泡时，你的心情怎样？身边的小伙伴们是什么心情啊？ （板贴：感受真实）	学生听音乐想象。 生：泡泡飘啊飘啊，它们会飘到操场上，和小伙伴们一起游戏。 生：泡泡飘啊飘啊，它会飘到森林里，和动物朋友打招呼。 生：泡泡飘啊飘啊，会飘到贫困的山区，让那里的小朋友也能快乐地学习。 生：泡泡们很开心，我们也很高兴。	调动学生的多种感官参与教学活动，让学生结合生活实际进行想象。 鼓励学生表达出自己在活动时心里的真实感受。
动笔写话，留住快乐	1. 师：我们一起玩了吹泡泡的游戏，能把你观察到的再完整地说一遍吗？谁愿意第一个来挑战？ 2. 让学生自己试着说一说。 3. 师：要想把这有趣的快乐的画面留住，怎么办呢？ 师：那就请大家把自己的体验和感受写在学习单上，写话时要注意什么呢？ 4. 让学生完成写话。 5. 指名读，师生评改。（书写规范，用词准确，词句优美）	学生完整叙述。 生：动笔写下来。 生：开头空两个字的格。 生：不会的字可以用拼音代替。 学生完成写话。	帮助学生梳理语言，使表达更加生动、形象。 动笔完成写话，激发学生写话的兴趣，鼓励学生有个性地表达。

续表

教学环节	教师活动	学生活动	设计意图
梳理板书，总结全课	师：在今天的观察、说话、写话课上，我们玩了"吹泡泡"的游戏，生活中还有很多这样有趣的活动。只要你留心观察、合理想象、养成用笔记录的好习惯，就会把这些快乐的瞬间永远留住！		总结全课，激励学生养成留心观察、自主表达的好习惯。
板书设计	仔细观察　　　　　　　　　吹泡泡 表达有序　　看　有的……有的……还有的……　　形状 用词准确　　（　　）像（　　）　　数量 想象合理　　　　　　　　　　　　　　　　颜色 感受真实　　　　　　　　　　　　　　　　变化 　　　　　　　　　想　飘到……		

3. 教学反思

在课前，教师收集并制作了学生吹泡泡的视频，激活学生生活中的表象记忆，直接引入本节课的学习，充分调动了学生参与学习活动的积极性。

课堂上伴随着优美的音乐，学生充分地参与活动。他们轻轻地蘸取泡泡液，吹出一串串的泡泡。他们看到泡泡的形状各不相同，看到有的泡泡落到桌子上一下子就不见了，有的用手轻轻地触摸……他们的多种感官被充分地调动起来，在充分体验的基础上，大胆表达，运用了表示先后顺序的词语和生活中积累的优美词句。当他们知道摄影师把精彩的瞬间拍摄下来时，学生好奇地睁大了眼睛，一个又大又圆的泡泡出现在大家的眼前。教师再次引导学生想象一个泡泡像什么，两个连在一起的泡泡像什么，一串串的泡泡又像什么。借助图片，学生自由想象、大胆表达。有的学生说："泡泡圆圆的像一个个小圆球。"有的学生说："一个泡泡圆圆的像妈妈头上扎的丸子头。"有的学生想到了冬天和小伙伴一起堆的雪人，他说："两个泡泡连在一起像个可爱的小雪人。"还有学生说："一串串的泡泡连起来像一串糖葫芦。"课堂上的生生交流、师生交流使学生的表达更加丰富、完整，拓展了学生思维的广度与深度。

三、案例分析

思维是人脑对客观事物的表征，即对语言(概念)和表象进行加工的一个认识过程，它既能反映、揭示事物的本质特征和事物间的规律性联系，又能预测、计划事物的未来。① 表象是在物体没有呈现的情况下，头脑中所表现出来的物体的形象。语言是概念的符号，概念是对某些事物共同的属性的概括，它反映客观事物的本质的特性。儿童的表象越丰富，形象思维越发展，其语言越能得到发展，而语言的发展又促进其思维能力和交往能力的发展。②

"吹泡泡"一课来源于生活，是学生熟悉并喜欢的一项活动，让学生在体验中从观察动态事物入手，丰富表象积累，借助对表象的加工进行想象训练，培养想象力，在语言训练的过程中发展思维。

(一)丰富学生的已有经验，调动表象积累

原始课中通过直接创设情境的方法导入新课，而改进课更加注重学生的参与。有的学生用自制的泡泡液吹泡泡；有的学生用泡泡机吹，大大小小的泡泡上下飘动。在课前，教师通过情境再现，调动起学生吹泡泡的表象积累，学生头脑中的表象就是形象思维活动的结果。学生的学习兴趣与潜能得到最大程度的激活。教师根据学生的已有经验，直接引入本节课的学习。随着视频短片的播放一下使课堂氛围轻松快乐起来，学生很快进入了学习状态。

(二)分组观察，小组合作，拓展思维空间

在教学中，教师先指导一位学生吹泡泡，让大家观看，目的是渗透观察方法，引导学生运用表示先后顺序的词和准确的动词，把吹泡泡的过程说清楚。接着小组合作体验吹泡泡，边吹边观察泡泡的样子。体验后，学生交流分享自己观察的结果，从泡泡的形状、颜色、数量以及泡泡的变化，把自己看到的说清楚。这是本节

---

① 温寒江、陈爱苾：《学习学》上卷，27 页，北京，教育科学出版社，2016。
② 温寒江、陈爱苾：《学习学》上卷，50 页，北京，教育科学出版社，2016。

课的教学重点。

《学习学》上卷还指出：在观察过程中视觉起着主要的作用，通常还有听觉、触觉、嗅觉、味觉参与。观察过程通常不是一次形成的，而是经历着观察—表象—思维—观察……循环往复的过程。

表象是想象的材料，有了丰富的表象积累，才能产生想象。想象是人们在头脑中把原有的表象加工改造成新的表象的思维方法。本节课的教学难点是能运用生活中积累的语言，把自己看到的、想到的和自己的感受及觉得新奇有趣的内容写下来。

在改进课的教学中，教师采用了支持学生参与的教学策略，让学生真正成为学习的主体，为学生有效地学习创造条件。在突破教学难点时，教师采用了观察图片引导想象的方式，让学生直观地看到：一个圆圆的泡泡像什么，两个连起来的泡泡像什么，一串泡泡又像什么。学生结合生活中的观察产生联想，使想象力得到进一步的发展。这是运用想象发展学生思维的第一步。在看图片想象的基础上，教师又帮助学生展开更深层次的想象，采用的是边听边想的方法。伴随着优美的乐曲，教师手持一个泡泡机，泡泡机打出一串串圆圆的泡泡飘在空中。学生边听、边看、边想象：泡泡飘啊飘啊，会飘到哪里？会做些什么呢？他们结合生活想象到的画面既生动又充满了童真、童趣。因为，儿童的想象是无拘无束的，他们乐于表达自己的所思所想。

（三）用笔记录，交流分享，鼓励个性表达

我们都知道想象是写作的源泉，它是一种心理能力。学生在课上以观察为基础，观察到的表象记忆越丰富，想象的空间就越大，可以表达的东西就越多。在表达的过程中，词汇和句式的积累也是可以培养学生的想象力的。课上同伴间、师生间的分享，就会帮助学生在脑中理解和积累这些词句，从而唤醒脑中更多的表象记忆。表象是想象的材料，有了丰富的表象积累才能产生想象。

课上，教师留足时间，让学生进行自主表达。精心设计的学习单上留下一段段优美的文字，一份份写话记录了他们通过仔细观察而想象到的内容，也表达了他们真实、丰富、美好的感受。

改进后的教学设计更加注重学生的参与及学生的实际获得。在教学中，教师更

突出学生的主体地位。为了帮助学生更好地把自己观察的结果说出来，教师运用有效的评价帮助学生规范语言，使表达更加准确有序。学生会想象，但有些学生的想象天马行空。在训练想象力时，新的教学设计给学生搭设一个阶梯，能更好地帮助学生进行想象，使想象更合理、训练更有层次。

板书是依据教学设计服务于学生学习的书面语言。改进后的主板书更加突出思维方法的渗透，突出语言训练的重要地位。副板书采用板贴的方式，一边梳理的是观察什么，为学生说话时做好铺垫；一边是学习方法的指导。这样的设计既突出了思维的主体地位，又有助于培养学生良好的思维品质。

事实证明，有效运用学习与思维的理论指导教学实践，对于激发学生的表达欲望，让学生快乐表达，有着积极的促进作用。在语文教学中，教师要重视发展学生的思维，特别是发展学生的形象思维，促进语言与思维的统一发展。[1] 只有这样，我们的课堂教学才能真正焕发出生命的活力。

第三节　在形象思维与抽象思维的过渡中学习语言
——小学语文"大禹治水"[2]

一、案例导读

"大禹治水"是一个流传千古的神话故事。该课文讲述了大禹十三年坚持治理洪水，三过家门而不入，最终开通河道，治水成功，为百姓造福的故事。大禹心系百姓、无私奉献的精神为世人所敬仰。

全文的结构清晰，语言精练。按照事情的发展顺序叙述，第一自然段讲治水前洪水经常泛滥，百姓生活在苦难之中；第二自然段讲鲧治水九年没有成功，他的儿子禹继续治水；第三自然段讲禹治水三过家门而不入，文中"十三年、多次、一

---

① 温寒江、陈爱苾：《学习学》上卷，32 页，北京，教育科学出版社，2016。
② 案例作者为北京小学广内分校鲍晓楠老师。

次、到处奔走"等词句集中体现了大禹的奉献精神；第四自然段讲禹带领人们采用疏导的办法治服了洪水，百姓过上了安居乐业的生活。选编本文，旨在引领学生在读故事、讲故事的语言实践中，体会大禹心系百姓、无私奉献的精神。本文的课后习题一提示了本课的教学重点是采用联系上下文、字典注释等多种方式让学生理解"挡水""疏导""驱赶"的意思。课后习题二提示了学生学完本文后要学会借助提示复述故事。

"大禹治水"是统编版小学语文教材二年级上册的内容。七岁左右的孩子对于故事本身并不陌生，他们通过读课外书或看、听故事，或从电视上已经对故事情节有了大致的了解，但是作为学生，只了解内容是远远不够的。根据学习与思维理论，用语言文字来表达形象思维是很普遍的。人们在实践和生活中，在观察的基础上，通过形象思维获得对事物的认识。知识是人们以表象储存在头脑中的，然后再经过语言的翻译，用语言的读写、叙述或说明的方式表达出来的。语言作为抽象思维的物质外壳，头脑中的思维语言与表达出来的口头或书面语言不尽相同，但人们经过思考，当某种思想、观点、概念一旦形成，这种思想、概念表达的语言也同时就有了。所以抽象思维同它的表达(语言、文字)可以说是具有一致性的，怎么想就怎么说、怎么写。据此判断，学生单凭课文的语言描述是比较难理解大禹这个人物的，况且上古时代距今已有几千年。因此在本课的教学中，教师运用很多方式进行情境渲染：关键词句的理解、对比烘托，以及借助补充"三过家门而不入"的故事，让学生入情入境地去感受大禹的精神。

二、案例呈现

(一)原始课

1. 教学目标及重难点

(1)教学目标

①巩固"洪、毒"等15个生字的认读，会写"灾、难"两个生字。

②通过联系下文、查字典等方式，了解"挡水、疏导"等词语的意思。

③能按照提示，讲讲"大禹治水"的故事。

④借助"十三年、过家门而不入"等词句理解课文内容，初步体会大禹"心系百姓、坚持不懈"的精神。

（2）教学重难点

本节课的教学重点是能按照提示，讲讲"大禹治水"的故事。教学难点是借助"十三年、过家门而不入"等词句理解课文内容，初步体会大禹"心系百姓、坚持不懈"的精神。

2. 教学过程

表 6-5 "大禹治水"的教学过程

教学环节	教师活动	学生活动	设计意图
复习词语	1. 复习课后的词语 出示课后"读一读，记一记"： 洪水　防洪　毒蛇　毒害　猛兽　凶猛 灾难　火灾　继续　连续　农业　农民 2. 读课文 师：请你把这些词语带入课文当中，看一看很久以前发生了什么事。	认读词语。 读课文。	复习上节课的词语。 回忆故事。
精读课文，了解故事	学习第一自然段——了解治水的原因 1. 指名读第一自然段 很久很久以前……（课件出示第一自然段） 2. 理解"泛滥"的意思 （1）说一说你怎么理解"泛滥"的意思 （2）联系下文 师：同学们，我相信，学习小伙伴能完成的任务，你们也一定能够完成。谁来读读泡泡里学习小伙伴的话？ 3. 你知道泛滥的意思了吗？ （1）说给自己听 师：那我们也来联系下文看看。你知道泛滥的意思吗？说给自己听。 （2）说给大家听 教师引导学生认识到"泛滥"这两个字都有三点水，再结合下文看看。 师："泛滥"主要指什么？	生：联系下文我知道了泛滥的意思。 正确、流利地朗读第一自然段，感受百姓的痛苦。	引导学生通过关键词句想象画面，感受洪水带给百姓的痛苦，了解人们治水的原因。

教学环节	教师活动	学生活动	设计意图
精读课文，了解故事	师：联系下文我们知道了，泛滥指的就是洪水巨大，破坏力极强。 4. 回读第一自然段 引导学生学习第二至四自然段，了解治水的过程。 引导学生自读课文第二至四自然段，完成表格。 根据表格内容，想一想，说一说。 | 人物（谁）	方法（怎么治水）	结果
---	---	---
		| （板书：鲧　筑坝挡水　没有治好洪水 禹　疏导　治好洪水） 引导学生理解"挡水"和"疏导"的意思。 引导学生查字典："挡""疏"。 引导学生联系上下文说意思。 5. 体会大禹的艰辛（补充故事、创设情境） 师：请你自己读一读第三自然段。读完课文，你能根据课文内容给这段文字填空吗？ 出示语段： 禹离开家乡，一去就是（　　）年。这（　　）年里，他到处奔走，曾经（　　）次路过家门口。可他认为治水要紧。（　　）次也没有走进家门看一看。 师：填完这一段话，你认为大禹是怎样的人？ 6. 齐读第四自然段 最终在禹的带领下，人们重新过上了幸福的生活……	自读第二至四自然段，完成表格。 理解词义。 填写语段。 交流感受。 读第四自然段，体会治水的结果。	让学生通过品析关键词"挡水"和"疏导"，体会禹治水成功的过程。 引导学生先填写这组数字，再通过数字让学生体会大禹内心的两难抉择；体会大禹"心系百姓、坚持不懈"的精神；最后再通过有感情的朗读表达自己的感受。

续表

教学环节	教师活动	学生活动	设计意图
根据提示,讲述故事	指导学生讲故事: 1. 和老师一起试着讲故事 2. 自己练习讲故事 3. 同桌合作讲故事 4. 展示讲故事 结语:轻轻放下书,回家之后,把这个故事讲给你们的爸爸妈妈听。	根据提示,练习讲故事;讲故事。	引导学生借助提示,学会讲述故事。
书写	让学生根据课文的主要内容,复习本课的生字。 填空: 很久以前,洪水经常泛滥,给百姓带来了无数(　　　)。大禹十三年坚持治理,多次过家门而不入。最终疏通了河(　　　),洪水退了,毒蛇猛兽(　　　)驱赶走了,农业生产渐渐恢复了。百姓重新过上了安居乐(　　　)的生活。		

板书设计

15 大禹治水
灾难

原因　洪水使人们生活痛苦

过程　鲧　筑坝挡水　　没有治好洪水　心系百姓

　　　禹　治水　　　三过家门而不入　坚持不懈

　　　禹　疏导　　　治好洪水

结果　安居乐业

3. 教学反思

儿童语言的形成是有关键期的。与口头语言的形成不同的是,学校的系统学习,有利于学生语言的规范性和思维的发展。学生的语言学习中,把既有的口头语言作为基础,把书本中的规范语言作为学习资源,会使学生在迁移中获得新的技能,进而形成能力。本课在学生的语言学习中,让学生向书本学习,运用语言进行复述。着力于训练规范语言的想法是好的,也是对的。但实施中还存在一定的问题。

问题一是词语复习、生字书写割裂，与后续的学习无关联。教学伊始，教师让学生读上节课的词语，仅仅是复习词语，巩固知识。最后的书写环节也是在学习课文内容后，为巩固第一课时的生字，让学生进行填空。复习词语和书写两个教学环节出于同一个目的：掌握旧知。这样用课上有限的时间，做着不同的几件事，效率低，而且与本课课文的学习关联性不强。

问题二是教学策略的选取，与学生认知发展不相宜。第一，理解较难的词语如"泛滥""疏导""挡水"等多个词语时，教师直接让学生读一读书中的话。然后教师引导学生根据上下文说一说这个词语的意思。而二年级的学生实际上不明白如何联系上下文理解词语。如此抽象的问题对于二年级学生来讲，他们是无法通过联系上下文弄懂的。即使是教师讲解，以形象思维为主的二年级学生在头脑中是形不成表象的，更不容易明白。

第二，为突破教学难点，在学生填写语段的数字后，教师问："你认为大禹是怎样的人?"这个问题有点抽象，学生的抽象概括能力有限，对人物的理解不深刻。课堂上表现出的现象是，有的学生一脸迷茫，有的学生无所适从，少部分学生虽有想法但表达不出来。

(二)改进点设计

1. 教学目标的改进

在重新备课研读教材后，教师根据学生的认知水平和学情实际，以及从自身操作的层面，对教学目标进行了调整：教学总体目标不变，主要是使教学目标更加具体，从学生学的角度进行设定，注重学生的实际获得。

2. 教学环节的改进

一是复习词语与学写生字环节合并。教师将第一环节中出示的词语，围绕课文难点内容进行精简，并将认读字、四会字相结合；让学生在读词语后，学写"灾难"二字。这样既为突破难点做了铺垫，有了导引，又节省教学时间，省时高效。

二是理解难度较大的词语。教师利用图片、在课件上标注红线、读上下文句子，逐步地教会学生何为"联系上下文理解词语的意思"。教师在学生后续理解"疏导""挡水"时也不是简单问学生，而是采用做动作、猜词义等多种形式引导学生理解词语。这样注重了学习的过程性，使知识学习、能力培养形成梯度。

三是补充"三过家门而不入"的故事，让学生理解了关键词语，再加上配乐朗读，让学生入情入境地去感受大禹的精神。

3. 教学策略的改进

教师紧紧围绕教学目标选择性地对教学策略进行设计和使用。在教学中，教师为解决重点和难点问题，突出学生的主体地位，改进后的教学策略如下。

一是直扑重点，整节课的所有环节都为教学目标服务。读、写、说都围绕目标进行。

二是搭设台阶，以多种教学辅助手段服务于学生的认知。教师利用图片、填空、板书带领学生从形象思维走向抽象思维，帮助学生学会重点，理解难点。

三是反复练习，服务于学生习得规范的书面语言。教师利用有目的、有层次的训练，以及板书设计突出思维方法的渗透，突出语言训练的重要地位。

（三）改进课

1. 教学目标及重难点

（1）教学目标

①认读、书写结合，巩固"洪、毒"等15个生字的认读，以字源解析，理解"灾、难"两个生字，并会写。

②通过图片、课件，以及联系下文、查字典等方式，了解"挡水、疏导"等词语的意思。

③能按照提示，讲讲"大禹治水"的故事。

④借助"十三年、过家门而不入"等词句理解课文内容，初步体会大禹"心系百姓、坚持不懈"的精神。

（2）教学重难点

本课的教学重点是按照提示，讲讲"大禹治水"的故事。教学难点是借助"十三年、过家门而不入"等词句理解课文内容，初步体会大禹"心系百姓、坚持不懈"的精神。

2. 教学过程

表 6-6　改进后的"大禹治水"的教学过程

教学环节	教师活动	学生活动	设计意图
复习词语，学写生字	（一）复习词语 1. 仍然、继续、消退、教训、恢复 师：这些词语你们都还认识吗？我们一起来读一读，一个词语读两遍。 2. 洪水、毒蛇、猛兽、伤害、灾难 （二）自读 师：自己先来读一读。 （三）开火车读 师：开火车读，开火车的同学读一遍，其他同学跟读两遍。 （四）书写生字 1. 记字 师："灾难"这个词语是我们今天需要学写的生字。 （1）记灾 师：谁来说一说你是怎么记住这两个字的？ 记字方法：①先拼读。②说结构。③说识字方法。 （2）识记灾这个字的字源 在"川"字川的川流方向上加一横的指事符号 一，表示因山洪暴发，河川不畅，造成水害。火，表示火烧房子。籀文灾＝川（不通畅的"川"）＋火（火），强调了洪水、大火为两大"灾源"。 2. 写字 师：伸出你们的小手和老师一起写一写这两个字。 （1）范写 （2）生写 （3）评字 过渡：现在把这些词语朋友带入课文当中。请同学们想一想很久以前发生了什么事。	认读词语，书写生字。	引导学生复习词语，书写生字，为学习课文做铺垫。

续表

教学环节	教师活动	学生活动	设计意图
精读课文，了解故事	(一)学习第一自然段，了解治水的原因 1. 指名读第一自然段 2. 抓重点词句感受人们生活的痛苦 师：通过上节课的学习我们知道了"泛滥"就是指洪水巨大，破坏力极强。联系下文，洪水泛滥给人们带来了哪些灾害? 师：同学们看看(图片略)，这就是洪水泛滥后带来的景象。 3. 回读第一自然段 师：同学们想象着洪水泛滥的情景，感受着人们生活的痛苦。我们再来读第一自然段。 过渡：所以洪水泛滥，让人们的生活痛苦极了。这就是人们治水的原因。 (二)学习第二至四自然段，了解治水的过程 师：自读课文第二至四自然段，按照"谁、怎么治理、结果如何"练习说句子。 (板书：鲧　筑坝挡水　没有治好洪水 禹　疏导　　治好洪水) 引导学生理解"挡水"和"疏导"的意思。 (做动作　猜词义) 1. 体会大禹的艰辛 (1)补充"三过家门而不入"的故事 师：其实啊，禹在治水的过程中，也历尽了千辛万苦。治水期间流传一个感人的故事。 (板书：三过家门而不入) 师：课文的第三自然段也蕴含着老师讲的这个故事。请你自己读一读第三自然段。读完课文，你能根据课文内容给这段文字填空吗? (2)出示语段 禹离开家乡，一去就是(　　)年。这(　　)年里，他到处奔走，曾经(　　)次路过家门	理解"泛滥"的意思。 生：淹没了田地；冲毁了房屋；毒蛇猛兽伤害百姓和牲畜。 正确、流利地朗读第一自然段，感受百姓的痛苦。 自读第二至四自然段，练习说句子。 通过做动作、猜词义的方法理解词语。 听故事。 填写语段。	引导学生通过关键词句想象画面，感受洪水带给百姓的痛苦，了解人们治水的原因。 引导学生通过对比阅读的方法梳理课文内容。 让学生通过品析关键词"挡水"和"疏导"，体会禹治水成功的过程。 教师讲故事，为后面学生讲故事做出示范。 引导学生先填写这组数字，再通过数字让学生体会大禹内心的两难抉择；体会大禹"心系百姓、

教学环节	教师活动	学生活动	设计意图
	口。可他认为治水要紧。（　　）次也没有走进家门看一看。 (3)换位思考，体会禹的艰辛 师：我们发现大禹的成功不仅因为他用疏导的办法去治水，有过人的智慧，还因为他能够做到"三过家门而不入"，有为民造福的情怀。 2. 齐读第四自然段 最终在禹的带领下，人们重新过上了幸福的生活……	学生交流感受。 读第四自然段，体会治水的结果。	坚持不懈"的精神；最后再通过有感情的朗读表达自己的感受。
根据提示，讲述故事	引导学生讲故事： 1. 和老师一起试着讲故事 2. 自己练习讲故事 3. 同桌合作讲故事 4. 展示讲故事 预设引导： ①讲的时候可以一边讲，一边看提示。 ②按照顺序讲得很清楚。 ③可以适当地加入连接词。 结语：轻轻放下书，回家之后，把这个故事讲给你们的爸爸妈妈听。	根据提示，练习讲故事。 讲故事。	引导学生借助提示，学会讲述故事。

板书设计
15 大禹治水 灾难 原因　洪水使人们生活痛苦 过程　鲧　筑坝挡水　没有治好洪水　心系百姓 　　　禹　治水　　三过家门而不入　坚持不懈 　　　禹　疏导　　治好洪水 结果　安居乐业

3. 教学反思

教师的备课经历了多个过程，教案前后的差距较大。在整个备课和上课的过程中，教师不断学习《小学语文两种思维结合学习论》，基于学生的认知水平和思维特征进行再设计、再教学，取得了较好的效果。

（1）改单一目的的字词复习为关联性的结合教学

为解决之前教案中词语复习、生字书写环节为设立而设立的问题，教师再次审视教学目标，把教学目标纳入课时教学的各个环节，把字词复习与学习内容紧密结合，省时高效，又为突破重难点奠定基础。教学伊始，教师带领学生复习了两组词语：第一组为仍然、继续、消退、教训、恢复；第二组为洪水、毒蛇、猛兽、伤害、灾难。这些词语是教师精心挑选的，它们有由生字组成的词，有要求会写的字，更重要的是它们能引导学生对内容进行回顾和整体把握，还能将学生的视线引导到文章的重点内容上，为后续学习课文顺利过渡，达到事半功倍的效果。

（2）改单纯的字形记忆教学为理解性的字源形象教学

汉字中有大量的象形字。顾名思义，象形字是由人们利用事物的外在形象，简单、抽象地描绘出它的轮廓和特征而得来的。它们都很像一幅单线勾勒的简笔画，根据物体的表状，"随体诘诎"描摹出来的，一望即知其为何物。正如许慎所说"画成其物，随体诘诎"，所以象形字具有很强的直观性。在学写"灾难"二字时，教师运用汉字的二维象形特性，将"灾难"二字的字形还原为象形字，再将字的部件与现实事物相联系，利用学生形象思维比较强的年龄特征，有效地把字形形象地展现给学生。课上，学生对于这种学习很感兴趣，而且记忆深刻。在课后的检测中，学生书写的正确率高，学习效果很好。在本课的教学中，理解词语"泛滥""疏导""挡水"等多个词语的策略，也利用了这个原理。教师利用图片、在课件上标注红线、读上下文的句子等方法，让学生利用做动作、猜词义等多种形式理解词语，循序渐进地教会学生何为"联系上下文理解词语的意思"。

（3）改固化的文本学习材料为动态的语言训练素材

语文教学体系包括两个方面：一是学习教材，二是进行系统的语言文字学习。这种训练体系应该是两种思维（形象思维与抽象思维）相结合的、综合的、循序渐进的训练，以提高学生的听、说、读、写能力为目的。① 语文学科的人文性和工具性是相辅相成的统一整体，在语文教学中感受人物情感，感悟人物思想，领会人物精神对学生来说是难点。教师利用讲故事这种学生喜闻乐见的形式，在规范学生语言表达的过程中，再补充"三过家门而不入"的故事，辅助学生理解关键词语，再加上配乐朗读，让学生入情入境地去感受大禹的精神。

三、案例分析

智力的核心是思维。语言与思维密不可分。在语文教学中，教师要重视发展学生的思维，促进学生语言与思维的统一发展。语文教学与其他学科教学相比，更能促进学生形象思维的发展。二年级的学生由于年龄小，属于形象思维为主的学习阶段。作为学习活动的组织者、引导者、促进者的教师就要创设一定的情境，采取恰当的教学策略，提高学生的形象思维水平，促进其他思维活动的发展。这对于达成语文课程标准的要求有着十分重要的意义。

"大禹治水"是一个古代传说，故事发生的年代距离学生的生活实际比较遥远。加之学生对于洪水没有太多直观的认识，对大禹治水的艰辛和不顾个人利益、一心为百姓谋幸福的高尚情怀在理解和感受上有一定的困难。教师准确分析了学情，把本课的教学重难点分别确定为：按照提示，讲讲"大禹治水"的故事；借助"十三年、过家门而不入"等词句理解课文内容，初步体会大禹"心系百姓、坚持不懈"的精神。

本节课中能体现形象思维的教学策略主要有以下四点。

第一，引用字理识字法，学习生字。识字写字是低年级语文教学的训练重点。而如果识字教学只注重从字的间架结构、笔画组合去分析字形，学生就只能死记硬背每个字的音形义，久而久之可能会感到单调、枯燥、乏味，失去学习的兴趣。

在这节课中，教师引用了字理识字的方法，把"灾"的字源和演变的过程清晰地讲给学生。

---

① 桑海燕、王俊英：《小学语文两种思维结合学习论》，31 页，北京，教育科学出版社，2016。

通过这个字的讲解，教师把看上去简单的部件变得形象生动，同时在教学汉字的产生和演变的过程中，带领学生慢慢地走入神奇的汉字世界，了解汉字的博大内涵。而这个字的字理又为学生理解课文内容奠定了基础，因此在教学生字时教师紧紧围绕文本，把学生带入了课文的情境。

第二，利用直观手段（看图片、看视频、做动作），理解课文内容。这篇课文虽然讲述的是故事，但是有些词汇学生不易理解，比如"泛滥""疏导""筑坝挡水"等。在教学中，教师借助多媒体课件的直观形象画面，让学生充分动口、动脑，展开丰富想象，拓展学生思维的空间，然后让学生在一次次的朗读中感受大禹治服洪水的顽强意志和献身精神，从而得到思想上的启迪、情感上的升华。

课文的第一段就出现了"泛滥"这个词。为准确定义这个词的意思，教师先提问："通过上节课的学习我们知道了'泛滥'就是指洪水巨大，破坏力极强。"那么水大到什么地步，对什么产生了破坏，学生依然感到茫然。这时教师恰当地播放1998年特大洪水暴发的视频，呈现了对房屋、田地、人们生活的破坏。当学生看到汹涌的洪水像猛兽一样席卷而来，瞬间就冲毁了房屋，淹没了庄稼，卷走了牛羊时，自然就理解了"泛滥"的意思。正因为洪水使人们无法生活，才引出后文大禹必须要治水。

在治水过程中出现了"筑坝挡水"和"疏导"两种不同的方法，教师让学生起立分别做动作。学生立刻活跃起来，课堂上出现了一个小高潮。学生伸展着手臂，踮起脚尖，把自己当成堤坝，尽量挡住更多的水。但是筑坝挡水的问题马上就出现了，学生着急地纷纷说着这种方法的弊端，自己就明白了这种方法不太管用，需要疏导，不再需要教师的讲解。这时学生就产生了对大禹治水方法的敬佩。

第三，通过听故事，完善人物形象，体会人物精神。教师应让学生在积极主动的思维和情感活动中，加深理解和体验，有所感悟和思考。大禹治水时"三过家门而不入"的故事感人肺腑，教材中并没有进行过多的描述，这是一个可以充分利用和挖掘的空白点，对于丰富文章内容、完善人物形象起着至关重要的作用。教师抓住这一"空白"，利用小学生爱听故事的心理，把"大禹三过家门而不入"的故事配上音乐徐徐讲来，使禹的形象逐渐饱满。此时，教师再让学生谈谈自己对大禹的看法。大禹"不怕吃苦，顽强治水""不顾个人，一心为民"的形象就在学生的脑海中刻下了深深的印记。

第四，借助故事插图，积累丰富语言。运用课文插图，是我们在教学过程中常用的一种教学辅助手段。它有利于集中学生的注意力，有利于培养他们的观察能力，还能借助插图帮助他们积累语言。这篇课文有四幅插图，正好和四个自然段相对应。让学生借助课文插图复述课文，有利于培养学生的观察能力、思维和语言表达能力，从而训练学生口语的规范性，促使其口头语言得到进一步发展。这一环节充分发挥了插图的独到作用，为学生理解文本内容而服务，让语文教学变得更加生动、有趣。

总之，在教学中教师要运用各种方法策略来培养学生的形象思维，提高学生学习语文的兴趣，促进他们语言与思维的统一发展，达到语文教学的最佳效果。

第四节　运用表象研究和教学策略　为英语学习打开一扇窗
——小学英语"Food and Drink"①

一、案例导读

表象按照刺激的性质以及刺激所作用的感觉通道的不同，可分成视觉表象、听觉表象、运动表象及触觉表象、味觉表象等。由于视觉在生活中起着较大的作用，因而心理学所研究的表象常以视觉表象为主。② 教师可以利用视觉表象自身的这种丰富性，使它在学生认识活动中成为智力发展的基础。③ 同时，其他感觉如味觉、嗅觉等，也都有相应的各种表象。根据英语学习的多元性和趣味性，教师可以适当利用这些表象的特性来调动学生学习的积极性。

---

① 案例作者为北京育才学校商洋洋老师。
② 温寒江、连瑞庆：《开发右脑——发展形象思维的理论和实践》，64 页，杭州，浙江教育出版社，1997。
③ 同上。

　　教学策略是指在教学过程中，为完成特定的目标，依据教学的主客观条件，特别是学生的实际，对所选用的教学顺序、教学活动程序、教学组织形式、教学方法和教学媒体等的总体考虑。也就是说，教学过程中不存在能实现各种教学目标的最佳教学策略；没有任何单一的策略，能够用于所有的教学情况。所以，有效的教学需要有可供选择的策略来达到不同的教学目标，而且需要不断予以相应的监控、调节和创新。授人以鱼，不如授人以渔。教师可以根据学生的情况、学习目标采用多种教学策略。在教学策略的运用过程中，教师通过示范、展示、训练、扩展，使学生的语言水平、语言能力得到发展。

　　本案例是北师大版小学英语教材一年级下册第九单元"Food and Drink"的第一课时，是一节词汇句型新授课。本课有两部分内容：一是在一定的故事背景下学习功能句，实现语言的建构；二是通过扩充词汇丰富语言框架。从教材的编写结构来看，本课以相对完整与真实的故事语言情境为依托，呈现重点功能句型，并通过 Learn to say 部分引出核心词汇，旨在引导学生将句型与词汇相结合，最终达到灵活运用的目的，实现语言的产出。

　　依据以上理论，教师在设计案例的过程中，反复研磨，着重在改进课中增加了利用表象特性习得知识和开展同伴合作学习的教学策略，激发学生的学习兴趣，提高学生学习的主动性。

二、案例呈现

(一)原始课

1. 教学目标及重难点

教学目标：能够听懂、正确读出并辨认 6 种食物或饮料的名称 chicken，noodles，rice，milk，juice，French fries。

教学重难点：能够理解并运用功能句型 What do you like? /I like……从而达到自由交流的目的。

2. 教学过程

表 6-7　"Food and Drink"的教学过程

教学环节	教师与学生活动	设计意图	效果分析
热身导入	（一）Warming up 1. 师：Please look at the beautiful picture. What are these? 学生观察图片，回答教师的问题：hamburgers，pizza，milk…… 2. 师：Now，let's sing a song about food and drink，ok? 师生共同演唱有关食物和饮料的歌曲。	用色彩艳丽的食物图片吸引学生的注意力，通过观察、思考、回答，引出本课的主题。 激发学生的兴趣，活跃气氛。	直接切入主题，同时交代本节课的教学内容与目标，让学生在学前有所了解。 轻松活泼的歌曲调动了学生的积极性，从课堂伊始就营造了一种和谐的学习氛围，建立了良好平等的师生关系。
内容呈现	（二）Presentation 1. 师：Who are they? 学生说出已认识的朋友的名字。 2. 师：Let's look at the picture。（出示课文主题图） Where are they? What are they talking about? 学生观察图片，试着推测主人公的对话内容。 3. 师：Ok，let's watch the cartoon，and try to repeat after it. 学生听录音跟读课文。 4. 师：I am Mocky，you're Ken，let's role play the story，ok? 师生分角色朗读课文。 师：Who wants to be Mocky/ Ken? 学生分角色扮演，朗读课文并展示。	培养学生的观察能力，通过观察和预测让学生带着问题在整体感知故事的过程中学习思考并引出重点句型，为后面学习构建语言框架。 仔细听原文，培养学生正确的语音语调；利用模仿，培养学生正确的语音语调。 让学生通过角色扮演理解、体验语言学习过程，运用功能句型。	在教师的提示下学生踊跃发言，试着表达所观察到的事物，锻炼了语言表达能力；同时学生初步了解了故事的整体内容，为学习做好铺垫。 学生通过听、读、模仿、体会，掌握基本的语音语调。 学生通过不同方式的角色扮演，能够理解故事的大意并较熟练地朗读；小组内合作分饰角色读书，既增添了学习兴趣又达到了互助学习的目的；学生带动学生开口的形式鼓励了内向或者语言水平较低的学生更加勇于开口，并使得课文内容得到再次巩固。

续表

教学环节	教师与学生活动	设计意图	效果分析
知识拓展	（三）Extension 师：Can you see other food and drink from this picture? 学生通过观察课文的主题图，找出其他食物和饮料。 教师在教授单词时强调首字母的发音。	结合字母发音规律，使用记忆认知策略，采用方法教学，加深学生对单词的记忆。	使用认知策略进行单词的习得，能够增强学生对新知的记忆。
操练巩固	（四）Practice 1. Flash cards 教师快速出示单词。 2. Let's think! 学生观察图片，找出规律，说出空白处的食物或饮料的名称。 3. This is my kitchen. 学生看图形，猜食物和饮料。	由图到词，有层次地通过不同的课堂游戏和活动来巩固新授词汇。	使全体学生共同参与进来，将机械操练与思维训练相结合，使练习层层递进，让学生在不同活动中更好地掌握知识。
语言产出	（五）Production Touch and say：Can you make a new dialogue? 学生用重点句型进行操练，创编新对话。 （六）Fill the chart （七）Homework 1. Listen and read the words. 2. Role play the story. 3. Talk about food and drink with friends.	拓展练习，让学生将本节课的句型与单词相结合，进行自由交流，达到灵活运用的目的。 学生在填写表格的过程中对本节课的收获进行了一定的回顾和梳理。 面对学生的个体差异，教师为不同水平的学生设置有梯度的作业，使教学面对全体，力求不同水平的学生都能有所发展。	

3. 教学反思

学生通过本节课的学习，完成了教学目标中的内容，并能够理解故事、模仿录音读出故事；学习程度较好的学生还能够分角色表演出故事。

学生通过本节课的学习，初步掌握了有效的单词记忆方法，同时能够结合主题通过观察、推测来学习语言知识。这是本节课最为成功的地方。

有梯度的课后作业，从听、读、说三方面不仅检测学生的学习成果，更重要的是能够使不同学习水平的学生有所选择地对知识进行梳理和复习。

(二)改进点设计

1. 教学目标的改进

通过对教材的再次研读，教师根据学生的实际已有知识水平，重新制定了教学目标，从知识与能力，过程与方法，情感、态度与价值观三个维度进行了修订，更加突出学生利用多种感官参与教学活动，注重学生的参与和实际获得。

2. 教学环节的改进

在教学实践中，教师更加注重运用不同的教学策略来调动低年级学生学习英语的兴趣和主动性。

一是教授单词的过程，充分利用视觉、嗅觉、味觉、听觉的表象特点，增加了让学生通过其他感官感知的环节，增强了学生对新知的感受度和识记度。

二是教学环节中加入了为春游选购食品的设计，使用实践与应用活动的策略，联系实际，让学生操练句型，在实际情景中达到最终运用语言的目的。

(三)改进课

1. 教学目标及重难点

(1)知识与技能目标

知识与技能目标为：能够听懂、正确读出并辨认 6 种食物或饮料的名称 chicken, noodles, rice, milk, juice, French fries。

（2）过程与方法目标

①充分利用背景故事的引导作用。以背景故事为依托，教师注重利用问题引领的作用，引导学生经过观察、预测主动地接受并掌握知识，发散思维，培养学生善于思考的习惯与能力，同时为后面的学习做好铺垫，支持学生参与学习。

②设计多种方式学习核心词汇。教师注重运用认知策略、方法教学，通过新旧知识的联系、形象思维的直观性，让学生通过听、闻、尝、猜产生记忆的联系性，并从词形拼写入手，渗透单词的记忆策略，加强对单词的识记，使学生更好地掌握核心词汇。

③营造积极的课堂氛围。一年级学生处于语言学习的重要期、敏感期，所谓"亲其师，信其道"。教师利用这一特点，通过不同的语言评价、丰富的肢体语言、生动的表情变化来吸引学生，营造和谐轻松的课堂氛围，让学生享受学习的过程。

④通过合作学习解决个体差异问题。由于多种原因，学生的语言水平存在差异。合作学习可以降低语言能力较弱学生的紧张感，通过同伴间的示范、帮助，带动这部分学生学习的积极性和主动性，从而使得学生学习的整体水平得到提高。

（3）情感、态度与价值观目标

①通过积极观察、思考，调动情感与思维的参与。

②通过教师采用的认知策略，掌握一定的学习方法，同时注重新旧知识的联系。

（4）教学重难点

教学重难点为：能够理解并运用功能句型 What do you like? / I like……从而达到自由交流的目的。

2. 教学过程

表 6-8　改进后的"Food and Drink"的教学过程

教学环节	教师与学生活动	设计意图	效果分析
热身导入	（一）Warming up 1. 师：Please look at the beautiful picture. What are these? 学生观察图片，回答教师的问题：hamburgers, pizza, milk…… 2. 师：Now, let's sing a song about food and drink, ok? 师生共同演唱有关食物和饮料的歌曲。	用色彩艳丽的食物图片吸引学生的注意力，通过观察、思考、回答，引出本课的主题。 激发学生的兴趣，活跃气氛。	直接切入主题，同时交代本节课的教学内容与目标，让学生在学前有所了解。 轻松活泼的歌曲调动了学生的积极性，从课堂伊始就营造了一种和谐的学习氛围，建立了良好平等的师生关系。
内容呈现	（二）Presentation 1. 师：Who are they? 学生说出已认识的朋友的名字。 2. 师：Let's look at the picture。 （出示课文主题图） 师：Where are they? What are they talking about? 学生观察图片，试着推测主人公的对话内容。 3. 师：Ok, let's watch the cartoon, and try to repeat after it. 学生听录音跟读课文。 4. 师：I am Mocky, you're Ken, let's role play the story, ok? 师生分角色朗读课文。 师：Who wants to be Mocky/Ken? 学生分角色扮演，朗读课文并展示。	培养学生的观察能力，通过观察和预测让学生带着问题在整体感知故事的过程中学习思考并引出重点句型，为后面学习构建语言框架。 仔细听原文，培养学生正确的语音语调；通过模仿，培养学生正确的语音语调。 让学生通过角色扮演理解、体验语言学习过程，运用功能句型。	在教师的提示下学生踊跃发言，试着表达所观察到的事物，锻炼了语言表达能力；同时学生初步了解了故事的整体内容，为学习做好铺垫。 学生通过听、读、模仿、体会，掌握基本的语音语调。 学生通过不同方式的角色扮演，能够理解故事大意并较熟练地朗读；小组内合作分饰角色读书，既增添了学习兴趣又达到了互助学习的目的；学生带动学生开口的形式鼓励了内向或者语言水平较低的学生更加勇于开口，并使得课文内容得到再次巩固。

教学环节	教师与学生活动	设计意图	效果分析
知识拓展	（三）Extension 师：Can you see other food and drink from this picture? 学生通过观察课文的主题图，找出其他食物和饮料。 （1）听声音猜食物。 （2）闻气味猜食物。 （3）尝味道猜饮料。 （4）看形状猜食物。 教师在教授单词时强调首字母的发音。	利用食物的外形、气味等特性，结合不同感官，用不同方式引出核心词汇，并结合字母发音规律，使用记忆认知策略，采用方法教学，加深学生对单词的记忆。	充分调动了学生的积极性，特别是香喷喷的鸡腿吸引了学生的注意力，在感官上给予学生一定刺激；借助视觉、听觉、味觉表象的刺激，教学效果很好。
操练巩固	（四）Practice 1. Flash cards 教师快速出示单词。 2. Let's think! 学生观察图片，找出规律，说出空白处的食物或饮料的名称。 3. This is my kitchen. 学生看图形，猜食物和饮料。	由图到词，有层次地通过不同的课堂游戏和活动来巩固新授词汇。	
语言产出	（五）Production 1. Touch and say：Can you make a new dialogue? 学生用重点句型进行操练，创编新对话。	拓展练习，让学生将本节课的句型与单词相结合，进行自由交流，达到灵活运用的目的。	使全体学生共同参与进来，将机械操练与思维训练相结合，使练习层层递进，让学生在不同活动中更好地掌握了知识。
	2. 师：The spring is coming. We can go out to play, we can buy some food and drink. 学生以小组的形式为春游选购食物。	使用实践与应用活动的策略，联系实际，操练句型，在实际情景中达到最终运用语言的目的。	学生加深了对课文的理解和掌握，在教师设置的情境中运用语言，最终达到输出语言的目的。

续表

教学环节	教师与学生活动	设计意图	效果分析
语言产出	（六）Fill the chart	学生在填写表格的过程中对本节课的收获进行一定的回顾和梳理。	
	（七）Homework 1. Listen and read the words. 2. Role play the story. 3. Talk about food and drink with friends.	面对学生的个体差异，教师为不同水平的学生设置有梯度的作业，使教学面对全体，力求不同水平的学生都能有所发展。	

3. 教学反思

教师在课前对学生的已有知识水平进行了简单调研。学生有一定的语言储备，课堂上与教师的配合比较默契，课堂气氛融洽。由于学生个体的差异，个别学生对学习不够自信，不敢开口说英语，需要教师或同伴的鼓励与帮助。同时也有乐于表达，但是知识储备不足、语言能力不强的学生。这就需要教师采取不同策略，如通过建立激励性的课堂气氛、使用记忆认知策略、创设条件支持参与学习、设置实践与应用活动、利用方法教学及合作学习来帮助学生。另外，英语学习的最终目的是运用语言沟通交流。本节课要求学生通过学习句型、词汇，丰富句型，产出语言，对一年级学生有一定的挑战。

三、案例分析

（一）利用表象特性，习得新知

教师充分利用各种表象的特性，让学生通过运用各种感官进行知识的习得，加深学生对新知的识记度。学生通过听声音、闻气味、尝味道、看形状等方式学习有关食物或饮料的单词，接触、感受，从而习得新知。在这个过程中，表象的特性与功用得到运用和发挥，使学生对新知产生了极大的兴趣。视觉、嗅觉、味觉表象的结合刺激了学生对新知的渴望，因而学习过程顺利，学习效果事半功倍。

（二）运用不同策略，培养能力

在课堂教学环节中，教师注重运用不同的教学策略，培养学生的学习能力，同时解决学生语言学习过程中出现的不同问题。

在课文的学习过程中，教师注重培养学生的观察能力和感悟能力，让学生通过观察、联想和猜测来主动获取知识。

第一，在整体感知课文前，教师提出问题，使两个问题紧扣课文背景和课文主线。学生在回答问题的时候能够了解故事发生的时间、地点，使课文主线贯穿始终，帮助学生理解课文主题的同时获取了知识。

第二，教授课文时，教师让学生猜测故事发生的地点以及主人公谈论的内容，目的在于引导学生通过观察、推测而获得知识。教授重点句型时，让学生通过观察 Learn to say 部分的功能句型及新授词汇的综合运用，找出两者综合运用的方法，从而进行语言的产出。

第三，针对学生的已有知识、年龄特点及个体差异，教师运用了记忆认知策略，通过建立激励性的课堂气氛、创设条件支持参与学习、设置实践与应用活动、利用方法教学及合作学习来帮助学生更好地完成学习任务。

第四，使用同伴学习策略，充分发挥小组合作的优势。合作学习是目前世界上许多国家普遍采用的一种富有创意和实效的教学理论和策略。它是以教学中的人际合作和互动为基本特征，把个人之间的竞争变成小组之间的竞争，通过小组之间的合作和互动来相互传递和交流信息，激励学生的参与意识，从而实现英语课堂教学的交际化。合作学习不但有利于大面积地提高英语成绩，还有利于培养学生的思维、社会交往能力，帮助学生树立起学习英语的自信心等。

在不断的学习与探究中，英语教师为学生构建良好的语言学习环境，采取有效的教学策略，有助于增强学生学习英语的自信心，点燃他们探究的热情，培养其自主学习的能力，为其终身学习奠定基础。有效运用学习与思维的理论指导，在教学中注重发展学生的形象思维，则是实现这一目标的有利保障。

第五节　学源于思，在美术教学中培养学生的思维能力
——小学美术"绘画中的透视现象"①

一、案例导读

"绘画中的透视现象"是人美版小学美术五年级上册第五课的学习内容。本课是一节了解透视现象的课程，教材的意图是通过观察、分析和讲解使学生认识到景物有近大远小的透视现象（平行透视），并能将透视知识运用到实际绘画之中，提高空间表现能力。《学习学》上卷提出，人的全面发展过程中，知识存在内、外两种转化形式：客观影响主观，是知识的接受；主观改变客观，是知识的运用。② 在两种形式不断相互转化的过程中，始终参与其中的就是思维活动。从本课的教学内容和结构来看，学生学习美术的过程，就是这种不断转化的思维过程。本案例的教师通过两次美术课堂实例的备课与教学，深刻认识到：了解学生思维活动的特点，在美术学习中培养学生的形象思维，调动学生思维活动的参与度，能够有效实现教学目标，提高课堂实效，进而达到事半功倍的学习效果。

二、案例呈现

（一）原始课

1. 教学目标及重难点
（1）教学目标
①了解什么是透视，以及视平线和消失点在透视现象中的作用。掌握透视规律，能运用透视知识表现近大远小的透视现象。

---

① 案例作者为北京育才学校安新华老师。
② 温寒江、陈爱苾：《学习学》上卷，172 页，北京，教育科学出版社，2016。

②通过观察与比较、分析与讲解，认识到景物近大远小的透视现象，并把有关透视的理论知识运用到实际绘画中，表现透视现象。

③提高审美情趣，丰富学识。

（2）教学重难点

教学重难点为：通过观察、分析和讲解，能初步了解景物近大远小的透视现象及相关知识，运用所学的透视知识表现透视现象。

2. 教学过程

表 6-9　"绘画中的透视现象"的教学过程

教学环节	教师活动	学生活动	设计意图
新课导入	出示课件图片。揭示：生活中的物象会随着距离的远近而产生视觉上的变化，这种现象叫透视。（板书课题：绘画中的透视现象）	观看教师出示的图片。	从生活中的景象启发学生回忆，导出课题。
讲授新知	（一）观察 师：透视现象会让人们在视觉上发生许多变化，一起来继续观察图片，说说透视使人们感觉到物象有哪些变化。 小结：概括透视变化，并板书。 近　　远 高　　低 宽　　窄 粗　　细 疏　　密 师：根据透视变化规律，越往远处物象越小，最后会变得怎样？	观看课件中的图片。思考回答：近粗远细，近高远低…… 回答：最后会消失成为一个点。	让学生进一步观察，有目的地分析图片。

续表

教学环节	教师活动	学生活动	设计意图
讲授新知	（二）解析 师：结合图片，透视线延长会相交汇聚在一点，这个点就叫消失点。这张画里还有一条看不见的线，它与人的视线平行，就是视平线。消失点与人的视线相平行，所以消失点就在视平线上。 	了解透视概念，认识视平线、消失点。	使学生了解透视的变化规律。 让学生明确概念，对重点与难点问题进行解析。
	（三）检验认知 给学材中的照片画出视平线、消失点。	在学材上画出视平线和消失点。	检验学生对知识的理解。
	（四）深入观察比较 师：观察这两幅图（出示课件），有何不同之处？为何会有这种不同？ 小结：这是由于观察角度不同，消失点和视平线产生变化。 师：在近距离的观察或有遮挡物的情况下，也会看不到视平线和消失点，例如在教室中看到的情形。	生：两幅图的消失点不同。 因为两幅图的观察角度是不一样的。	让学生通过比较，了解观察角度在透视中的变化。
	（五）教师示范 让学生了解透视的变化规律，可以借用物象的变化画出具有透视效果的作品。教师示范绘画步骤。	直观了解绘画过程。	直观演示，让学生学会表现具有透视感的画面。

教学环节	教师活动	学生活动	设计意图
讲授新知	（六）欣赏分析 师：画家借助透视的变化规律，创作出优秀生动的绘画作品。欣赏画家作品。 1. 师：教材中霍贝玛的《村道》的画面带给你什么感受？ 小结：画家利用近大远小的透视现象，生动地再现了乡村边的一条小路，静静地伸向远方。 2. 出示课件：彼得·德·霍赫的《荷兰房子的内部》和马蒂斯的《红色的和谐》。让学生分析画面的不同视觉感受。 红色的和谐 荷兰房子的内部 小结：左图给人以真实、立体的感觉，富有空间感和延伸感。右图则给人以平面、装饰的效果。	欣赏画家的作品，谈一谈对霍贝玛的作品《村道》的感受。 生：安静的，傍晚的感觉。 生：风景很美，很真实。 生：给人感觉很安静。 对比两幅画面，讨论并发言：一幅具有很强的立体感和空间感……另一幅显得比较平淡……	培养学生的审美能力。 让学生通过分析与比较，感受不同绘画风格的审美体验，提高欣赏水平。
学习实践	师：了解了透视知识及其表现效果，下面请同学们试着来画一画。 提出作业要求：请结合书中作品和教师示范，画一幅具有透视效果的作品。	看书，构思，完成绘画作品。	让学生巩固知识，通过绘画表现，将知识转化为技能。
课堂总结	1. 讲评作业情况。 2. 拓展学习《清明上河图》。散点透视是我国古代作品特别是山水长卷中常用到的手法，是独具特点的表现形式。	针对满意与存疑之处，谈收获与体会；观看《清明上河图》。	使学生发现成功与不足。 拓宽学生的视野，培养学生热爱祖国艺术的情感。

3. 教学反思

本课的教学对象是小学五年级的学生，他们正处在从象征期到写实期的转化阶段。虽然视觉思维逐渐发展转向成熟，生活中已经注意到了景物有近大远小的变化，但是由于他们初次接触透视、视平线和消失点等概念，未曾用透视现象表现立体空间，因此在创作过程中就出现了"眼高手低"的现象。在原始课中，教师用概念解释替代了学生对透视规律的亲身体验，不利于学生开展对事物间的联系、对比、观察、认知等思维活动。为了使学生把感性认识逐步上升到理性认识，教师调整教学手段和策略。一方面通过运用大量感性认识激发学生的兴趣，另一方面通过观察和直观演示培养和发展学生的形象思维和逻辑思维。类似的问题还存在于学生的习作表现中。教师为了方便组织教学，让学生以临摹形式完成习作。这样一来就造成学生在绘画中机械地模仿，缺少了从透视的角度对生活环境的客观观察与联系。

基础教育学科教学强调遵循学习科学发展观，关注学生的学习过程。针对教学中出现的问题，教师对学生思维活动的特点进行科学认识和分析，根据学生绘画从象征期到写实期的发展特征，即形象思维发展阶段性的规律，对教学方法和教学手段做出调整。教师从符合学生的认知规律、落实学习方式的多样性入手，调整教学方法和策略，促进学生思维、能力的发展。

（二）改进点设计

1. 教学目标的改进

在教学目标设计中，如果只是完成对透视概念的讲解，会使得学习的理论性较强，增加学生学习的难度和枯燥性。结合学生的实际需求与实际获得，教师对教学目标加以调整，让学生借助形象思维理解抽象的概念。教师从生活认知进而提升到知识概念层面的学习，在知识转化过程中培养学生的观察、理解、分析等能力。如在教学目标中，教师将了解什么是透视改为从近大远小的透视现象理解透视的规律；将要求学生运用知识完成绘画改为通过写生观察提高空间感受与表现能力。学生在课堂上"乐于思、善于思"，美术教学发挥出形象思维的学科特点，教学目标得以充分落实。

2. 教学环节的改进

在原始课中，教师关注课堂流程，忽视了学生学习过程中思维的发展与变化。因此在改进课中，教师将新授课内容分为多个教学环节，使每个环节之间呈现学生思维活动的发展和递进关系。在艺术实践这个环节，教师将作业任务也做了调整：变模仿范画为观察写生，让学生结合真实的环境，通过观察、写生，发现道理，总结规律，巩固认知，从而提高对空间的认识和处理能力。

3. 教学策略的改进

教师借助美术学科的特点，改进课上从认识透视、了解透视到再现透视知识，多采用直观教学的策略。教师结合学生的年龄特点，丰富学生的视觉感官体验，增强透视学习的趣味性与体验性，适时提问引导，启发学生的思考；强调学生的观察、分析及技能转化等思维过程。直观并不等于简单地让学生看。学生通过观察，将信息传入大脑，在头脑中进行比较分析、综合概括，完成一个复杂的心理活动过程。直观教学可以培养学生的观察习惯，让学生学会正确的观察方法，提高观察能力，发挥形象思维在美术学习过程中的重要作用。

（三）改进课

1. 教学目标及重难点

（1）教学目标

①认识近大远小的透视现象，理解视平线、消失点在透视现象中的作用。用写生观察法表现近大远小的透视现象，提高观察、理解、分析能力和空间感受与表现能力。

②通过对比、观察和分析等方法，了解生活中的透视现象，建构出绘画中的透视规律。

③感受透视现象给画面带来的美感，提高审美情趣，丰富学识。

（2）教学重难点

教学重难点为：能初步了解视平线和消失点在透视现象中的作用，掌握透视规律，感受透视现象给画面带来的美感；运用所学的透视知识表现身边近大远小的透视现象。

2. 教学过程

表 6-10　改进后的"绘画中的透视现象"的教学过程

教学环节	教师活动	学生活动	设计意图
观察导入	用课件出示美术作品。提问：哪张图片给你的空间感更加强烈？ 红色的和谐 荷兰房子的内部 小结：左图给人以真实、立体的感觉，富有空间感和延伸感。右图则给人以平面、装饰的效果。	观察图片：左图有透视现象，空间感更强烈。	让学生通过图片直观对比，感受透视变化带来不同的感官效果，切入本课的学习主题。
明确主题	师：今天要研究的内容是绘画中的透视现象(板书课题)。 生活中人们常见到这样的现象，物象会随着距离的远近而产生视觉上的变化，这种现象被称为透视。	明确主题，了解透视概念。	让学生明确学习主题与透视概念。
观察比较	师：观察图片，说一说物象在视觉感官上有哪些变化？你能找到规律吗？(课件演示) 结合学生的回答，教师板书。 近　　远 大　　小 高　　低 宽　　窄 粗　　细 疏　　密 小结：从图中可以看出近处的物体高，远处的低；近处的粗，远处的细；近处的稀疏，远处的紧密……	观看课件。 观察、思考，回答问题：近粗远细，近高远低，近大远小……	从绘画作品联系到生活中常见的情景，启发学生思考，通过观察、回忆导出学习重点。 引导学生进一步观察，有目的地分析图片。

续表

教学环节	教师活动	学生活动	设计意图
初步认知	分析透视现象。看图提问：根据透视的这种变化规律，越往远处，物象越小，猜猜最后会怎样？ 师：如果把具有透视效果的线延长，会出现什么情形？ 师：为什么会有消失点？消失点和你的观察位置有什么联系？ 课件动态演示：透视线会相交汇聚在一点。这个点就叫消失点。这张画里还藏着一条线，虽然看不见，但是它是存在的，这条线就是视平线。解释：视平线就是与我们的视线平行的一条水平线。	推测：最后会消失成为一个点。 观察动态画面的演示，回答透视中的发现。感知视平线和消失点在透视图中的意义和作用。	提出问题，引导学生观察，了解透视的变化规律。 让学生明确视平线和消失点的概念。 利用动态图像和语言，帮助学生理解抽象难懂的概念。 解析视平线和消失点的关系。
认知检验	检查学生初步的认知情况，并简单小结。	拿出学材，试着画出图中的视平线和消失点。	检验学生的认知结果。
深入探究	师：观察两幅图（出示课件），消失点的位置为何不同？ 动态演示：由于观察的角度不同，视平线和消失点在画面中的位置会发生变化。 补充：在近距离的观察或有遮挡物的情况下，也会看不到视平线和消失点，例如在教室中看到的情形。	观察回答：两幅图的消失点位置一高一低。 观察理解：因为观察角度一高一低，所以消失点的位置不同。	利用比较、分析，引导学生了解观察角度的变化，掌握透视规律。

续表

教学环节	教师活动	学生活动	设计意图
教师示范	让学生了解了透视的变化规律，可以借用物象的变化画出具有透视效果的作品。结合实际环境，教师示范写生，强调边看边画。 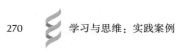	直观了解绘画的方法与步骤。	直观演示，让学生感知透视表现的绘画过程。
认知赏析	师：画家们借助透视变化规律，创作出许多优秀生动的绘画作品。 1. 教材中霍贝玛的《村道》。这幅画给你带来什么感受？ 小结：画家利用近大远小的透视现象，生动再现乡村边的一条小路，静静地伸向远方。 2. 出示课件图片：《阿尔的房间》《雪中猎人》《雅典学院》。画家们利用透视传递了哪些视觉信息？ 解读作品：画家利用透视焦点，吸引观者的视线，从而突出画面中的人物关系和主次结构。	学生谈欣赏霍贝玛的作品的感受。 生：安静的，傍晚的感觉。 生：风景很美，很真实。 学生讨论作品并发言。	引导学生欣赏分析绘画作品。 引导学生获得不同的审美感受；培养学生对绘画作品的体验、解读和欣赏能力。
艺术实践	1. 明确作业要求。 师：结合学到的透视知识，画一画身边的生活场景。 2. 学生分组。 将学生分成两部分进行透视写生练习。一组画楼道里的透视变化；另一组画教室里的情形。 3. 写生实践，教师指导。	实地观察学习环境。 分组完成写生透视绘画。	写生贴近生活，可以培养学生良好的观察习惯；将抽象的概念与感知观察相结合，帮助学生更好地理解与表现，将认知转化为能力。

续表

教学环节	教师活动	学生活动	设计意图
作业评价	作品展示，请学生互评。 教师小结学生的作业情况。	评析作品，谈自己的收获或体会。	总结成功经验，发现问题。
知识延伸	1. 欣赏《清明上河图》。运用独特的透视法——散点透视，使得中国山水画能够表现"咫尺千里"的辽阔境界，在我国古代作品特别是山水长卷中经常用到，是独具特点的一种表现形式。 2. 欣赏三维立体画。有趣的街头三维立体画，运用透视原理，带来视觉上的奇妙效果。	欣赏观看作品。	丰富学生的感官体验和拓宽学生的视野；提高学生的审美能力，积累学生的艺术经验。 培养对祖国杰出的艺术作品的热爱之情。

3. 教学反思

在改进课中，教师遵循五年级学生的认知规律，采取引导观察、启发提问、分析比较等方法，发展学生的思维，培养学生发现问题、解决问题的能力。

教师通过观察和分析，使学生认识透视、视平线、消失点，了解近大远小的透视规律。虽然在生活中，五年级的学生对近大远小的透视现象已经早有注意，但作为学习内容，透视现象在小学美术学习阶段是属于比较难的知识点。学生初次接触这种理性化、抽象化的知识，学习起来还具有一定困难。为使学生把生活中这种初步的感性认识提升到课堂中的理性认识，经过两次教学尝试，教师觉得最好的方法还是调动学生的思维活动，通过思维活动转化，掌握教学重难点。例如，在分析透视规律时，学生通过日常观察可以感知物象近大远小的透视特点。而消失点和视平线又如何认识与发现呢？在现实生活中，人眼是很难看到消失点和视平线的。对于学生来说这就成了模糊、抽象的概念。教师借助图片及动态演示，增加学生的直观感受，让学生利用直观形象解决抽象问题。教师还注意引起学生的注意，让学生展开推理判断，使学生认识到：站在某个角度观察物象，由于近大远小的透视变化，物象最终会消失在一个点上；这个点就是消失点；眼睛的水平位置就是视平线。学生对透视规律的认知，是经过观察再加以推测判断出来的，是通过一系列思维活动来完成学习任务，解决了教学中的重难点问题。

三、案例分析

在前期的学习与研究中，教师了解了美术学科是以形象思维为主的学科。学生学习"绘画中的透视现象"，无论是对物象的观察、概念的解读、规律的推演抑或写生再现，形象思维活动始终参与学习过程。因此，结合学科特点和教学内容，教师为学生设计了由感性认识上升为理性认识，再转化为技能表现的思维学习过程。即丰富表象(观察、回忆)—展开思维、认知活动—创作表现(绘画、表达)的教学模式。从主体认知的结构来看，是从接受外部影响(生活经验加上观察发现)到内化认知(理解透视、认识规律)再到外化技能(描绘身边的透视现象)的知识转化过程。

在原始课中，教师更倾向于关注提出问题、解决问题，而忽略对学生思维活动的预设和引导。因此在学习结果表现上，有的学生表现出看得到、说不清、画不明的情况。有的学生只追求画得像，一旦脱离模仿对象就不知从何下笔了。针对这些问题，在改进课中，教师在教学策略上加以调整，注重对学生思维的引导。如用直观图像让学生解决抽象问题；用观察比较让学生发现透视规律；用写生示范让学生掌握表现方法；用作品欣赏培养学生的审美情趣；用知识拓展来丰富学生的表象，拓宽学生的视野，积累艺术经验。这样从强调形象思维的活动、理解认识功能的角度，根本上解决学生学习中出现的问题。

《学习学》上卷提出了重视思维及思维发展的全面性。[①] 结合课堂实例与理论研究，美术课堂应从以下几个方面来促进学生形象思维的发展。

(一)烘托艺术氛围，创设思维情境

结合美术教学主题，教师为学生创设学习情境。例如，让学生将现实观察与绘画中的透视作品相结合，使学生认识空间感和立体感，从而获得其带来的审美体验，而不是孤立地学习知识，机械地模仿表现；使学生在情感上有获得感和满足感，从而激发思维活动。这种氛围的创设，也可以在课前以问题的方式进行，使得学生在面对课堂教学或教学问题时就有了充分的心理准备。这样的准备可以调动学

---

① 温寒江、陈爱苾：《学习学》上卷，1、20页，北京，教育科学出版社，2016。

生的已有知识经验，节约课堂教学时间，提高实效性。

(二)设置问题，与思维对话

美术课是形象思维较具有代表性的学科活动。但由于形象思维具有跳跃性的特点①，课堂上为了更好地引导学生思考，落实教学目标，提高课堂教学的实效性，教师需要对课堂提问精心设计，通过问题引导学生展开循序渐进的思维过程。例如，在教学中，教师设置了几个问题：透视物象发生了哪些变化？你能找到规律吗？为什么会有消失点？消失点和你的观察位置有什么联系？如果用绘画的方法怎么表现？随着看图、课件动态演示和教师示范，教学提问环环相扣、层层深入，如抽丝剥茧般，把教学重难点加以剖析。教学提问设计的过难、过简或太过跳跃，都不利于学生进行思考和深入学习。因此，教师的提问应当具有启发性、联系性和延续性。这样才可以使学生在学习过程中与思维对话，促进思维活动的递进、持续、深入和转化。

(三)遵循学生的发展规律，构建两种思维相结合的模式

学生是学习的主体，思维是教学过程的中心。② 遵循学生的发展规律，构建两种思维相结合的模式，才可以使知识有更高的提升和更广阔的迁移。例如，在美术教学中，教师为学生提供赏析作品，使学生感受透视的绘画带来的视觉空间感和立体感；通过讲解或示范，使学生明白透视关系和法则，掌握透视表现方法；这是形象思维向抽象思维的转化。当写生时，学生将形象思维与抽象思维相结合，通过知识经验分析与直观感受，使作品具有层次感和空间感。两种思维相结合的最终结果是知识和技能提升。这种提升过程，是一个不断持续和巩固的过程。

依照思维的发展规律，两种思维相结合的模式给学习者提供了方法，也为教学者提供了方法。美术课堂教学中，通过案例实践，将理论知识与经验知识整合，必将给学习者的学习带来一个质的飞跃。

---

① 温寒江、陈爱苾：《让青少年智力得到最佳发展——两种思维的智力基本理论》，67 页，北京，北京科学技术出版社，2006。
② 温寒江、陈爱苾：《让青少年智力得到最佳发展——两种思维的智力基本理论》，121 页，北京，北京科学技术出版社，2006。

第六节　引导学生多感官参与，促使技能形成
——小学体育"前滚翻"①

一、案例导读

　　思维包括抽象思维和形象思维，是学习过程的核心。运动技能形成的过程，是多种感知觉(视觉、听觉、触觉等)不断地综合的思维过程。本节课的教学内容来自人教版小学一至二年级《体育与健康》教师用书的体操类活动，滚翻是人体基本的活动能力之一。其活动形式接近生活，有自我保护的实用价值。而"前滚翻"是水平一滚翻教材中较难的内容，会为此后将要学习的连续前滚翻、后滚翻打下基础，在技巧类教材中有着非常重要的作用。北京育才学校吴秀荣老师在指导学生学习前滚翻这项运动技能时，运用多种方法手段、多种形式，充分调动多种感知觉，激发学生的想象力和创造力，发展学生的思维。在原始课的设计中，教师采用了常规的教学方法，如教师讲解、教师示范、观看图板等，引导学生采用自主练、合作练、小组练的多种形式，帮助学生理解前滚翻的动作技术。结合二年级学生求知欲强、好动好学、喜竞争但注意力集中的时间较短的身心特点，原始课的教学形式略显单一，学生的主体地位凸显得不够，在引导学生积极思考和想象上有待改进。于是在改进后的教学设计中，教师采用了情境教学的方式。教师在课的准备部分安排了动物模仿操、在课的基本部分引入"小刺猬翻跟头"的情境以及游戏内容"抓尾巴"等，充分引导学生大胆模仿、思考、想象，拓宽想象的空间。同时在改进后的设计中，除了引入情境教学外，教师还增加了小实验的演示(引导学生观察、思考分别用较大力量推球、用较小力量推球，哪种方式球滚得快、滚得远)和自制小教具，帮助学生体会用力蹬地的感觉，掌握教学重点，充分调动学生视觉、听觉、动觉、触觉等，促使运动技能的形成，拓宽思维的深度和广度。

---

　　①　案例作者为北京育才学校吴秀荣老师。

二、案例呈现

(一)原始课

1. 教学目标及重难点

(1)教学目标

①提高前滚翻蹬地动作水平,并尝试滚动时蹬地有力的动作。提高手脚配合能力,发展灵敏、协调素质。

②以教师的讲解与示范为主线伴随主动与合作、自练与互练,通过多次练习与纠正动作完成教学过程。

③培养认真完成动作的学习态度和良好的精神面貌。

(2)教学重难点

本节课的教学重点是蹬地有力;教学难点是身体协调用力,滚动圆滑。

2. 教学过程

表 6-11 "前滚翻"的教学过程

教学环节	教学内容	教学方法	教学要求与设计意图
开始部分	(一)上课式 1. 队长整队。 2. 报告人数。 3. 师生问好。 4. 宣布课的内容。 (二)队列练习 1. 左右转法 2. 队形变换	成四列横队。(场地见图1) 教学方法: 1. 教师的语言亲切。 2. 教师用口令与手势提示学生进行练习。 3. 学生的声音洪亮。 4. 学生集体练习。	要求:注意力集中。 意图:培养学生团结协作的集体主义精神。 要求:动作整齐,方向正确。

续表

教学环节	教学内容	教学方法	教学要求与设计意图
准备部分	(三)徒手操 1. 预备节 2. 伸展运动 3. 肩部运动 4. 体转运动 5. 扩胸运动 6. 体侧运动 7. 全身运动 8. 伸展运动 9. 跳跃运动 10. 整理运动 (四)辅助练习 1. 肩绕环 2. 腰绕环 3. 膝绕环 4. 腕踝关节绕环 5. 头部运动	成体操队形。(场地见图1) 教学方法： 1. 教师带领学生一起做。 2. 师生共同练习。 3. 男女生互带领口令练习。	要求：动作用力，幅度大。 要求：口令准确，活动充分。 意图：掌握动作与活动关节的名称。
基本部分	(五)前滚翻 动作方法：蹲撑提踵，两手撑垫同肩宽，屈臂，低头，同时两脚蹬地，提臀收腹，重心前移团身向前滚动。 前滚时，头后、颈、肩、背、腰、臀依次着垫；当背部着垫时，迅速屈腿，团身两手抱小腿成蹲立。 保护与帮助方法：保护人单膝跪在练习者的一侧，一手托肩，另一手压小腿，必要时扶腰、背帮助成蹲立。 重点：蹬地有力。	成四列横队。(场地见图2) 教学方法： 1. 身心适应，滚动练习。 (1)体操意识练习。 (2)复习低头团身动作练习。 2. 复习动作，改进技能。 (1)教师设疑。 (2)学生回答问题，并进行练习。教师提示保护与帮助。 (3)两人结伴互助练习。 (4)教师出示图板讲解并示范。 (5)学生两人一组练习用力蹬地。 (6)学生进行完整动作练习。 (7)学生展示动作。 (8)教师出示评价标准，学生练习并评价。 (9)教师小结并评价结果。	要求：调动听觉感受和视觉感受。 观察巡视继续提示动作重点。 意图：体验正确前滚翻动作。 要求：学会小组合作克服困难，争取胜利。

教学环节	教学内容	教学方法	教学要求与设计意图
基本部分	难点：身体协调用力，滚动圆滑。	3. 提高兴趣，拓展练习。 (1) 讲解拓展练习方法并提示注意安全。 (2) 进行拓展练习。 4. 肯定成绩、进行表扬。 教师小结。	要求：注意力集中。
	(六) 游戏：抓尾巴 游戏方法： 学生分成人数相等的四组，在规定区域内进行抓尾巴比赛。 游戏规则：规定区域里进行游戏比赛；先完成的组为胜。	(场地见图3) 教学方法： 1. 教师引导学生进行躲闪练习。 2. 学生进行躲闪练习。 3. 教师巡视，指导。 4. 两人一组追拍练习。 5. 教师讲解游戏方法及规则。 6. 学生分组进行游戏比赛。 7. 教师参与，进行比赛。 8. 学生进行挑战比赛。 9. 教师小结游戏情况。	要求：遵守比赛规则。
结束部分	1. 放松操。 2. 总结。 3. 宣布下课。	教学方法：1. 教师带领学生做放松小游戏。 2. 学生做放松游戏。 3. 教师肯定成绩，指出不足。 4. 学生认真听讲，自我反思。	意图：放松身心使学生感受体育运动的乐趣。
安全措施	1. 学生练习前滚翻时提示保护与帮助的动作方法。 2. 控制好教材的节奏与密度，注重养护与锻炼并重的原则。 3. 观察并处理好课上的偶发事件。		
器材	体操垫42块、录音机1台、展板1个、自制木板8个		

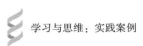

续表

教学环节	教学内容	教学方法	教学要求与设计意图
场地	图1 ♡ ☆ ☆ ☆ ☆ ☆ ☆ ☆ ☆ △ △ △ △ △ △ △ △	图2 ♡ （队列图）　　图3 （方框） ♡	
运动曲线预计	（心率曲线图：横轴"分钟"0、5、10、15、20、25、30、35、40、45，纵轴"心率"80~160）		密度预计　30%~35%

3. 教学反思

本节课的授课对象是二年级学生。结合学生的身心发展特点以及本节课采用的教学方法分析发现，课堂气氛略显沉闷，在调动学生的学习积极性上有待改进，课中教师的主导作用过于凸显，学生的学习主体性体现不够，学生思维不够活跃，学生的想象和思考受到限制。

本节课采用了讲解、示范、观看图板等教学方法，充分调动学生的听觉、视觉感受。本节课的教学重点是蹬地有力。教师在让学生体会双脚蹬地有力，充分调动学生的触觉感受上做得还不够。教师需要思考更具有针对性的教学方法措施，调动学生的多种感知觉，加快动作记忆形成，拓宽思维的深度和广度。

（二）改进点设计

1. 教学方法的改进

教师再次研读教材，结合二年级学生的身心发展特点，在常规的教师引导——

学生学习的过程中，加入了情境教学。在"前滚翻"的教学中，教师创设了"小刺猬翻跟头"的情境：当小刺猬遇到危险时，会把身体团得圆圆的、紧紧的，快速地向前"翻跟头"来逃离危险。教师引导学生思考：小刺猬怎样才能快速地向前"翻跟头"？进而总结出本节课蹬地有力的教学重点。整个过程不断引导学生认真观察、积极模仿、大胆想象，更加注重学生想象力的开发。

2. 教学环节的改进

一是将准备部分的徒手操修改为动物模仿操。学生通过教师的语言引导、结合实际生活，在欢快的音乐中想象、模仿小动物的跑、跳、爬、转等各种动作，在乐中学、学中想，拓宽想象空间。

二是基本部分的教学过程中增加了小实验演示。教师演示一个方形物体和一个圆形物体，从同一位置向前滚动，引导学生观察哪个形状的物体滚动更快。学生通过观察，在头脑中建立圆形物体滚动更快的表象。之后教师继续引导学生观察同一个圆形物体从同一位置向前滚动，思考给予力量的大小与滚动远近的关系。通过小实验的演示，教师引导学生观察—思考—再观察—再思考，充分调动学生的视觉感官，让学生更加形象地理解前滚翻滚动时双脚蹬地力量的大小与滚动远近的关系，发展学生的联想、思考能力。

三是基本部分的教学过程中还增加了自制教具辅助练习的环节。自制教具如图 6-1 所示，相比地面有 10 厘米的高度。练习时，教师引导学生双脚蹬在一定高度的木板上反复练习用力蹬伸，让学生感受正确的用力蹬地的动作，从而建立蹬地有力的肌肉感觉，帮助学生更容易地掌握蹬地有力这个教学重点。在前面的教学中，

图 6-1　学生利用创新教具突破重点的练习

教师利用讲解、示范、观看图板、朗读教学要点的儿歌以及小实验的演示等多种手段，充分地调动了学生视觉、听觉感官的参与，在学生的头脑中形成了视觉表象。之后的多种方式的练习和自制教具的辅助练习，充分地调动了学生的触觉和动觉思维，经过练习—纠错—练习—纠错反复的循环过程，把视觉表象转化为触觉、动觉表象，最终形成运动技能。

（三）改进课

1. 教学目标及重难点

教学目标及重难点无变化。

2. 教学过程

表 6-12　改进后"前滚翻"的教学过程

教学环节	教学内容	教学方法	教学要求与设计意图
开始部分	（一）上课式 1. 队长整队。 2. 报告人数。 3. 师生问好。 4. 宣布课的内容。 （二）队列练习 1. 左右转法 2. 队形变换	成四列横队。（场地见图1） 教学方法： 1. 教师的语言亲切。 2. 教师用口令与手势提示学生进行练习。 3. 学生的声音洪亮。 4. 学生集体练习。	要求：注意力集中。 意图：培养学生团结协作的集体主义精神。 要求：动作整齐，方向正确。
准备部分	（三）动物模仿操 1. 小孔雀 2. 小白马 3. 小鸭子 4. 小白兔 5. 小刺猬 （四）辅助练习 1. 肩绕环 2. 腰绕环 3. 膝绕环 4. 腕踝关节绕环 5. 头部运动	成体操队形。（场地见图1） 教学方法： 1. 教师带领学生一起做。 2. 师生共同练习。 3. 男女生互带领口令练习。	要求：动作用力；拍节准确；模仿形象。 意图：利用模仿动物的动作，发展学生的想象力，拓展学生的想象空间。
基本部分	（五）前滚翻 动作方法：蹲撑提踵，两手撑垫同肩宽，屈臂，低头，同时两脚蹬地，提臀收腹，重心前移，	成四列横队。（场地见图2） 教学方法： 1. 身心适应，滚动练习。 （1）体操意识练习。 （2）复习低头团身动作练习。	意图：教师提问、观察实验并引导学生积极思考。

续表

教学环节	教学内容	教学方法	教学要求与设计意图
基本部分	团身向前滚动。 前滚时，头后、颈、肩、背、腰、臀依次着垫；当背部着垫时，迅速屈腿，团身两手抱小腿成蹲立。 保护与帮助方法：保护人单膝跪在练习者的一侧，一手托肩，另一手压小腿，必要时扶腰、背帮助成蹲立。 重点：蹬地有力。 难点：身体协调用力，滚动圆滑。	2. 复习动作，改进技能。 （1）教师设疑并演示小实验，引导学生思考蹬地力量的大小与滚动的关系。 （2）学生回答问题，并进行练习。教师提示保护与帮助。 （3）两人结伴互助练习。 （4）教师示范讲解。 （5）学生两人一组练习。 （6）学生利用自制教具体验用力蹬地并练习。教师引导学生思考自制教具的作用。 （7）教师利用图板展示动作。 （8）学生借助教具加强用力蹬地的练习，掌握教学重点。 （9）学生进行完整动作练习。 （10）学生展示动作。 （11）教师出示评价标准，学生练习并评价。 （12）教师小结评价结果。 教师再次提问并引导学生思考滚翻时用力蹬地与滚动方向的关系，为下节课的学习做好准备。 3. 提高兴趣，拓展练习。 拓展练习。 4. 肯定成绩、进行表扬。 教师小结。	意图：观察示范、聆听讲解，充分调动学生的听觉和视觉感受，让学生建立正确的动作概念。 意图：借用自制教具，让学生更加深刻地体会用力蹬地的感觉，调动学生的触觉感受，掌握教学重点。 意图：引导学生思考。
	（六）游戏：抓尾巴 游戏方法：学生分成人数相等的四组，在规定区域内进行抓尾巴比赛。 游戏规则： 1. 在规定区域里进行游戏比赛。 2. 先完成的组为胜。	（场地见图3） 教学方法： 1. 教师引导学生进行躲闪练习。 2. 学生进行躲闪练习。 3. 教师巡视，指导。 4. 两人一组追拍练习。 5. 教师讲解游戏方法及规则。 6. 学生分组进行游戏比赛。 7. 教师参与，进行比赛。 8. 学生进行挑战比赛。 9. 教师小结游戏情况。	要求：注意力集中。 要求：遵守比赛规则。 意图：利用"抓尾巴"游戏，激发学生自由、大胆地想象。

续表

教学环节	教学内容	教学方法	教学要求与设计意图
结束部分	1. 做放松操。 2. 总结。 3. 宣布下课。	1. 教师带领学生做放松小游戏。 2. 学生做放松游戏。 3. 教师肯定成绩，指出不足。 4. 学生认真听讲，自我反思。	要求：放松身心。
安全措施	1. 学生练习前滚翻时提示保护与帮助的动作方法。 2. 控制好教材的节奏与密度，注重养护与锻炼并重的原则。 3. 观察并处理好课上的偶发事件。		
器材	体操垫 42 块、录音机 1 台、展板 1 个、自制木板 8 个		
场地	图 1 ♡ ☆ ☆ ☆ ☆ ☆ ☆ ☆ ☆ △ △ △ △ △ △ △ △	图 2 ♡	图 3
运动曲线预计	(心率曲线图)	密度预计	30%～35%

3. 教学反思

在本节课的教学过程中，教师采用了启发、尝试、点拨的方法，引导学生通过自主学习，结合多种教学方法手段的应用，逐渐掌握动作的重难点。教师引导学生不断地观察、思考、想象，充分调动多种感官的参与，最终达成教学目标。

情境教学贯穿全程，是本堂课的教学特点。准备部分的动物模仿操引导学生大胆模仿，活跃思维；基本部分前滚翻的教学中创设"小刺猬翻跟头"的情境，引导学生思考、想象，把小刺猬的身团紧、用力蹬地向前滚和"前滚翻"的教学联系在一起，开拓学生的想象空间；基本部分的游戏"抓尾巴"再次激发学生自由想象。整堂课中学生不断地观察—思考—想象，乐中学，学中想，不断地延伸思维的深度。

教师利用多样的教学方法、有针对性的策略，促进学生运动技能的形成。教学中教师除了利用示范与讲解外，还利用教学要点的儿歌朗读、小实验的演示以及图板的展示等，充分调动学生的视觉感受和听觉感受。还有教师引导的统一练习、两人互帮互助的练习、小组合作的练习以及自制教具的辅助练习，充分调动学生的触觉感受。运动技能在视觉、听觉、触觉等感官感受的参与下逐渐形成，从而有效达成教学目标。

学生在教学中观察、想象、思考、讨论、交流以及分享，不断碰撞思维的火花，实现了思维发展的全面性。

三、案例分析

人们用自己的感官感知周围世界，获得各种各样的信息。这些信息按表象产生的通道不同，形成多种表象，有视觉的、听觉的、触觉的、味觉的、嗅觉的等。再经过大脑对不同表象的加工，人们产生不同的形象思维，如视觉思维、听觉思维、触觉思维等。

运动技能的形成，是视觉、听觉、触觉等参与、多种表象综合的形象思维。

基于以上的学习理论可知，本节课中，形象思维包含了视觉思维、听觉思维和触觉思维。

在开始部分，教师首先进行了小实验的演示，引导学生观察并思考圆形物体和方形物体向前滚动时，哪个形状的物体滚动更快。之后教师继续引导学生观察同一个圆形物体从同一位置向前滚动，思考给予力量的大小与滚动远近的关系。教师通过小实验的演示，引导学生观察—思考—再观察—再思考，启发学生建立圆形物体滚动快和给予力量越大、滚动越快的视觉表象。接下来，借助图板的展示、儿歌童谣的朗读，教师讲解了前滚翻的动作方法，并进行了示范。通过对多种感官的刺激，学生了解了前滚翻动作的技术要领，体会滚翻时发力的顺序、空间感、方向感以及滚动的速度等，在头脑中形成视觉表象。通过多次观察，从整体到局部再到细节，表象由模糊到清晰，形成正确的前滚翻的视觉表象，这是视觉、听觉的形象思维。

形成视觉表象之后，教师引导学生进行两人互助练、小组合作练以及自制教具的提升练，把头脑中前滚翻的视觉表象通过身体运动表达出来。这种动作的表达，不可能一步到位，需要经过多次反复练习。在练习初期，学生会出现正确动作的感受，也有错误动作的体验。蹬地有力是本节课的教学重点，练习中有些学生可能会出现滚动时用力蹬地不够的问题。在教师及同伴的帮助下，学生在自制木板上练习用力蹬地，建立正确的动作感觉后，利用自制木板完成前滚翻的完整动作，最后再脱离木板，练习完整的前滚翻。经过一次次的练习，不断纠正错误的、多余的动作，使动觉感（表象）和视觉表象一致起来，使动作趋于完善，形成视动综合表象，也就是视觉、动觉的形象思维。这就是前滚翻学习过程中视觉、听觉、触觉或动觉表象的整合。最后学生再次练习后形成运动技能。这个过程是通过多种方法、手段充分调动多种感知觉（视觉、听觉、触觉等）不断综合的思维过程。

相比原始课的设计，改进课设计中的情境教学更适合二年级学生的身心发展特点，更能凸显学生的主体地位。教师引导学生大胆模仿、观察、思考、想象以及分享交流，拓宽了学生的思维想象空间。同时在改进课设计中，教学方法和策略对掌握教学重点和难点更有针对性，对学生的视觉、听觉和触觉等的刺激更加深刻，能够更快地促使学生形成运动技能，促使学生形象思维的全面发展。

第七节　运用迁移理论　发展科学探究能力
——高中物理"自感"①

一、案例导读

"自感"是教科版高中物理教材选修 3-2"电磁感应"一章的最后一节内容，是电

_____

①　案例作者为北京工业大学附属中学邓飞老师。

磁感应规律和楞次定律的延续与应用，也为此后交流电的学习打下基础，因此它起到承上启下的作用。《学习学》下卷指出，学习是一种认识过程，而思维是这一过程的核心。①　本节课的目的就是让学生在经历认识自感的过程中，拓展其思维的深度和广度。根据两种思维的迁移理论，学习中迁移是普遍存在的。迁移包括知识迁移、技能迁移、能力迁移、情感态度价值观迁移等。当前后两种知识、技能有相同的思维要素、思维方法时，就容易产生迁移。本节课中学生要学习的自感现象，正是电磁感应的一种，与电磁感应的研究方法相同。因此，北京工业大学附属中学邓飞老师采用了让学生课前预习探究的方式，帮助学生在研究电磁感应的基础之上，逐步认识自感现象。教师再通过课上分享、交流，进一步培养学生科学推理、科学论证、质疑创新、对比探究等方面的能力。

邓老师的这节"自感"课经过了反复磨课、试讲和改进。

二、案例呈现

（一）原始课

1. 教学目标及重难点

（1）教学目标

①了解自感现象。

②联系法拉第电磁感应定律，了解自感电动势大小的计算式，知道自感系数以及影响自感系数大小的因素。

③认识自感是电磁感应现象的特例，感悟特殊现象也有其普遍规律，而普遍规律中又包含了其特殊性的辩证唯物主义观点。

④通过查找资料，了解自感现象的利与弊及对它们的利用和防止。

（2）教学重难点

本节课的教学重点是把握自感现象的特点。教学难点是对断电自感特别是对灯泡闪亮问题的理解。

---

①　温寒江：《学习学》下卷，151 页，北京，教育科学出版社，2016。

2. 教学过程

表 6-13　"自感"的教学过程

教学环节	教师活动	学生活动	设计意图
课堂引入	以照明为例谈中国改革开放 70 周年的变化：煤油灯→电灯（电灯泡）→日光灯→LED 灯。 日光灯中有一个不可或缺的电路元件：镇流器。 师：拆开镇流器，会发现里面有一个线圈，这个线圈在电路当中会起到什么作用呢？通过这一节课的研究，我们就会找到答案。	观看教师展示的图片。	联系事实、联系生活引入新课。
新课教学	演示通电自感实验： 提问： 1. 你观察到了什么现象？ 2. 你能试着从电磁感应的角度解释产生这种现象的原因吗？	观察实验，分组讨论教师提出的问题，最后做交流。	发挥演示实验的作用。 锻炼学生的观察能力、综合分析能力和表达能力。
	演示通电自感实验： 提问： 1. 开关断开后，你观察到什么现象？ 2. 你能试着从电磁感应的角度解释观察到的现象吗？	观察实验，分组讨论教师提出的问题，最后做交流。	发挥演示实验的作用。 锻炼学生的观察能力、综合分析能力和表达能力。

续表

教学环节	教师活动	学生活动	设计意图
了解自感现象、自感电动势	总结两个实验，得出自感现象和自感电动势的定义。 师：由导体线圈本身的电流发生变化而引起的电磁感应现象，叫自感。在自感现象中产生的感应电动势叫自感电动势。那自感电动势的大小与什么因素有关呢？请大家阅读教材，找到答案。	阅读教材，解决教师提出的问题。	培养学生阅读教材的习惯。
数字实验	师：刚才大家看到了断电自感时，小灯泡闪亮了，也分析了原因。那我们能不能用数字实验来验证一下呢？ 介绍实验器材，进行实验。 师：这是一个电压采集器，它可以收集电压信号，并将其及时地传入电脑，以图像的形式呈现出来。为了避免灯泡电阻的变化给电路造成影响，将灯泡换成与其阻值相当的定值电阻。 下面我们开始实验： 分析图像： 问题：通过图像你可以获取什么样的信息？可以验证你之前的结论吗？	观察实验，分析图像，看看是否能进一步验证自己之前的分析。	将定性实验与定量实验相结合，使实验的说服力更强。直观地看到图像更能激发学生的兴趣。

续表

教学环节	教师活动	学生活动	设计意图
认识日光灯	提问：现在大家能猜猜日光灯镇流器中线圈的作用吗？ 你们猜得是否正确呢？下面请大家阅读课本中自感的典型应用——日光灯部分。	回答教师提出的问题，阅读课本寻找答案。	让学生学以致用。 培养学生阅读教材的习惯。
小结	师：在本节课，你学到了什么？ 1. 什么是自感现象 2. 自感电动势的大小、方向 3. 小灯泡的闪亮问题	试着总结本节课的内容。	让学生养成学会总结的习惯。

3. 教学反思

本节课的引入方面的实用性不强，和整节课不能很好地融合到一起，需要改进。

通电和断电实验比较简单，可以完全交给学生以小组合作的形式完成。教师需要设计出学案，提出相应的问题，让学生根据实验来分析解决这些问题。

虽然安排了学生阅读教材，但是教材上关于自感电动势的表达式是直接给出的。学生可能会有一些困惑：它是怎么得出的？和前面所学知识又有什么联系？这些都没有给学生解决。

本节课只有基础实验和数字演示实验。虽有数字演示实验能让学生眼前一亮，但是总体来说，实验内容有点少，学生的主体作用没有发挥出来。教师可以多设计一些实验让学生去探究，让他们从中发现问题，然后产生要去解决问题的冲动。这样学生的学习积极性就能被调动起来了。

(二)改进点设计

1. 教学目标及重难点的改进

教师从知识与技能迁移的角度认真分析了教学内容。因为自感现象也是电磁感应现象，自感现象的规律也符合法拉第电磁感应定律和楞次定律，所以本节课的教学目标应定位在学生已经理解电磁感应现象产生的条件并且较为熟练地掌握法拉第定律和楞次定律上，能够运用两个定律分析将要观察到的自感现象。因此，本课重新调整教学目标，并把教学重点确定为对实验现象的分析。

2. 教学过程的改进

思维发展会经历一个从具体到抽象的过程，而这个过程需要一定的时间。如果这个过程完全放在课堂上，由于时间有限，反而会使学生感到压力很大，没有充分时间深入思考。如果把实验和思考都放在课前，给足学生时间操作、思考、质疑，这样课堂的主要任务就是交流、碰撞、解惑了，不仅学习效率高，针对性也更强。因此，本节课的设计做了如下改进。

①为了进一步突出物理学科的实验特点，锻炼学生的动手能力，教师将演示实验变成学生分组实验，开放实验室。每组学生都可以利用课余时间动手做一遍，并填写学案。

②每组学生除了做演示实验外，还要做一个拓展实验，并且填写相关学案，深入分析实验现象后，准备课上给大家汇报，培养交流合作能力。

③删掉原来的引入部分，直接进入新课。

(三)改进课

1. 教学目标及重难点

(1)教学目标

①分享课前对自感现象的直接观察和慢视频观察，能认识到自感现象也是电磁感应现象，能比较准确地阐述什么是自感现象，能用语言和图像等方式描述通电自感和断电自感的现象特征，并能运用楞次定律解释现象产生的原因，从而培养观察能力、分析推理能力、表达能力及分享合作的意识。

②通过合作探究和讨论交流，对通电自感和断电自感做进一步分析，能根据法拉第电磁感应定律猜测自感电动势可能与哪些因素有关，并通过设计实验验证猜想，进而了解自感电动势，知道其大小计算式、自感系数以及影响自感系数大小的因素。

③从能量转化的角度分析自感现象，加深对自感现象乃至电磁感应现象的认识，逐步形成能量观念；同时感悟特殊现象也有其普遍规律，而普遍规律中又包含了其特殊性的辩证唯物主义观念。

④通过查找资料，了解自感现象的利与弊及对它们的利用和防止。

（2）教学重难点

本节课的教学重点是通过实验和相关分析，在了解自感现象与电磁感应现象统一的基础之上，把握自感现象的特点。教学难点是对断电自感特别是对灯泡闪亮问题的理解。

2. 教学过程

表 6-14　改进后的"自感"的教学过程

教学环节	教师活动	学生活动	设计意图
课前准备	开放实验室，提供实验器材。	进入实验室实验。	让学生自己动手、动脑探究。
复习引入	师：课前我们对"自感"这一节进行了预习，并且还进行了相关的实验探究，那么请问自感是电磁感应现象吗？你在分析自感问题时还用到过本章学习的哪两个定律？（法拉第电磁感应定律和楞次定律）。法拉第电磁感应定律告诉我们感应电动势的大小和磁通量的变化率成正比，即 $E = n \dfrac{\Delta \varphi}{\Delta t}$。楞次定律告诉我们，感应电流的方向、感应电流的磁场总是要阻碍引起感应电流的磁通量的变化。 那么具体是如何运用这两个定律解决实验中的问题的？我们首先请某组的同学对必做基础实验做分享。	跟着教师回忆复习前面的知识。	让学生复习这节课需要用到的知识，为解决后面的问题做准备。
新课教学，基础实验分享	(甲、乙图见附录中的"基础实验分享") 师：某组同学的分享交流很精彩，相信也解决了同学们不少的疑问。你能否根据刚才的实验现象，尝试给自感下个定义？ 自感是由于导体线圈本身的电流发生变化而引起的电磁感应现象。自感中产生的电动势叫自感电动势。	部分学生上台分享交流，其余学生认真听分享，从分享中获取有效信息，解决自己的问题。若自己的问题没有解决，可以提出。学生汇报内容见附录中的"基础实验分享。"	给学生搭建一个平台，让学生有机会展示自己，促进他们的交流合作，锻炼其推理论证等方面的科学思维能力。

续表

教学环节	教师活动	学生活动	设计意图
新课教学，基础实验分享	师：本实验中，让大家尝试画出甲图中通电前后一小段时间内 L 的 I-t 图像，以及乙图中断电前后一小段时间内 D 的 I-t 图像。最后大家的图像有多种呈现方式：（出示学生画的 I-t 图像），可以看出，大家对自感的认识差别很大，所以我们有必要对其做进一步的探究。为此我给大家设计了几个拓展实验。	给自感下定义。 观看课件呈现的图像，找到下一步学习的重点。	根据实验现象，让学生以自身对自感的理解，对其下定义，不一定要和课本上一样，锻炼其归纳总结和表述能力。 锻炼学生从不同的角度（图像）分析表述问题的能力。
拓展实验一分享	拓展实验一分享： 1. 怎么做的？ 2. 看到了什么现象？ 3. 如何解释？ 4. 得到什么结论？ 5. 发现有什么不一样的地方？ 师：为什么图中的 D_2 比 D_4 更亮呢？可能是铁芯影响了感应电动势的大小。自感电动势的大小到底跟什么有关呢？我们可以做一个理论的推导。	拓展实验一组的学生上台分享交流，其余学生认真听分享，从分享中获取有效信息，看是否能发现问题并解决问题。 学生汇报内容见附录中的"拓展实验一分享"。 思考教师提出的问题，带着问题进入下一环节。	给学生搭建一个平台，让学生有机会展示自己，促进他们的交流合作，锻炼其推理论证等方面的能力。
自感电动势推导	$E \propto \dfrac{\Delta \varphi}{\Delta t} \propto \dfrac{\Delta B}{\Delta t} \propto \dfrac{\Delta I}{\Delta t}$ 写成等式：$E = L\dfrac{\Delta I}{\Delta t}$，比例系数 L 叫作线圈的自感系数，简称自感或电感。单位是亨利，简称亨，符号 H。同样的电流变化，L 越大，E 越大。自感系数是由线圈本身的性质决定的，跟线圈的形状体积、匝数等因素有关。横截面积越大，匝数越多，它的自感系数就越大。有铁芯时线圈的自感系数比没有铁芯时要大得多。	尝试推导自感电动势的表达式。	让学生进一步体会自感是一种电磁感应现象，可以用电磁感应现象的规律来解决自感问题，推导其自感电动势的表达式。

续表

教学环节	教师活动	学生活动	设计意图
拓展实验二分享，教师实验	师：有的同学为了半定量验证在其他条件一定下有铁芯时产生的感应电动势大于没有铁芯时产生的感应电动势，也做了一些尝试。下面请他们上台分享。（甲、乙图见附录中的"拓展实验二分享"） 师：这组同学的想法和实践都很棒，但是大家是否认识到有铁芯断电时反向电压比开始时的电压大吗？灯泡闪亮了，说明灯泡后来获得的反向电压比之前大，那为什么从实验现象中没有看出来？ 电压表的偏转需要一个过程，而反向电压持续的过程很短，不足以持续到电压表偏转到最大值，那如何能显示反向电压的最大值呢？下面我用一个电压采集器来取代电压表，它可以收集电压信号，并将其及时地传入电脑，以图像的形式呈现出来。为了避免灯泡电阻的变化给电路造成影响，将灯泡换成与其阻值相当的定值电阻。 下面我们开始实验。 分析图像：  提出问题：通过图像你能获取哪些信息？ 1. 电压的大小变化 2. 电压的方向变化	拓展实验二组学生上台分享交流，其余学生认真听分享，从分享中获取有效信息，看是否能发现问题并解决问题。学生汇报内容见附录中的"拓展实验二分享"。 结合实验现象、实验仪器，分析原因。 关注教师实验，注意观察实验得到的图像。	给学生搭建一个平台，让学生有机会展示自己，促进他们的交流合作，锻炼其推理论证等方面的能力。 让学生体会实验也有其局限性。 让学生清晰地看到自感中的 U-t 图像。

续表

教学环节	教师活动	学生活动	设计意图
拓展实验二分享，教师实验	追问：1. 闭合开关后，电压为什么有一个缓慢减小的过程后才趋于稳定？ 2. D 两端的电压亦是 L 两端的电压吗？如果是 L 两端的电压，在开关断开前后岂不是也反向了？这与通过 L 电流的方向不变岂不是相互矛盾吗？ 师：通过对图像的分析，我们更清楚地看到自感电动势大于原来的电压。如果将电阻换成灯泡，灯泡就会闪亮一下，那是否只要自感电动势比原来的电压大，灯就会闪亮呢？	分析图像，努力从图像中寻找信息。 深入思考，回答教师提出的问题。	
拓展实验三分享	师：看看拓展实验三组同学做的实验。下面请他们上台分享。 拓展实验三分享： 1. 怎么做的？ 2. 看到了什么现象？ 3. 如何解释？ 4. 得到什么结论？ 解决之前展示的通电断电自感中的 I-t 图像问题。 提问：必做基础实验中，为什么没看到灯泡闪亮甚至都没有看到延时熄灭？难道此时没有发生断电自感？（进一步从能量的角度进行分析解释。） 需要满足什么样的条件灯泡才能闪亮？两个灯泡都有可能闪亮吗？ 课后思考：电感储能跟什么因素有关？电容也能储能，它们又有什么异同？	拓展实验三组学生上台分享交流，其余学生认真听分享，从分享中获取有效信息，看是否能发现问题并解决问题。学生汇报内容见附录中的"拓展实验三分享"。	利用设计实验，让学生认识到，灯泡闪亮是因为开关断开后，通过灯泡的电流变大了。
图像分析	展示课前学生尝试画出的基础实验甲图中通电前后一小段时间内 L 的 I-t 图像，以及乙图中断电前后一小段时间内 D 的 I-t 图像，带着大家进一步分析图像，找出曾经的错误，并纠正。	利用这节课学习的知识解决前面遗留下来的问题。	让学生通过继续学习，达到对自感认识的统一，并且做到学以致用。

续表

教学环节	教师活动	学生活动	设计意图
总结	师：在本节课，你学到了什么？ 1. 什么是自感现象 2. 自感电动势的大小、方向 3. 小灯泡的闪亮问题	回忆、总结	
作业	师：自感现象可以被人们利用，但是也会有一些危害。请大家回去查找资料，看看自感有哪些方面的应用，有何危害，该如何防治。		让学生联系生活思考问题。

3. 教学反思

第一，本节课在引入上有些改进，以实用性为主，复习了这节课需要用到的电磁感应方面的知识。

第二，通过联系前面所学的电磁感应的相关知识，运用知识的迁移推导出了自感电动势的表达式。

第三，除了基础的通电、断电自感实验外，还设计了三个拓展实验及相关问题，让学生走进实验室。除了动手能力得到锻炼外，其科学思维能力同时也得到了提升。当然，在学习过程中学生也会产生一些认知冲突。此时学生会质疑，也会运用已有知识尝试解释。为了解决这些问题，其探究兴趣也会被进一步激发。

第四，以小组为单位交流，更能让学生的表达能力（描述、解释）和应变能力得到了极大锻炼，可以说是为学生的终身发展奠定了基础。这样的课堂最终是能使学生各方面能力都得到发展的，不仅是科学思维这一方面，其探究能力、科学态度与责任意识等也会得到发展。

本节课以学生为主体进行，让学生主动探究，主动积极分享交流，将课堂的主动权交给学生，让学生真正地动起来、活起来，让学生主动地获取知识、解决问题。

本节课的不足之处：本节课在某种程度上有些形式化，如果能把探究活动做得更深入一些会更好。数字实验能吸引学生的眼球，如果条件允许，让他们亲身经历这个过程，可能效果会更好。

三、案例分析

本节课基于学生认知规律和预习诊断中出现的问题进行教学设计，充分调动学生学习的积极性和主动性：让学生课前动手探究，深入思考；让学生课上交流分享，思维碰撞。教师以"自感现象"为载体引领学生应用学过的规律分析解决新问题，感受知识的力量，体悟物理学的魅力。

（一）创设真实的教学情境，让学生经历科学探究和思维加工过程

物理学是一门实验科学，观察、实验与科学思维相结合，是物理学科的基本特征。物理概念、物理规律都源于真实情境和实际问题，因此由真实情境和实际问题建构起来的物理知识对学习者来说，才是鲜活的、真正有价值的知识。

在本节课中，教师设计了四组学生实验和一个演示实验。学生每参与一个实验，都会引发一些思考，都会对自感现象以及其中蕴含的规律有更进一步的认识。

例如，学生对照教材上的两个基础实验电路进行操作，观察发现"通电时与线圈串联的灯泡延缓变亮""断电时与线圈并联的灯泡闪亮一下才熄灭"。这两个现象引发了他们的思考："线圈在电路中起到什么作用呢？"联系先前所学的电磁感应现象和楞次定律，学生对比分析得出：这两个电路中也发生了电磁感应现象，只是这种电磁感应现象是由线圈自身电流变化引起的。进而"自感"这一概念在这"两个电路、两个现象"的基础上建立起来了。

接着学生的问题也出现了：自感电流的方向是不是也用楞次定律或者右手定则判断呢？应该怎么去判断？在断电自感中小灯泡为什么会闪亮一下再熄灭呢？难道熄灭前通过小灯泡的电流瞬间变大了吗？自感现象中的电动势大小与什么因素有关呢？这些问题仅靠两个基础实验无法解决，于是教师带领学生针对问题进行新的猜想和假设，并设计实验来验证猜想。这就引出了拓展实验一、二、三和教师利用电压采集器做的演示实验。其中拓展实验一利用了发光二极管的"单向导电"特点。学生验证了关于感应电流方向的猜想，他们还归纳得出一条精辟的结论："感应电流总是阻碍原电流的变化。"此外学生关于"铁芯会影响感应电动势大小"的猜想也

在这一实验中得到初步验证。顺着这条线索，学生又做了拓展实验二，即"有无铁芯的断电自感中，灯泡两端电压的半定量对比"。同时教师也拿出了自己的"设计"——用电压采集器采集断电自感时灯泡的电压并拟合出电压随时间变化的图像。这样断电前后瞬间灯泡两端电压的变化被展现出来。此时，学生在大脑中把电路图、灯泡的闪亮现象、眼前的图像以及学过的楞次定律、法拉第定律结合在一起进行联系思维加工。通过现象的归纳与逻辑的推理，学生得到自感电动势大小的表达式。形象思维与抽象思维相互作用，相互补充，相得益彰。

由此"自感现象、自感电流的方向、自感电动势的大小"这一连串的概念和规律鲜活、立体地建立在学生的大脑中，使学生在电磁感应这部分的知识框架更加丰满。

（二）引导学生用已学概念和规律分析解决实际问题，助力知识与方法的迁移

教学中我们往往要重视两个方面：一是任何一个概念或规律的学习都要从实际问题开始，即知识必须来源于实践。二是任何一个概念或规律都要让学生主动地应用于实际问题，即让知识回归于实践。"自感"是"电磁感应"一章的最后一节，尽管自感现象是一种比较特殊的电磁感应现象，但是对自感现象的研究与对电磁感应现象的研究有着相同的思维要素，可以说是电磁感应知识、规律的应用与延伸。因此引导学生运用已学过的楞次定律、法拉第电磁感应定律来分析自感现象中感应电流的方向、感应电动势的大小，不仅可以使学生实现知识方法的迁移，也有助于学生形成相互作用观念和能量观念。

例如，在预习阶段，教师让每位学生利用电路示教板动手操作教材上的两个基础实验——"通电自感"和"断电自感"，让学生用自己的语言描述观察到的现象，并用已有的知识解释现象产生的原因；还让学生试着画出两个实验中通过小灯泡的电流随时间变化的图像。完成这一系列任务，学生势必要用到先前学过的法拉第定律和楞次定律。这便是将知识应用于实践，并在实践中再获得新知的过程。

再如，教师用电压采集器呈现出"断电自感"中灯泡电压随时间变化的图像后，让学生分段说一说这种变化的原因。学生根据楞次定律和法拉第电磁感应定律分析出了断电瞬间电压反向并较之前变大的原因。此外，教师又引导学生仔细观察通电过程中灯泡电压有一个略微减小的变化。学生又结合电路相关知识做了深入分析。

此外，学生在记录实验现象时，采用了对比拍照、录制慢视频等多种技术手段，将自己掌握的信息技术、多媒体使用技术迁移应用到物理学习中。

（三）给学生提供交流展示、陈述观点的机会，培养科学论证和质疑创新的能力

在学习过程中，最重要的不是学生是否完成了指定任务，而是学生在完成任务过程中通过观察现象、提出问题、设计方案、收集证据、解释论证、交流评估来扩展自己的经验、产生新的认识，以及对分析与综合、抽象与概括、比较与分类、逻辑推理等思维方法的体验和应用。

在本节课中，教师不仅引导学生从预习开始进行实验探究，并且在课堂上给每一组学生提供了展示学习成果、表述自己观点的机会，同时听众也可以大胆质疑。

例如，展示拓展实验二的这组学生，详细阐述了他们的猜想、实验设计和实验结果："根据拓展实验一的对比，我们猜想'线圈有铁芯时会比没有铁芯时感应电动势更大'。于是我们采用了'控制变量'和'半定量'的方法，在断电自感中，将普通的学生电压表并联在灯泡两端，对比有无铁芯情况下电表指针偏转的格数，从而间接比较线圈自感电动势的大小。""实验结果是，有铁芯情况下电压表最大偏转8.5格，没有铁芯情况下电压表最大偏转6格。这表明有铁芯时线圈的自感电动势更大一些。"在这一环节中，学生能够准确表述可探究的物理问题，做出有依据的假设，能制定探究方案并选用合适的器材获得数据，通过数据分析发现规律。显然学生已经达到科学探究素养的"水平4"。

又如，有的学生针对基础实验中"通电自感"电路提出问题："这个电路在断电时应该也有自感现象，为什么我们没有看到灯泡的闪亮或者延时熄灭呢？"这一问题也引发了学生的深入思考。

苏霍姆林斯基说：如果教师不想方设法使学生产生情绪高昂和智力振奋的内心状态，就急于传授知识，那么这种知识只能使人产生冷漠的态度，而不动情感的脑力劳动就会带来疲倦。没有欢欣鼓舞的心情，学习就会成为学生沉重的负担。合作、讨论、交流式的学习恰恰是一种使学生"情绪高昂、智力振奋"的学习方式，可以使学生互相启发，思维更加开阔、更加深刻，语言表达能力也得到训练和提升。

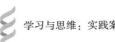

附录："自感"一课的学生探究汇报

一、基础实验分享

（一）电路图

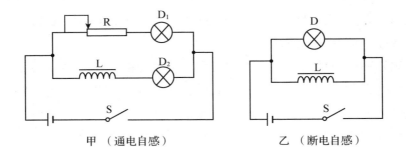

甲 （通电自感）　　　　乙 （断电自感）

（二）学生汇报

1. 利用演示板演示通电自感和断电自感

2. 向同学们提出问题

①你们看到的这种现象是什么现象？（自感）

②刚才看到这种现象是在什么时候产生的？（通电、断电）

③为什么通电、断电时才会产生这种现象？（只有通电、断电时线圈中的电流才发生变化。此时通过线圈的磁通量发生变化，才产生感应电动势和感应电流。）

3. 实验现象分析

通电自感：开关闭合，通过线圈的电流增大，其磁通量增大。根据法拉第电磁感应定律，线圈中会产生感应电动势和感应电流；又根据楞次定律，磁通量增大，新磁场的方向与原磁场的方向相反，感应电流方向与原电流方向相反，阻碍了原电流的增加，因此灯泡延时变亮。

断电自感：开关断开，通过线圈的电流减小，其磁通量减小。根据法拉第电磁感应定律，线圈中会产生感应电动势和感应电流；又根据楞次定律，磁通量减小，新磁场的方向与原磁场的方向相同，感应电流方向与原电流方向相同。此时开关已经断开，线圈与灯泡构成回路，感应电流通过灯泡，因此灯泡会延时熄灭。看到灯泡闪亮，是因为通过灯泡的电流比原来大了。

二、拓展实验一分享

(一)电路图

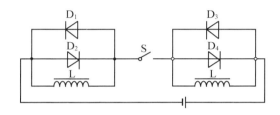

(二)学生汇报

1. 实验目的

我们的实验目的主要是探究感应电动势的方向。

2. 介绍实验器材

实验器材有发光二极管、线圈。

3. 实验展示

①介绍面板上的电路图。

②一位学生实验。

③现象：开关闭合，上方的二极管亮，下方的不亮。开关断开，下方的二极管亮，上方的不亮。

4. 实验现象分析

开关闭合，电流从右侧的正极出来，与上方二极管的导通方向相同，可以通过；与下方二极管的导通方向相反，无法通过，所以上方的二极管亮，下方的不亮。开关断开，根据刚才基础实验的分析可以知道，其感应电流方向与原电流方向相同，从右至左，此时电流只能与下方的二极管形成回路，所以下方的二极管亮，上方的不亮。

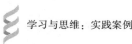
在此基础之上，我们对此实验又进行了改进，将之前的两个并联电路串联，把其中一个线圈中的铁芯去掉。下面我们一起来看一下慢动作视频，请大家注意观察实验现象，特别是小灯泡的亮度。（播放视频，在关键处再次提醒同学们仔细观察什么现象。）大家可以看到，现象基本跟之前那个实验相同，但是开关断开之后，大家观察到有铁芯这边的 D_2 比无铁芯这边的 D_4 更加亮，这是为什么呢？我们感觉是因为有铁芯时产生的感应电动势更大。

三、拓展实验二分享

（一）电路图

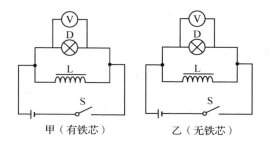

甲（有铁芯）　　　　　乙（无铁芯）

（二）学生分享

1. 实验目的

我们的实验目的是从定量的角度探究感应电动势的大小。

2. 实验器材介绍

这个实验其实就是在基础实验乙的基础之上，在灯泡两端加上了一个电压表。

3. 实验展示

开关闭合，电压表正偏；开关断开，电压表反偏。那有铁芯的和没有铁芯的有什么区别呢？下面我们再来仔细看一下实验现象（注意提示同学们看什么，必要的时候可以暂停）。通过回放我们可以看出，有铁芯时电压表反向偏转了近8.5个格，而没有铁芯时才偏转6个格。

4. 实验现象分析

开关断开，感应电流通过灯泡的方向与原电流的方向相反，因此灯泡获得的电压方向也与原电压方向相反，电压表会反偏。如果产生的感应电动势越大，小灯泡获得的反向电压就越大，电压表反向偏转就越多。

我们刚才看到有铁芯时电压表反向偏转了近 8.5 个格，而没有铁芯时才偏转 6 个格。所以我们得出结论：其他条件一定的情况下，有铁芯时产生的感应电动势比没有铁芯时大。

四、拓展实验三分享

(一)电路图

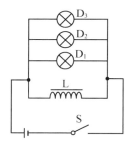

(二)学生汇报

1. 实验目的

我们的实验目的是研究小灯泡的闪亮问题。

2. 实验器材

之前我们做过的基础实验乙就只用到一个灯泡，我们在此基础上，并联了三个灯泡。

3. 实验展示

播放视频，看看一个灯泡的情况，大家发现灯泡闪亮了。如果是三个灯泡，开关断开时它们是否会闪亮呢？下面我们来看看三个灯泡的情况，看它们是否依然会闪亮。通过视频大家可以看到，此时小灯泡并没有闪亮，大家想想可能是为什么呢？

　　4. 实验现象分析

　　当只用一个灯泡时，线圈当中产生的感应电流与其构成回路，相当于电流全部经过该灯泡。而三个灯泡并联时，线圈产生的感应电流要分给三个灯泡，所以明显前者获得的电流大，后者获得的电流小。前者获得的电流大于原来的电流，所以闪亮。后者每个灯泡获得的电流小于原来的电流，所以没有闪亮，直接缓慢熄灭。

　　其实这个实验也可以用闭合电路的欧姆定律解释，实验当中我们用到了稳压电源，所以两种情况下线圈产生的感应电动势是一样的。其内阻也是一样的，只不过前者的外电阻是一个灯泡的电阻，而后者的外电阻是三个灯泡并联后的电阻，小于一个灯泡的电阻，所以后者的干路电流更大。而且内阻都相同，所以后者的内电压更大，外电压就会更小，灯泡两端获得的电压就小，小于原来的电压，就没有闪亮；而前者获得的电压大于以前的电压，所以就闪亮了。

主要参考文献

爱因斯坦文集（第一卷）[M]．许良英，范岱年，编译．北京：商务印书馆，1976.

辞海编辑委员会．辞海[M]．上海：上海辞书出版社，1980.

董奇．论元认知[J]．北京师范大学学报（社会科学版），1989（1）.

董毓．批判性思维三大误解辨析[J]．高等教育研究，2012（11）.

林崇德．构建中国化的学生发展核心素养[J]．北京师范大学学报（社会科学版），2017（1）.

林崇德．培养思维品质是发展智能的突破口[J]．国家教育行政学院学报，2005（9）.

温寒江，董素艳．化解教学难点　教会每一个学生[M]．北京：教育科学出版社，2010.

刘儒德．问题式学习：一条集中体现建构主义思想的教学改革思路[J]．教育理论与实践，2001（5）.

孟黎辉．在数学课堂教学中运用学习迁移理论的实践研究[D]．石家庄：河北师范大学，2009.

潘巧明，张维忠．计算机技术与数学创造性思维培养[J]．数学教育学报，2002（4）.

邵志芳．思维心理学[M]．上海：华东师范大学出版社，2001.

师曼，刘晟，刘霞，等．21世纪核心素养的框架及要素研究[J]．华东师范大学学报（教育科学版），2016（3）.

[苏联]B. A. 苏霍姆林斯基．给教师的建议[M]．杜殿坤，编译．北京：教育

科学出版社，1984.

孙亚玲. 课堂教学有效性标准研究[D]. 上海：华东师范大学，2004.

王洁. PISA2012 问题解决评估框架分析及其对教学改革的启示[J]. 外国中小学教育，2013(10).

王小明. 布卢姆认知目标分类学(修订版)的核心素养思想探析[J]. 现代基础教育研究，2018(1).

连瑞庆，马成瑞. 以人为本，关爱每一位学生——两种思维的理论与道德理想教育浅谈[M]. 北京：教育科学出版社，2010.

温寒江，连瑞庆. 开发右脑——发展形象思维的理论和实践[M]. 杭州：浙江教育出版社，1997.

温寒江，陈爱苾. 让青少年智力得到最佳发展——两种思维的智力基本理论[M]. 北京，北京科学技术出版社，2006.

桑海燕，王俊英. 小学语文两种思维结合学习论[M]. 北京：教育科学出版社，2016.

温寒江，陈爱苾. 学习学(上卷)[M]. 北京：教育科学出版社，2016.

温寒江. 学习学(下卷)[M]. 北京：教育科学出版社，2016.

杨春鼎. 形象思维学[M]. 合肥：中国科学技术大学出版社，1997.

叶澜. 让课堂焕发出生命活力——论中小学教学改革的深化[J]. 教育研究，1997(9).

张茂昌. 走出高中物理教学难的误区[M]. 北京：清华大学出版社，2016.

郑毓信. 以"深度教学"落实数学核心素养[J]. 小学数学教与学，2018(2).

钟志贤. 促进学习者高阶思维发展的教学设计假设[J]. 电化教育研究，2004(12).

Flavell, J. Metacognitive Aspects of Problem Solving[M]//L. Resnick. The Nature of Intelligence. Hillsdale, NJ: Lawrence Erlbaum Associates, 1976.

Madhuri, G. V., Kantamreddi, V. S. S. N., & Prakash Goteti, L. N. S. Promoting Higher Order Thinking Skills Using Inquiry-Based Learning[J]. European Journal of Engineering Education, 2012(2).

Purba，S. O. ，Manurung，B. R. M. Effect of Project Based Learning and Cooperative Type Group Investigation（GI）Learning Strategies on Higher Order Thinking Ability in Biology Course［C］. Proceeding Biology Education Conference：Biology，Science，Enviromental，and Learning，2016.

Resnick，L. B. Education and Learning to Think［M］. Washington，D. C：National Academy Press，1987.